Der Fall Globke

Dr. Klaus Bästlein, geb. 1956, ist in Nordfriesland aufgewachsen. Er studierte an der Freien Universität (FU) Berlin Rechtswissenschaften, Geschichte und Skandinavistik und ist Volljurist und promovierter Historiker. Seit 1983 war er Mitarbeiter bei der Gedenkstätte Deutscher Widerstand, seit 1990 wissenschaftlicher Angestellter der Justizbehörde Hamburg und seit 1994 der Senatsverwaltung für Justiz in Berlin. Ab 2000 arbeitete er in Projekten an der FU Berlin und der Universität Karlsruhe. Von 2008 bis 2018 war er Referent für politisch-historische Aufarbeitung beim Berliner Beauftragten zur Aufarbeitung der SED-Diktatur (früher: Landesbeauftragter für die Stasi-Akten). 2018 wurde er Vorstandsmitglied der niederländischen Stiftung zur wissenschaftlichen Untersuchung von NS-Verbrechen.

Klaus Bästlein

Der Fall Globke

Propaganda und Justiz
in Ost und West

(M) | METROPOL

ISBN: 978-3-86331-424-8

2. Auflage 2024

Ansbacher Straße 70
D–10777 Berlin
www.metropol-verlag.de

Druck: AALEXX Druck Produktion, Großburgwedel

Inhalt

Einleitende Bemerkungen ... 7

1. Vom NS-Schreibtischtäter zur braunen Eminenz in Bonn ... 9
1.1. Die Karriere des ehrgeizigen Ministerialbeamten Globke vor 1945 ... 9
1.2. Nachkriegszeit und Aufstieg zum Alter Ego Konrad Adenauers ... 23
1.3. Der „liebe Herr Globke" – Staatssekretär unter Adenauer ... 32

2. Das politische Umfeld des Globke-Verfahrens ... 52
2.1. Zur Vorgeschichte des Prozesses: Globke in Jerusalem ... 52
2.2. Alarmzustand in Bonn wegen Eichmann und Globke ... 60
2.3. Globke als Angeklagter Fritz Bauers in Frankfurt am Main? ... 66

3. Die Vorbereitung des Globke-Prozesses in Ost-Berlin ... 76
3.1. Der Fehlschlag: Das Oberländer-Verfahren 1960 ... 76
3.2. Die Vorbereitung des Globke-Prozesses in Ost-Berlin ... 81
3.3. Deutsches und internationales Recht gegen NS-Täter ... 93

4. Justizpolitik und Propaganda in Ost und West ... 101
4.1. Ein Desaster: Die deutsche Strafverfolgung von NS-Verbrechen ... 101
4.2. DDR-Propaganda: Das „Weltgericht" über Globke ... 114
4.3. Die Reaktionen auf den Globke-Prozess im Westen ... 126

5. Das Globke-Urteil, seine Richter und falsche Geschichtsbilder 133
5.1. Das Urteil 133
5.2. Globkes Richter – keine Lichtgestalten 153
Exkurs: Der NS-Terror vor dem Bundegerichtshof 165
5.3. Falsche Geschichtsbilder in Ost und West 170

Resümee 181
Danksagung 185

Aus dem Urteil des Obersten Gerichts der DDR vom 23. Juli 1963 zum Aktenzeichen 1 Zst (I) 1/63 gegen Hans Globke 187

Quellen- und Literaturverzeichnis 276
Abbildungsnachweis 297
Personenregister 299

Einleitende Bemerkungen

Der Name Globke steht für die Integration der NS-Eliten in fast alle Bereiche der bundesdeutschen Gesellschaft, ebenso für die Propaganda-Attacken der DDR gegen die „Kontinuität faschistischer Herrschaft" in Westdeutschland. Als karrierehungriger junger Mann kam Hans Globke 1931 ins Preußische Innenministerium, das 1934 mit dem Reichsinnenministerium vereinigt wurde. Globke verfasste 1935 nicht nur den wichtigsten Kommentar zu den NS-Rassegesetzen, sondern fertigte auch die zentralen Verordnungen dazu. Das schloss die zentralen Bestimmungen für die Judendeportationen ein. 1949 wurde er Adenauers „Alter Ego" und Chef des Bundeskanzleramtes. Als solcher bestimmte er die Personalpolitik in Bonn und kontrollierte die westdeutschen Geheimdienste. Noch mehr als der erste Kanzler strebte er ein autoritäres Regime an, das mit dem Grundgesetz nicht vereinbar war – und scheiterte.[1]

Im November 1963 traten Adenauer und Globke aus Altersgründen ab. Das Urteil des Obersten Gerichts der DDR gegen Hans Globke vom Juli 1963 spielte dabei keine Rolle.[2] Es ist heute fast völlig vergessen. Selbst neuere Untersuchungen zu Adenauers engstem Vertrauten machen einen Bogen um den Richterspruch,[3] der als Fortsetzung des bizarren Ober-

1 Erste Ergebnisse dieser Studie habe ich auf einem Symposion in der Amadeu Antonio Stiftung zum Thema „Nach Auschwitz: Schwieriges Erbe DDR" am 26./27. Januar 2017 vorgetragen.

2 Urteil des Obersten Gerichts der DDR gegen Hans Globke zum Aktenzeichen 1 Zst (I) 1/63 vom 23. Juli 1963, in: Christiaan F. Rüter/Dick de Mildt (Bearb.), DDR-Justiz und NS-Verbrechen (DJuNSV), Nr. 1068, Bd. III, Amsterdam 2003, S. 70–194.

3 Zu Globkes Person und Tätigkeit siehe vor allem die vorzügliche Studie von Jürgen Bevers, Der Mann hinter Adenauer. Hans Globkes Aufstieg vom NS-Juristen zur grauen Eminenz der Bonner Republik, Berlin 2009. Vgl. auch

länder-Prozesses von 1960 bezeichnet wird. Tatsächlich wurde auch das Globke-Verfahren als Schauprozess rechtsstaatswidrig vorbereitet. Während des Verfahrens überschlug sich die DDR-Propaganda. Die DDR-Richter waren keine Lichtgestalten. Gleichwohl ist das Urteil selbst nicht zu beanstanden. Es stützte sich auf internationales Recht, war juristisch einwandfrei, überzeugte in seiner Beweisführung und übertraf in seinen historischen Aussagen den damaligen deutschen Forschungsstand zum Judenmord bei Weitem. Im Anhang finden sich Auszüge aus dem Urteil.

Zur Vorgeschichte des Globke-Prozesses gehören die Biografie von Adenauers Vertrautem, aber auch der Eichmann-Prozess in Jerusalem 1961 und die Reaktionen darauf in der BRD – bis hin zum Versuch Fritz Bauers, den Chef des Kanzleramtes wegen seiner NS-Vergangenheit anzuklagen. Die alliierte und deutsche Strafverfolgung von NS-Verbrechen spielte eine wichtige Rolle. Das nahezu totale Fiasko der Ahndung nationalsozialistischer Verbrehen durch die bundesdeutsche Justiz liegt mittlerweile offen zutage. Zur Vorgeschichte des Globke-Prozesses gehört zudem seine rechtsstaatlich fragwürdige Vorbereitung in Ost-Berlin.

Der Fall Globke führt vor diesem Hintergrund geradewegs in den Dschungel der Mythen und Legenden der deutschen Nachkriegsgeschichte. Denn die vorherrschenden Geschichtsbilder für die Zeit nach 1945 in Deutschland sind hochproblematisch und politisch nach wie vor heftig umkämpft. Die Anwendung von internationalem Strafrecht gegen NS-Täter ist bis heute verpönt. Dies offenzulegen und damit Korrekturen zu ermöglichen ist ebenfalls ein Anliegen dieser Ausführungen. Widerspruch wird dabei gern in Kauf genommen, ja herausgefordert. Denn es gilt der Satz Gustav Heinemanns: „Aufklärung, Widerspruch und Anstoß sind miteinander verwandt und allesamt Kinder der Freiheit."

Erik Lommatzsch, Hans Globke (1898–1973). Beamter im Dritten Reich und Staatssekretär Adenauers, Frankfurt a.M./New York 2009. Lommatzschs Arbeit ist zwar apologetisch unterlegt; Globkes Beteiligung an der Verfolgung der Juden wird aber nicht geleugnet. Anders sein regelrecht exkulpatorischer Aufsatz: Erik Lommatzsch, Hans Globke und der Nationalsozialismus. Eine Skizze, in: Historisch-Politische Mitteilungen 10 (2003) 1, S. 95–128.

1. Vom NS Schreibtischtäter zur braunen Eminenz in Bonn

1.1. Die Karriere des ehrgeizigen Ministerialbeamten Globke vor 1945

Hans Josef Maria Globke wurde 1898 als Sohn eines Tuchgroßhändlers in Düsseldorf geboren. Die streng katholische Familie mit fünf Kindern zog bald darauf nach Aachen. Ab 1908 besuchte Globke das dortige Kaiser-Karls-Gymnasium, wo er Ende 1916 das Abitur bestand.[1] Danach wurde er eingezogen, erfuhr eine militärische Grundausbildung und kam als Feldartillerist an die Westfront. Nach Kriegsende wurde er aus dem Heer entlassen und studierte ab Ende 1918 Rechtswissenschaften in Bonn und Köln. Globke schloss sich der katholischen Sudentenverbindung „Bavaria Bonn" an. 1921 legte er die 1. Juristische Staatsprüfung ab. Im Folgejahr promovierte er mit einer Dissertation über „Die Immunität der Mitglieder des Reichstages und der Landtage". Die 2. („große") Juristische Staatsprüfung folgte 1924.

Globke wurde Mitglied des Zentrums, der Partei des politischen Katholizismus. Er strebte eine Tätigkeit in der Verwaltung an. Als Gerichtsassessor war er Polizeiverwalter, d.h. Vertreter des Polizeipräsidenten, in Aachen. 1926 folgte die Übernahme als Regierungsassessor. Ende 1929 wurde er Regierungsrat und ins Preußische Innenministerium nach Berlin versetzt.[2] Dort erlebte er am 20. Juli 1932 den „Preußenschlag", der die rechtmäßige Regierung faktisch beseitigte. Globke

1 Auch zum Folgenden siehe Bevers, Der Mann hinter Adenauer, S. 22.
2 Siehe Globke-Urteil, in DJuNSV, Nr. 1068, Bd. III, S. 70–194, insbes. S. 78.

wurde Referent für das Namens-, Personenstands- und Staatsangehörigkeitsrecht, die eng mit dem „Rasserecht" verbunden waren. Bis zum Ende der NS-Herrschaft blieb er in diesem Bereich tätig. Sein Einfluss im Ministerium nahm im Laufe der Jahre aber deutlich zu.

Bereits 1932 erarbeitete Globke eine Richtlinie, die deutlich antisemitisch geprägt war und Juden die Annahme „arischer" Namen verbot. Sie erging zum Jahresende 1932.[3] Der Richtlinie kam deshalb besondere Bedeutung zu, weil durch den seit dem Ersten Weltkrieg anwachsenden Antisemitismus Betroffene ihre als jüdisch geltenden Namen ändern wollten. Doch Globke hielt konsequent dagegen. Das galt auch für das von ihm in den 1930er-Jahren geschaffene Namensrecht. Globke führte in begleitenden Aufsätzen aus, es gehe darum, den unerkannten „Eindringlingen" – gemeint waren die Juden – in den deutschen „Volkskörper" mit allen gebotenen Mitteln Einhalt zu gebieten.

Trotz seines Diensteides auf den demokratischen Freistaat Preußen verhielt sich Globke gegenüber den NS-Machthabern loyal bis in die Zehenspitzen. 1933 arbeitete er sogar am „Ermächtigungsgesetz" für Preußen mit. Er begründete es mit dem „Versagen der parlamentarischen Gesetzgebung".[4] Globke beteiligte sich auch an der Durchsetzung des „Führerprinzips" in Preußen. Ende 1933 folgte seine Ernennung zum Oberregierungsrat.[5] Die Beurteilungen waren außerordentlich positiv: „Eignet sich nach Befähigung, Fleiß und Leistungen in hervorragendem Maße zum Ministerialrat. Gründlicher Arbeiter, gutes Judiz, klare und gewandte Ausdrucksweise."[6]

3 Es hieß dort u. a.: „Bestrebungen jüdischer Personen, ihre jüdische Abkunft durch Ablegung oder Änderung ihrer jüdischen Namen zu verschleiern, können [...] nicht unterstützt werden." Zit. nach Reinhard Strecker, Dr. Hans Globke. Aktenauszüge, Dokumente, Hamburg 1961.

4 Siehe Roland Freisler/Ludwig Grauert (Hrsg.), Das neue Recht in Preußen, II a 7 (Lieferung Januar 1934), Berlin 1933 ff.

5 Faksimile der Vereidigungsbestätigung bei Strecker, Dr. Hans Globke, S. 53.

6 Zit. nach Globke-Urteil, in DJuNSV, Nr. 1068, Bd. III, S. 70–194, insbes. S. 80.

1934 heiratete Globke. Seine Ehefrau Augusta, geborene Vaillant,[7] galt als „mütterlicher Typ“[8] und soll eine stattliche Erscheinung neben ihrem eher schmächtigen Gatten gewesen sein. Aus der Ehe gingen zwei Söhne und eine Tochter hervor. Am 27. August 1934 folgte die Vereidigung auf Hitler. Durch die „Verreichlichung“, d.h. die Übertragung der Aufgaben der Länder auf das Reich, rückte Globke am 1. November 1934 in das Reichsinnenministerium auf. Dort war er weiter Referent für u.a. „Personenstand, Namensänderung, Beglaubigung von Urkunden, Stiftungen und Schenkungen, Erwerb von Grundstücken“ sowie Korreferent für „Einwanderung und Auswanderung, [...] Allgemeine Rassefragen, Blutschutzgesetz – Einzelentscheidungen“.[9]

Als Korreferent hatte Globke den eigentlichen Referenten zu vertreten und musste daher über alle Vorgänge unterrichtet sein. Insoweit war er auch an der aktuellen Gesetzgebung beteiligt. Am Erlass der „Nürnberger Gesetze“ wirkte Globke 1935 aber nicht unmittelbar mit.[10] Er war auch beim Parteitag in Nürnberg 1935 nicht anwesend. Doch im „Ministerial-Blatt“ hieß es, Globke sei an den Gesetzen „amtlich beteiligt“ gewesen.[11] Und Reichsinnenminister Wilhelm Frick schrieb am 25. April 1938 in einem Beförderungsvorschlag für Globke, er sei „in ganz hervorragendem Maße“ an einem der „Nürnberger Gesetze“, nämlich dem sogenannten

7 Siehe Bevers, Der Mann hinter Adenauer, S. 18.

8 Siehe Globke – Böse Erinnerungen (Titelgeschichte), in: Der Spiegel, Nr. 14 vom 4.4.1956, S. 15–25, insbes. S. 24f.

9 Siehe den Geschäftsverteilungsplan von 1936 in: Strecker, Dr. Hans Globke, S. 66.

10 Es handelte sich um das Gesetz zum Schutze des deutschen Blutes und der deutschen Ehre (Blutschutzgesetz – RGBl. I 1935, S. 1146), das Reichsbürgergesetz (RGBl. I 1935, S. 1146) und das Reichsflaggengesetz (RGBl. I 1935, S. 1145). Siehe Lothar Gruchmann, „Blutschutzgesetz“ und Justiz. Zu Entstehung und Auswirkung des Nürnberger Gesetzes vom 15. September 1935, in: Vierteljahrshefte für Zeitgeschichte 31 (1983) 3, S. 418–442.

11 Ministerial-Blatt des Reichs- und Preußischen Ministeriums des Innern, Ausgabe vom 11. März 1936, Spalte 316e.

Blutschutzgesetz, „beteiligt gewesen". Das war aber falsch. Vielmehr muss davon ausgegangen werden, dass es sich um eine Übertreibung mit dem Ziel der Beförderung Globkes handelte. Gerade das von Frick unterzeichnete Schreiben wurde aber nach 1945 immer wieder, vor allem von der DDR-Propaganda, fälschlich gegen Globke ins Feld geführt.[12]

Dahinter ist zurückgetreten, dass Globke als Korreferent jedenfalls von den Vorbereitungen für die „Nürnberger Gesetze" gewusst haben muss. Und er verfasste auch den ersten und quasi amtlichen Kommentar dazu zusammen mit seinem Abteilungsleiter, dem SS-Obergruppenführer Wilhelm Stuckart, einem der späteren Teilnehmer der „Wannsee-Konferenz".[13] Da Stuckart 1935 erkrankt war und nur für die umfängliche Einführung verantwortlich zeichnete, blieb die eigentliche Kommentierung der Rassegesetze durchweg Globke überlassen.[14] Globke grenzte die antisemitischen Vorschriften nicht etwa durch zurückhaltende Interpretationen ein, sondern weitete sie sogar noch aus.

Das galt zum Beispiel für den Begriff der „Rassenschande".[15] Globke hatte mit seiner Interpretation des Begriffs „Geschlechtsverkehr" das Tor für eine unbegrenzte Auslegung geöffnet, die insbesondere den Geschlechtsverkehr zwischen Juden und Nicht-Juden – selbst im Ausland – betraf. Auch in dieser Hinsicht stellte das Reichsgericht, indem es Globke folgte, bald die Strafbarkeit fest. Dass der Kommentar „den Juden eine Anzahl verbliebener Rechte" zusicherte, wie viele Anhänger Globkes immer wieder behaupten, ist ein Hohn auf die Rechtspraxis unter dem NS-Regime.[16] So schützte Globkes Kommentar niemanden, als bei dem Pogrom

12 Siehe Ausschuss für Deutsche Einheit (Hrsg.), Globke und die Ausrottung der Juden. Über die verbrecherische Vergangenheit des Staatssekretärs im Amt des Bundeskanzlers Adenauer, Berlin (Ost) o. J. [1960]. Das Schreiben Fricks vom 25. April 1938 ist dort im Faksimile wiedergegeben, S. 10 f.

13 Wilhelm Stuckart/Hans Globke, Reichsbürgergesetz, Blutschutzgesetz, Ehegesundheitsgesetz – Kommentar, München/Berlin 1936.

14 Siehe Bevers, Der Mann hinter Adenauer, S. 31 f.

15 Siehe hierzu ausführlich Kapitel 5.1.

16 Ebenda.

Reichsbürgergesetz
vom 15. September 1935

Gesetz zum Schutze des deutschen Blutes und der deutschen Ehre
vom 15. September 1935

Gesetz zum Schutze der Erbgesundheit des deutschen Volkes (Ehegesundheitsgesetz)
vom 18. Oktober 1935

nebst allen Ausführungsvorschriften
und den einschlägigen Gesetzen und Verordnungen

erläutert von

Dr. Wilhelm Stuckart und **Dr. Hans Globke**
Staatssekretär Oberregierungsrat
im Reichs- und Preußischen Ministerium des Innern

C. H. Beck'sche Verlagsbuchhandlung
München und Berlin 1936

Abb. 1. Titelblatt des Kommentars von Wilhelm Stuckart und Hans Globke zu den NS-Rassengesetzen

vom 9./10. November mehr als 100 Juden ermordet und Zehntausende in die KZ verschleppt wurden.[17] Sogar Erik Lommatzsch räumte 2003 ein, dass Globke sich „stark der nationalsozialistischen Terminologie" bedient habe.[18] Sein Kommentar war auch insoweit kein Beitrag zur Rechtssicherheit, sondern eskalierte den antisemitischen Terror.

Sogar Roland Freisler, damals Staatssekretär im Justizministerium, lobte das Werk von Stuckart/Globke in der Zeitschrift „Deutsche Justiz" mit den Worten: „Der Kommentar darf wohl in keiner Handbücherei eines Rechtswahrers fehlen."[19] Von noch weitaus größerer Bedeutung als der Kommentar war Globkes Mitwirkung an den wichtigsten Durchführungsverordnungen zu den „Nürnberger Gesetzen", die er 1961 in einem Interview mit dem NDR offen einräumte. So regelte die 1. Verordnung zum Reichsbürgergesetz, wer als Jude zu gelten hatte.[20] Der „Spiegel" zitierte 1956 Globkes Definition des „Dreiachteljuden": „Der Dreiachteljude, der einen volljüdischen und einen halbjüdischen Großelternteil besitzt, gilt als Mischling mit einem volljüdischen Großelternteil, der Fünfachteljude mit zwei volljüdischen und einem halbjüdischen Großelternteil als Mischling mit zwei volljüdischen Großelternteilen."[21] Das Zitat erinnert an die Definition der Eisenbahn durch das Reichsgericht[22] – nur ging es bei Globke nicht um Mechanik, sondern um Menschen.

17 Siehe vor allem Hans-Jürgen Döscher, „Reichskristallnacht". Die Novemberpogrome 1938, 3. Aufl., München 2000; Alan E. Steinweis, Kristallnacht 1938. Ein deutscher Pogrom, Stuttgart 2013.

18 Lommatzsch, Hans Globke und der Nationalsozialismus, S. 112.

19 Deutsche Justiz, Nr. 14 vom 3. April 1936, S. 587.

20 Verordnung vom 14. November 1935, in: RGBl. I 1935, S. 1333.

21 Siehe Globke – Böse Erinnerungen, in: Der Spiegel Nr. 14 vom 4.4.1956, S. 15–25, Zitat S. 19.

22 Die Definition lautete: „Ein Unternehmen, gerichtet auf wiederholte Fortbewegung von Personen oder Sachen über nicht ganz unbedeutende Raumstrecken auf metallener Grundlage, welche durch ihre Konsistenz, Konstruktion und Glätte den Transport großer Gewichtmassen, beziehungsweise die Erzielung einer verhältnismäßig bedeutenden Schnelligkeit der Transportbewegung zu ermöglichen bestimmt ist, und durch diese Eigenart in Verbindung mit den außer-

Abb. 2. Hans Globke in NS-Beamtenuniform, 1940

Globke erdachte auch die Zwangsvornamen „Sara“ und „Israel“ für Juden. Zuvor hatte es schon länger Forderungen nach einem Verbot der Führung „arischer“ Namen durch Juden gegeben. Sie sollten gezwungen werden, erkennbar „jüdische“ Namen zu tragen. Globke entwarf daher ein entsprechendes Gesetz, das Anfang 1938 in Kraft trat.[23] Er hat dies auch 1961 nicht bestritten und erklärt: „Das Namensänderungsgesetz ist von mir verfasst worden.“[24] Globke behauptete aber, damit „Schlimmeres verhütet“ zu haben. Das war die seit den Nürnberger Prozessen immer wieder vorgetragene Standard-Ausrede von NS-Juristen für ihre

dem zur Erzeugung der Transportbewegung benutzten Naturkräften (Dampf, Elektrizität, tierischer oder menschlicher Muskeltätigkeit, bei geneigter Ebene der Bahn auch schon der eigenen Schwere der Transportgefäße und deren Ladung usw.) bei dem Betriebe des Unternehmens auf derselben eine verhältnismäßig gewaltige […] Wirkung zu erzeugen fähig ist.“ Das Zitat findet sich im Urteil v. 17. März 1879 (Reichsgericht in Zivilsachen, Bd. 1, S. 247 ff., Zit. S. 252).

23 Namensänderungsgesetz vom 5. Januar 1938, in: RGBl. I 1938, S. 9.

24 Zit. nach Bevers, Der Mann hinter Adenauer, S. 27.

Taten.[25] Aber auch damit nicht genug: Als die Verordnung erging, alle Reisepässe von Juden für ungültig zu erklären und nur mit dem Stempel „J" wieder in Kraft treten zu lassen, hatte Globke dafür die entscheidende Anregung geliefert.[26]

Reichsinnenminister Frick schwärmte 1938 über den mit Staatsangehörigkeits-, Namens- und Rasseangelegenheiten befassten Referenten in der Abteilung I seines Hauses: „Oberregierungsrat Globke gehört unzweifelhaft zu den befähigsten und tüchtigsten Beamten meines Ministeriums." Der Minister regte seine Beförderung an: „Bei seiner seit der Machtergreifung durch die NSDAP bewiesenen Loyalität und steten Einsatzbereitschaft halte ich es für dringend erforderlich, ihm nunmehr durch die Beförderung zum Ministerialrat eine Anerkennung für seine ganz vorzüglichen Leistungen zu Teil werden zu lassen."[27] Globke wurde tatsächlich kurz darauf zum Ministerialrat ernannt, was einen Karrieresprung bedeutete.

Gleichzeitig wuchs sein Aufgabengebiet. Globke wurde der Generalreferent für die Angelegenheiten des Generalbevollmächtigten für die Reichsverteidigung. Neben seinen Zuständigkeiten für das Namens-, Personenstands- und Staatsbürgerrecht im Reich wurde er zunehmend in den von Deutschland okkupierten Gebiete mit der Bearbeitung entsprechender Fragen beauftragt. So ging die Herabstufung der tschechischen und slowakischen Bevölkerung zu „Protektoratsangehörigen" nach der Okkupation ihres Landes 1939 auf ihn zurück. In diesem Zusammenhang verantwortete er auch die Maßgabe: „Juden, Zigeuner sowie Angehörige der außereuropäischen Rasse sind niemals deutsche Volksangehörige."[28]

25 Vgl. Klaus Bästlein, Der Nürnberger Juristenprozess und seine Rezeption in Deutschland, in: Lore Maria Peschel-Gutzeit (Hrsg.), Das Nürnberger Juristen-Urteil von 1947. Historischer Zusammenhang und aktuelle Bezüge, Baden-Baden 1996, S. 9–35.

26 Siehe dazu ausführlicher Kapitel 5.1.

27 Zit. nach Bevers, Der Mann hinter Adenauer, S. 40.

28 Verordnung über den Erwerb der Staatsangehörigkeit durch frühere tschechische und slowakische Staatsangehörige vom 20. April 1939, in: RGBl. I 1939, S. 815.

Vom Wehrdienst wurde Globke 1940 freigestellt, denn er galt im Ministerium nunmehr als „unabkömmlich".[29]

Am 25. November 1941 – zu Beginn der Judendeportationen aus dem Reich – erging die 11. Verordnung zum Reichsbürgergesetz. Dadurch wurden Juden bei „gewöhnlichem Aufenthalt im Ausland" staatenlos, ihr Vermögen „verfiel" dem Reich.[30] Die Verordnung war die wichtigste Vorschrift für die Deportationen und damit die Vernichtung der Juden. Denn der Massenmord an deutschen Staatsangehörigen konnte im Ausland Probleme verursachen, nicht nur im Hinblick auf mögliche diplomatische Verwicklungen mit den Kollaborations-Regimen, sondern auch gegenüber deutschen Stellen in den besetzten Gebieten, die sich für deportierte deutsche Juden einsetzten. Vor allem aber wären ohne den Übergang der Vermögenswerte auf das Reich Sparbücher, Lebensversicherungen, Grundstücke usw. mit großem Aufwand treuhänderisch zu verwalten gewesen. Aufgrund der 11 Verordnung konnte das Vermögen von den Finanzämtern und Justizbehörden einfach für das Reich eingezogen werden.[31]

Die Beratungen im Vorfeld des Erlasses der Verordnung hatten sich über viele Monate hingezogen.[32] Globke war daran von Beginn an beteiligt. Er nahm auch an der Besprechung des 2. Entwurfs am 21. Januar 1941 unter der Leitung des nun für Rassefragen zuständigen Ministerialdirigenten Hering teil. Als Referent für das Staatsbürgerrecht spielte er bei der Ausarbeitung der Bestimmungen sogar eine zentrale Rolle.[33] Auch Adolf Eichmann war klar, welche Bedeutung die 11. Verordnung hatte. Vor dem Gericht in Jerusalem sagte er am 22. Juni 1961: „Sie [die 11. Verordnung] war darüber hinaus die Basis schlechtweg, um

29 Siehe Strecker, Dr. Hans Globke, S. 171 und 176–179.

30 Verordnung vom 25. November 1941, in: RGBl. I 1941, S. 722 f.

31 Siehe Bevers, Der Mann hinter Adenauer, S. 30 f.

32 Vgl. Cornelia Essner, Die „Nürnberger Gesetze" oder Die Verwaltung des Rassenwahns 1933–1945, Paderborn 2002, S. 305–326.

33 Siehe ebenda, S. 296.

Deportationen von Juden aus dem Reichsgebiet, d.h. von Juden deutscher Staatsangehörigkeit, in der Folge frei zu ermöglichen."[34]

Ende 1941 kam es zu einem bemerkenswerten Vorgang im Innenministerium: Globkes Kollege Bernhard Lösener, der eigentliche Rassereferent, bat um seinen Abschied. Er hatte von der Vernichtung deutscher Juden bei der Ankunft in Riga erfahren. Dort war es im Zuge der Räumung des Ghettos in der Moskauer Vorstadt zu Massenerschießungen gekommen, um für Juden aus dem Reich Platz zu machen. Erste Transporte mit Juden aus Deutschland wurden kurzerhand in die Massaker einbezogen. Die Betroffenen mussten in Rumbula ihre eigenen Gräber schaufeln, sich entkleiden und hineinlegen und wurden dann kaltblütig erschossen.[35] Die Vorgänge Anfang Dezember 1941 sickerten nach Berlin durch. Auch Lösener erfuhr davon. Er hatte es seinen eigenen Angaben zufolge für unmöglich gehalten, dass derart unmenschlich mit deutschen Juden verfahren würde. Aus diesem Grund habe er seinen Posten aufgegeben. Globke aber blieb.

So entstand unter Globkes Ägide ebenfalls die 12. Verordnung zum Reichsbürgergesetz vom 25. April 1943. Darin wurde grundsätzlich bestimmt: „Polen und Juden können nicht Staatsangehörige

34 Zit. nach Hans-Christian Jasch, Staatssekretär Wilhelm Stuckart und die Judenpolitik. Der Mythos von der sauberen Verwaltung, München 2012, S. 302.

35 Siehe hierzu vor allem Andrej Angrick/Peter Klein, Die „Endlösung" in Riga. Ausbeutung und Vernichtung 1941–1944, Darmstadt 2006, insbes. S. 158–184. Vgl. auch Sebastian Lehmann/Robert Bohn/Uwe Danker (Hrsg.), Reichskommissariat Ostland. Tatort und Erinnerungsobjekt, Paderborn u.a. 2012.

Elfte Verordnung zum Reichsbürgergesetz.
Vom 25. November 1941.

Auf Grund des § 3 des Reichsbürgergesetzes vom 15. September 1935 (Reichsgesetzbl. I S. 1146) wird folgendes verordnet:

§ 1

Ein Jude, der seinen gewöhnlichen Aufenthalt im Ausland hat, kann nicht deutscher Staatsangehöriger sein. Der gewöhnliche Aufenthalt im Ausland ist dann gegeben, wenn sich ein Jude im Ausland unter Umständen aufhält, die erkennen lassen, daß er dort nicht nur vorübergehend verweilt.

§ 2

Ein Jude verliert die deutsche Staatsangehörigkeit

a) wenn er beim Inkrafttreten dieser Verordnung seinen gewöhnlichen Aufenthalt im Ausland hat, mit dem Inkrafttreten der Verordnung,

b) wenn er seinen gewöhnlichen Aufenthalt später im Ausland nimmt, mit der Verlegung des gewöhnlichen Aufenthalts ins Ausland.

§ 3

(1) Das Vermögen des Juden, der die deutsche Staatsangehörigkeit auf Grund dieser Verordnung verliert, verfällt mit dem Verlust der Staatsangehörigkeit dem Reich. Dem Reich verfällt ferner das Vermögen der Juden, die bei dem Inkrafttreten dieser Verordnung staatenlos sind und zuletzt die deutsche Staatsangehörigkeit besessen haben, wenn sie ihren gewöhnlichen Aufenthalt im Ausland haben oder nehmen.

(2) Das verfallene Vermögen soll zur Förderung aller mit der Lösung der Judenfrage im Zusammenhang stehenden Zwecke dienen.

§ 4

(1) Personen, deren Vermögen gemäß § 3 dem Reich verfallen ist, können von einem deutschen Staatsangehörigen nichts von Todes wegen erwerben.

(2) Schenkungen von deutschen Staatsangehörigen an Personen, deren Vermögen gemäß § 3 dem Reich verfallen ist, sind verboten. Wer dem Verbot zuwider eine Schenkung vornimmt oder verspricht, wird mit Gefängnis bis zu zwei Jahren und mit Geldstrafe oder mit einer dieser Strafen bestraft.

§ 5

(1) Das Deutsche Reich haftet für Schulden eines Juden, dessen Vermögen dem Reich verfällt, nur bis zur Höhe des Verkaufswerts derjenigen Sachen und Rechte dieses Juden, die in die Verfügungsgewalt des Reichs gelangt sind. Die Haftung besteht nicht für Schulden, deren Erfüllung durch das Reich dem Volksempfinden widersprechen würde.

(2) Rechte an den auf das Deutsche Reich übergegangenen Gegenständen bleiben bestehen.

(3) Im Falle der Überschuldung findet auf Antrag des Reichsministers der Finanzen oder eines Gläubigers über das auf das Deutsche Reich übergegangene Vermögen das Konkursverfahren nach der Konkursordnung statt. Der Konkursverwalter (Masseverwalter) ist mit Zustimmung des Oberfinanzpräsidenten Berlin zu bestellen und auf sein Verlangen abzuberufen.

§ 6

(1) Ist ein Jude, dessen Vermögen gemäß § 3 dem Reich verfällt, auf Grund gesetzlicher Vorschrift oder auf Grund einer Vereinbarung verpflichtet, einem Dritten Unterhalt zu gewähren, so haftet das Reich nicht für die Unterhaltsansprüche, die nach dem Verfall des Vermögens fällig werden. Das Reich kann jedoch den nichtjüdischen Unterhaltsberechtigten, die ihren gewöhnlichen Aufenthalt im Inland haben, einen Ausgleich gewähren.

(2) Der Ausgleich kann durch einen Kapitalbetrag gewährt werden. Er darf die Höhe des Verkaufswerts des in die Verfügungsgewalt des Deutschen Reichs übergegangenen Vermögens nicht übersteigen.

(3) Der Ausgleich kann durch Überlassung von Sachen und Rechten aus dem übernommenen Vermögen gewährt werden. Für die hierfür erforderlichen Rechtshandlungen werden Gerichtsgebühren nicht erhoben.

§ 7

(1) Alle Personen, die eine zu dem verfallenen Vermögen gehörige Sache im Besitz haben oder zu der Vermögensmasse etwas schuldig sind, haben den Besitz der Sache oder das Bestehen der Schuld dem Oberfinanzpräsidenten Berlin innerhalb von sechs Monaten nach Eintritt des Vermögensverfalls (§ 3) anzuzeigen. Wer dieser Anzeigepflicht vorsätzlich oder fahrlässig zuwiderhandelt, wird mit Gefängnis bis zu drei Monaten oder mit Geldstrafe bestraft.

(2) Forderungen gegen das verfallene Vermögen sind innerhalb von sechs Monaten nach Eintritt des Vermögensverfalls (§ 3) bei dem Oberfinanzpräsidenten Berlin anzumelden. Die Befriedigung von Forderungen, die nach Ablauf der Frist geltend gemacht werden, kann ohne Angabe von Gründen abgelehnt werden.

§ 8

(1) Die Feststellung, ob die Voraussetzungen für den Vermögensverfall vorliegen, trifft der Chef der Sicherheitspolizei und des SD*).

(2) Die Verwaltung und Verwertung des verfallenen Vermögens liegt dem Oberfinanzpräsidenten Berlin ob.

§ 9

(1) Soweit die Grundbücher durch den Verfall unrichtig geworden sind, sind sie auf Ersuchen des Oberfinanzpräsidenten Berlin gebührenfrei zu berichtigen.

(2) Zur Eintragung des Verfalls einer Hypothek, über die ein Brief erteilt ist, sowie zur Eintragung des Ausschlusses der Erteilung des Hypothekenbriefes bedarf es der Vorlegung des Briefes nicht. Wird der Brief vorgelegt, so hat das Grundbuchamt ihn dem Oberfinanzpräsidenten Berlin auszuhändigen, sofern er nicht nach den allgemeinen Vorschriften bei den Grundakten verbleibt.

(3) Wenn eine Hypothek, über die ein Brief erteilt ist, dem Reich verfallen ist, kann der Oberfinanzpräsident Berlin die Erteilung eines neuen Briefes an Stelle des bisherigen Briefes beantragen, wenn er erklärt, daß der bisherige Brief nicht zu erlangen ist. Das Grundbuchamt hat vor Erteilung des neuen Briefes geeignete Ermittlungen nach dem bisherigen Brief anzustellen. Mit Erteilung des neuen Briefes wird der alte Brief kraftlos. Das Kraftloswerden des alten und die Erteilung des neuen Briefes ist einmal im Deutschen Reichsanzeiger bekanntzumachen. Die Erteilung des neuen Briefes ist gebührenfrei.

(4) Das Grundbuchamt kann den Besitzer des alten Briefes zur Vorlegung anhalten.

(5) Bei Briefhypotheken, die dem Reich verfallen sind, sind die an den Brief anknüpfenden Vorschriften zugunsten derjenigen, welche Rechte von einem

*) SD = Sicherheitsdienst des Reichsführers SS.

Nichtberechtigten herleiten, nur anzuwenden, wenn ein Rechtsgeschäft im Gebiet des Großdeutschen Reichs vorgenommen wird und der Brief sich im Gebiet des Großdeutschen Reichs befindet.

(6) Das Reich kann nach billigem Ermessen eine Entschädigung gewähren, wenn jemand einen Schaden dadurch erleidet, daß er nach Eintragung des Verfalls (Abs. 2) ohne grobe Fahrlässigkeit auf den noch im Verkehr befindlichen unberichtigten Brief vertraut. Ansprüche auf Grund allgemeiner Vorschriften werden hierdurch nicht berührt.

(7) Die Vorschriften der Abs. 2 bis 6 gelten entsprechend für Grund- und Rentenschulden, über die ein Brief erteilt ist.

§ 10

(1) Versorgungsansprüche von solchen Juden, die gemäß § 2 die deutsche Staatsangehörigkeit verlieren, erlöschen mit dem Ablauf des Monats, in dem der Verlust der Staatsangehörigkeit eintritt.

(2) Soweit in den Versorgungsgesetzen vorgesehen ist, daß Angehörigen im Falle des Todes des Versorgungsberechtigten Witwengeld, Waisengeld, Unterhaltsbeitrag oder ähnliche Bezüge gewährt werden, kann diesen Angehörigen, solange sie sich im Inland aufhalten, vom Zeitpunkt des Wegfalls der Versorgungsbezüge gemäß Abs. 1 ab ein Unterhaltsbeitrag bewilligt werden. Der Unterhaltsbeitrag kann an nichtjüdische Angehörige bis zur Höhe der entsprechenden Hinterbliebenenversorgung, an jüdische Angehörige bis zur Hälfte dieser Bezüge bewilligt werden. Kinderzuschläge werden nur an nichtjüdische Versorgungsempfänger gewährt.

§ 11

Um Härten zu vermeiden, die aus dem Vermögensverfall entstehen, kann der Reichsminister der Finanzen eine von den Vorschriften der §§ 3 bis 7, § 9 abweichende Regelung treffen. Das gilt auch für Fälle, in denen das Vermögen auf Grund des § 2 des Gesetzes über den Widerruf von Einbürgerungen und die Aberkennung der deutschen Staatsangehörigkeit vom 14. Juli 1933 (Reichsgesetzbl. I S. 480) für verfallen erklärt worden ist oder in Zukunft für verfallen erklärt wird.

§ 12

Die Verordnung gilt auch im Protektorat Böhmen und Mähren und in den eingegliederten Ostgebieten.

§ 13

Die zur Ergänzung und Durchführung erforderlichen Bestimmungen erläßt der Reichsminister des Innern im Einvernehmen mit dem Leiter der Partei-Kanzlei und den sonst beteiligten Reichsministern.

Berlin, den 25. November 1941.

Der Reichsminister des Innern
Frick

Der Leiter der Partei-Kanzlei
M. Bormann

Der Reichsminister der Finanzen
In Vertretung
Reinhardt

Der Reichsminister der Justiz
Mit der Führung der Geschäfte beauftragt:
Dr. Schlegelberger

Abb. 3. 11. Verordnung zum Reichsbürgergesetz vom 25. November 1941

werden."[36] Und auch an der 13. Verordnung zum Reichsbürgergesetz vom 1. Juli 1943 wirkte er mit.[37] Globke hatte es zu dieser Zeit zum stellvertretenden Leiter der Unterabteilung I B – „Staatsangehörigkeit und Rasse, Personenstand" gebracht. Er nahm – auch wegen des kriegsbedingten Personalmangels und der Überalterung vieler Mitarbeiter – mittlerweile die Funktion eines Unterabteilungsleiters wahr.[38] Dies war nur mit Zustimmung Stuckarts möglich, des mittlerweile „starken Mannes" im Ministerium, der wiederum das Vertrauen Himmlers genoss.[39] Globkes Position im Ministerium war damit in der Endphase des NS-Regimes deutlich herausgehoben.

Globke besuchte auch die Verwaltungen deutsch besetzter Länder – und zwar jeweils kurz vor dem Beginn der dortigen Deportationen. So war er in Prag bei Konstantin von Neurath und Karl Hermann Frank, in Danzig bei Albert Forster, in Den Haag bei Arthur Seyß-Inquart, in Metz bei Josef Bürckel, in Straßburg bei Robert Wagner und in Frankreich bei der Militärverwaltung in Paris zu Gast. Es ist naheliegend, dass Globke die jeweiligen Dienststellen in Hinblick auf Staatsangehörigkeitsfragen und die Vermögenseinziehungen bei den bevorstehenden Deportationen von Juden beriet. Das bestritt er nach 1945 aber mit Vehemenz – ein Dokument aus Straßburg belegt allerdings, dass es bei seinem dortigen Besuch tatsächlich um „Judenangelegenheiten" gegangen war.[40] Auch zu weiteren Reisen liegen mittlerweile Akten vor, die Globke Lügen strafen.[41]

36 12. Verordnung zum Reichsbürgergesetz vom 25. April 1943, in: RGBl. I 1943, S. 268.

37 Siehe dazu ausführlich Kapitel 5.1.

38 Siehe Geschäftsverteilungsplan des RMI 1943, in Auszügen wiedergegeben bei Strecker, Dr. Hans Globke, S. 252–256.

39 § 1 Abs. 1 der 13. Verordnung zum Reichsbürgergesetz.

40 Siehe Bevers, Der Mann hinter Adenauer, S. 49.

41 Dabei handelt es sich um Akten des Reichsinnenministeriums, die sich bis 1990 in DDR-Archiven befanden und nicht ohne Weiteres zugänglich waren.

Schon vor Hitlers Machtübernahme war Globke offenbar ein überzeugter Antisemit.[42] Seine antijüdischen Aktivitäten gingen jedenfalls nicht auf das Karrierestreben unter der NS-Herrschaft zurück. Denn bereits 1932 hatte er antisemitische Vorlagen ausgearbeitet, fortan stets antijüdische Ziele verfolgt und sich in Aufsätzen entsprechend geäußert. Hinzu kam, dass Globke in vielen Einzelfällen konsultiert wurde, die an das Reichsinnenministerium herangetragen wurden. Dabei handelte es sich um Namensänderungen, Adoptionen, Staatsangehörigkeitsfragen usw. Hier entschied Globke stets konsequent gegen jüdische Bürger – selbst wenn andere Lösungen möglich gewesen wären oder sich angeboten hätten.

Globke trat einer wachsenden Zahl von NS-Formationen bei: 1933 dem NS-Kraftfahrer-Korps, 1934 dem NS-Rechtswahrerbund, 1935 der NS-Volkswohlfahrt, 1936 dem Reichsbund Deutscher Beamter und 1937 dem Reichskolonialbund. Eine Distanz zur NSADP offenbarte er nicht. 1941 wollte er auch der Partei selbst beitreten. Doch Martin Bormann, der Chef der Parteikanzlei, lehnte seine Aufnahme ab: „Gegen die Parteiaufnahme des Ministerialrates Globke habe ich in politischer Hinsicht Bedenken. Globke hat der Zentrumspartei von 1922 bis zur Auflösung angehört. Er pflegt auch jetzt noch Verbindungen zu den Kreisen führender Männer der früheren Zentrumspartei."

Tatsächlich unterhielt Globke weiterhin Kontakte zu katholischen Kreisen – etwa zum Berliner Bischof Konrad Graf von Preysing.[43] Die Kirchenhistorikern Antonia Leugners erklärte dazu: „Globke informierte die katholische Kirche über alles, was die Judenverfolgung [...]

42 Das bestritt Globke allerdings in einer „Erklärung" vom Frühjahr 1956, in der er seine Rolle unter dem NS-Regime beschrieb. Darin behauptete er aber auch, sich dem Beitritt zur NSDAP „entzogen" zu haben, obwohl er nachweislich einen Aufnahmeantrag gestellt hatte. Siehe Hans Globke, Aufzeichnung, in: Klaus Gotto (Hrsg.), Der Staatssekretär Adenauers. Persönlichkeit und politisches Wirken Hans Globkes, Stuttgart 1980, S. 247–259.

43 Siehe Bevers, Der Mann hinter Adenauer, S. 67–74.

anbetraf. [...] Das ist belegt."[44] Doch mit aktivem Widerstand gegen das NS-Regime hatte das nichts zu tun. Das gilt umso mehr, als an der antisemitischen Grundeinstellung Globkes kein Zweifel bestehen kann. Er führte aber ein Doppelspiel, denn er war, so Antonia Leugners, „für die Nazis nützlich bis zum Untergang, und er war als Informant natürlich auch für die katholische Kirche nützlich".[45]

Nach 1945 erteilten nahe und ferne Bekannte sowie Weggefährten Globke Gefälligkeitsatteste, sog. Persilscheine. Der Beweiswert dieser Erklärungen, die systematisch erstellt und zusammengetragen wurden, war auch nach damaliger Auffassung sehr gering.[46] Es machte sogar die Behauptung die Runde, Globke sei am Staatsstreichversuch des 20. Juli 1944 beteiligt gewesen. Belege dafür gibt es nicht. In den Akten und Forschungsarbeiten zum 20. Juli 1944 taucht der Name Globke nicht auf.[47] Zwar hatte er offenbar Kontakte zu einigen nationalkonservativen Verschwörern des 20. Juli 1944. Eine aktive Rolle hat ihm aber niemand attestiert.

1.2. Nachkriegszeit und Aufstieg zum Alter Ego Konrad Adenauers

Im August 1945 wurde Globke von den US-Amerikanern interniert. Er kam in das „Ministerial Collecting Center" in Hessisch-Lichtenau, das sich in einer ehemaligen Munitionsfabrik befand. Im Nürnberger Prozess

44 Zit. nach ebenda, S. 68.

45 Zit. nach ebenda, S. 69.

46 Zum Zustandekommen von „Persilschein"-Sammlungen siehe exemplarisch Jasch, Staatssekretär Wilhelm Stuckart, S. 401–419.

47 Siehe hierzu insbes.: Jürgen Schmädeke/Peter Steinbach, Der Widerstand gegen den Nationalsozialismus. Die deutsche Gesellschaft und der Widerstand gegen Hitler, München/Zürich 1985; Peter Steinbach/Johannes Tuchel (Hrsg.), Widerstand gegen die nationalsozialistische Diktatur 1933–1945, Berlin 2004.

sagte er als Zeuge zur „Euthanasie"-Aktion aus und belastete den früheren Reichsinnenminister Frick.[48] Ende 1945 wurde er aus der Internierung entlassen. Am 1. Juli 1946 avancierte Globke zum Stadtkämmerer in seiner Heimatstadt Aachen und trat der CDU beit. Die Entnazifizierung erfolgte am 8. September 1947 in Aachen, wo er als „Entlasteter" in Kategorie V eingestuft wurde.[49] Bemerkenswerterweise wurde er der Kategorie „Widerstandskämpfer" zugeordnet – ein Beleg, dafür, wie problematisch die „Entnazifizierung" war. Im „Wilhelmstraßen"-Prozess 1947 sagte Globke erneut als Zeuge aus. Dabei äußerte er sich, neben Lösener und weiteren Referenten aus dem Reichsinnenministerium, aber zugunsten Wilhelm Stuckarts, der 1945 interniert worden und nun angeklagt war.

In einem am 11. August 1947 verfassten „Persilschein" für Stuckart hatte Globke sogar erklärt: „Weder Dr. Stuckart noch ein ihm unterstellter Beamter des RMdI [Reichsministerium des Innern] waren an der Abschiebung und Ausrottung der Juden in irgendeiner Form beteiligt."[50] Damit entlastete Globke natürlich auch sich selbst. Der hohe SS-Führer und Staatssekretär Dr. Wilhelm Stuckart konnte das US-Militärgericht zwar nicht täuschen. Er wurde schuldig gesprochen und zu einer Freiheitsstrafe verurteilt. Aber aufgrund von Gesundheitsproblemen, die deutsche und amerikanische Ärzte festgestellt hatten, kam er mit einer milden Strafe davon, die mit der U-Haft verbüßt war.[51] Am Tag der Urteilsverkündung am 11. bzw. 13. April 1949 wurde Stuckart auf freien Fuß gesetzt.

Der 1902 geborene Stuckart war wie Globke Jurist. Er trat schon 1922 der NSDAP bei und war einer ihrer Rechtsberater. 1933 ging er ins Preußische Kultusministerium und wurde dort 1934 Staatssekretär. 1935 wechselte er als Abteilungsleiter I ins Reichsinnenministerium

48 Siehe Robert W. Kempner, Begegnungen mit Hans Globke: Berlin – Nürnberg – Bonn, in: Gotto (Hrsg.), Der Staatssekretär Adenauers, S. 213–229, insbes. S. 218–220.

49 Siehe Lommatzsch, Hans Globke, S. 163.

50 Zit. nach Jasch, Staatssekretär Wilhelm Stuckart, S. 403.

51 Das Strafmaß betrug genau drei Jahre, zehn Monate und zwanzig Tage; es galt mit der U-Haft als verbüßt, siehe ebenda, S. 420.

Abb. 4.
SS-Führer und Staatssekretär Dr. Wilhelm Stuckart, um 1940

und durfte weiter den Titel „Staatssekretär" führen. Er war der Vorgesetzte Globkes und verfasste mit ihm den Kommentar zu den „Nürnberger Gesetzen". Stuckart nahm an der „Wannsee-Konferenz" teil und stieg zum SS-Obergruppenführer auf. Als Himmler 1943 Reichsinnenminister wurde, führte er dort die Geschäfte für ihn.

In der Bundesrepublik machte Stuckart bald wieder Karriere. Er wurde Geschäftsführer des „Instituts zur Förderung der niedersächsischen Wirtschaft". In seinem Entnazifizierungsverfahren wurde er als „Mitläufer" eingestuft, Hans Globke lieferte dafür die gewünschten Atteste. Die Berliner Spruchkammer ließ sich aber nicht beeindrucken. Sie führte ein Verfahren durch und erlegte Stuckart 1952 Sühnemaßnahmen auf, die aber unwirksam blieben, da dieser Berufung einlegte, über die bei seinem Tode noch nicht entschieden war.[52] Politisch engagierte sich Stuckart in Theodor Oberländers Bund der Heimatvertriebenen

52 Zu den Entnazifizierungsverfahren siehe ebenda, S. 429–450.

und Entrechteten (BHE), einem Sammelbecken von Ex-NS-Aktivisten, und der 1952 verbotenen „Sozialistischen Reichspartei“ (SRP). Seine politischen Überzeugungen änderte er nicht. Nach dem Gesetz zu Art. 131 Grundgesetz erhielt er ruhestandsfähige Dienstbezüge eines Ministerialrats. Er starb bei einem Autounfall am 15. November 1953.[53]

Globke wurde 1949 Vizepräsident des Landesrechnungshofes von Nordrhein-Westfalen. Erst zu dieser Zeit lernten Adenauer und Globke sich persönlich kennen, obwohl sie bereits 1947 gelegentlich korrespondiert hatten.[54] Beide galten als äußerst misstrauisch. Der eine ging aus der NS-Zeit unbelastet hervor, der andere konnte seine Tätigkeit unter den Nationalsozialisten kaum verbergen. So stand Globke stets im Schatten Adenauers, der auf seine Loyalität bauen konnte. Erkrankte der Bundeskanzler, suchte ihn nicht der Vizekanzler, sondern Globke auf, der bereits 1949 zum faktischen Chef des Bundeskanzleramts avancierte. Nur wegen Vorbehalten der Alliierten und einzelner CDU-Mitglieder nahm er nach außen hin zunächst nicht die Spitzenposition ein.[55]

Die Lebensläufe des ersten Kanzlers und seines wichtigsten Beamten ähneln sich in mancher Hinsicht. Beide stammten aus dem Rheinland, hatten ein juristisches Studium absolviert und waren katholisch geprägt. Allerdings erschöpfen sich damit die Gemeinsamkeiten. Denn Konrad Adenauer war 22 Jahre älter als Globke und ging in die Politik, während Globke zeitlebens in der Verwaltung blieb. Durch Heirat in eine angesehene Familie gelang Adenauer der gesellschaftliche Aufstieg.[56] 1917 wurde er in Köln der jüngste Oberbürgermeister einer deutschen Groß-

53 Siehe Jasch, Staatssekretär Wilhelm Stuckart.

54 Siehe Manfred Görtemaker/Christoph Safferling, Die Akte Rosenburg. Das Bundesministerium der Justiz und die NS-Zeit, München 2016, S. 119.

55 Siehe Bevers, Der Mann hinter Adenauer, S. 106 f.

56 Zur Biografie Adenauers siehe vor allem Hans-Peter Schwarz, Adenauer. Der Aufstieg 1876–1952, Stuttgart 1986; ders., Adenauer. Der Staatsmann 1952–1967, Stuttgart 1991; Henning Köhler, Adenauer. Eine politische Biographie, 2 Bde., Berlin 1994; Rita Wagner (Hrsg.), Konrad der Große. Die Adenauerzeit in Köln 1917 bis 1933, Mainz 2017.

stadt. Zudem spielte er als Präsident des Preußischen Staatsrats auf Länder- und Reichsebene eine wichtige Rolle. Adenauer war religiös, aber – anders als Globke – kein Antisemit.

Adenauer gehörte zum „Kölschen Klüngel" – einem System auf Gegenseitigkeit beruhender Hilfeleistungen und Gefälligkeiten von Wirtschaft und Politik. Hier wurde er politisch sozialisiert. Im Amt verschaffte sich Adenauer persönliche Vorteile. So erwarb er 1923 Aktien der Rheinbraun AG, die er aus der Stadtkasse bezahlte. Drei Monate später erstattete er den „Kredit" ohne Zinsen zurück. Im Februar 1928 kaufte er nach einem – damals noch nicht illegalen – Insider-Tip Aktien der Glanzstoff AG für 2,8 Millionen Reichsmark. Als Aufsichtsrat der Deutschen Bank AG erhielt er dafür einen Kredit in Höhe von einer Million RM. Beim Börsen-Crash 1929 gingen jedoch drei Viertel des Werts der Glanzstoff-Aktien verloren. Adenauer stand vor dem Nichts. Nur ein Privatkredit, den er nie zurückzahlte, rettete seine wirtschaftliche Existenz.[57]

Die fragwürdigen Seiten Adenauers sind kaum bekannt. Er galt als „listig" und „mit allen Wassern gewaschen". In den 1950er-Jahren erwog er sogar ernsthaft, nach dem Vorbild de Gaulles mit einem Präsidialsystem autoritär zu regieren. Das ließ das Grundgesetz aber nicht zu. Adenauer liebte das Rheinland und verachtete Preußen. Auf der Fahrt nach Berlin soll er die Gardinen zugezogen haben, wenn Helmstedt passiert wurde – er wollte die anschließende „preußische Steppe" nicht sehen. Die Nazis lehnte er schon wegen ihres pöbelhaften Benehmens ab. Bei einem Besuch Hitlers in Köln am 18. Februar 1933 verbot Adenauer allen Flaggenschmuck in der Stadt. Es folgte seine Amtsenthebung.

Die NSDAP plakatierte in Köln: „Adenauer an die Mauer". Er verbarg sich daher im April 1933 im Kloster Maria Laach. Eine Beteiligung am Widerstand lehnte er ab, weil er ihn für aussichtslos hielt. Nach dem 20. Juli 1944 wurde Adenauer gleichwohl verhaftet und im Messelager

57 Siehe vor allem Werner Rügemer, Colonia Corrupta. Globalisierung, Privatisierung und Korruption im Schatten des Kölner Klüngels, 7. Aufl., Münster 2012, insbes. S. 37–42.

Abb. 5.
Konrad Adenauer am 15. September 1949 im Bundestag bei der Frage, ob er die Wahl zum Kanzler annimmt

Köln-Deutz interniert. Ein alter Bekannter half. Adenauer meldete sich krank und wurde unter dem Vorwand, das Krankenhaus aufsuchen zu müssen, entlassen – und tauchte unter. Am 4. Mai 1945 ernannten ihn die Amerikaner erneut zum Oberbürgermeister in Köln. Die Briten enthoben ihn aber schon am 6. Oktober 1945 wegen Renitenz seines Postens. Denn er hatte öffentlich auf die katastrophale Versorgungslage hingewiesen. Adenauer machte dann in der CDU Karriere.[58]

Als erster Kanzler erwarb er sich hohe Verdienste um die Bundesrepublik. So verankerte er die Bundesrepublik fest im Westen – und zwar nicht nur politisch, sondern auch mental. Dies trug durch die Übernahme westlicher Werte zu einer Festigung der Demokratie bei. Die von Adenauer betriebene Aussöhnung mit Frankreich ermöglichte die europäische Einigung. Das „Wirtschaftswunder" überwand die Nöte

58 Siehe hierzu vor allem Frank Bösch, Die Adenauer-CDU. Gründung, Aufstieg und Krise einer Erfolgspartei 1945–1969, Stuttgart 2001.

der Nachkriegszeit. Der wachsende Wohlstand kam damals noch allen Schichten des Volkes zugute. Adenauer sorgte für die Integration von Millionen Flüchtlingen und Vertriebenen. Vielen NS-Parteigängern bot er eine zweite Chance.[59] Mit der nahezu grenzenlosen Renazifizierung Westdeutschlands ging er aber entschieden zu weit.

Dabei spielte Globke eine entscheidende Rolle. Am 26. September 1949 trat er den Dienst als Ministerialdirigent im Bundeskanzleramt an. Mitte Juli 1950 folgte seine Ernennung zum Ministerialdirektor und am 27. Oktober 1953 zum Staatssekretär und damit zum Chef des Bundeskanzleramtes. Obwohl an dessen Spitze zunächst Franz-Josef Wuermeling und dann Otto Lenz standen, gab Globke den Ton an. Dabei hatten die US-Besatzungsmacht und die CDU/CSU im Bundestag große Vorbehalte gegen ihn. Die CIA wies auf Globkes Kommentar zu den „Nürnberger Rassegesetzen“ hin. Nur weil Adenauer darauf bestand, ihn als engsten Mitarbeiter zu verpflichten, duldeten die Amerikaner Globke. Der Berliner CIA-Chef Peter Sichel erklärte: „Aber schön fanden wir es nie, und richtig fand ich es auch nicht.“[60]

Im CDU-Fraktionsvorstand kam es zu heftigen Kontroversen. Der Staatssekretär im Justizministerium Walter Strauß setzte sich vehement für ihn ein und gab sogar die falsche Erklärung ab, „dass Globke nicht Tausenden, sondern Zehntausenden Juden das Leben gerettet“ habe.[61] Aber der Widerstand in der CDU war hartnäckig. Schließlich meinte Globke selbst, seine Ernennung zum Staatssekretär und Chef des Kanzleramtes sei „politisch inopportun“. Adenauer erklärte resignierend, er habe „von der Ernennung [...] Abstand genommen [...], weil er, der

59 Der Ausschluss sämtlicher Anhänger Hitlers (bis zu 80 % der Bevölkerung) vom öffentlichen Leben war nicht möglich. Schon die Entnazifizierung scheiterte daran, dass sie sich gegen die gesamte Bevölkerung richtete. Deshalb konnten nur klar definierte NS-Funktionsträger und NS-Täter ausgeschlossen werden.

60 Zit. nach Bevers, Der Mann hinter Adenauer, S. 110.

61 Zit. nach Görtemaker/Safferling, Die Akte Rosenburg, S. 120. Zur Biografie von Walter Strauß siehe Kapitel 2.2. in diesem Band.

nicht PG [Parteigenosse] war, an dem bekannten Kommentar mitgearbeitet hatte und wir [...] darauf achten müssen, dass wir nicht irgendwelchen Angriffen dadurch Material geben".[62]

Chef des Kanzleramts wurde zunächst der CDU-Bundestagsabgeordnete Franz-Josef Wuermeling (1900–1986). Der Jurist war ab 1926 im Preußischen Innenministerium tätig gewesen, wurde aber 1939 aus politischen Gründen entlassen. Seit 1949 war er Bundestagsabgeordneter. Wuermelings Spagat zwischen Amt und Mandat misslang. Schon 1950 entschied er sich dafür, lieber Abgeordneter zu bleiben und den Posten des Staatssekretärs im Kanzleramt aufzugeben.[63] An seine Stelle trat nach über einjähriger Vakanz Otto Lenz (1903–1957), der ebenfalls Jurist war und im Preußischen Justizministerium gearbeitet hatte. Dort war Lenz 1936 ausgeschieden und hatte sich als Rechtsanwalt niedergelassen. Er wurde im Umfeld des 20. Juli 1944 aktiv. Der Volksgerichtshof verurteilte ihn noch im Januar 1945 zu vier Jahren Zuchthaus. Lenz war ein umtriebiger Mann, der vor allem Öffentlichkeitsarbeit mit vielen Ideen und Initiativen betrieb. Die reguläre Arbeit im Bundeskanzleramt überließ er Globke, der seit 1950 faktisch an der Spitze stand und zunehmend das Vertrauen des Kanzlers genoss. Dabei setzte Globke die Kritik an seiner Tätigkeit vor 1945 erheblich zu, ohne dass er sich dies anmerken ließ. Er bot Adenauer deshalb schon 1951 seinen Rücktritt an, den der Kanzler jedoch ablehnte.[64]

Dem Bundeskanzleramt kam nicht nur eine Koordinierungs-, sondern auch eine Leitungsfunktion gegenüber den einzelnen Ministerien zu. Das war eine Folge der starken Stellung des Bundeskanzlers, der nach dem Grundgesetz die „Richtlinienkompetenz" hatte. So wurden bald alle wichtigen Vorhaben der Ressorts schon im Vorfeld mit dem Kanzleramt abgestimmt. Die Minister gingen Globke um seinen Rat

62 Zit. nach Görtemaker/Safferling, Die Akte Rosenburg.

63 Siehe Karl Gumbel, Hans Globke – Anfänge und erste Jahre im Bundeskanzleramt, in: Gotto (Hrsg.), Der Staatssekretär Adenauers, S. 73–98, S. 82.

64 Ebenda, S. 83.

an – wohl wissend, dass dieser stets die Auffassung des Kanzlers vertrat. So konnte Globke schon in frühen Phasen entscheidenden Einfluss auf alle Felder der Bundespolitik ausüben. Adenauer nahm dabei fast nie unmittelbaren Kontakt mit den Referenten seines Amtes auf, vielmehr liefen alle Vorgänge über Globke.[65] Das Bundeskanzleramt blieb dabei eine kleine Behörde mit zunächst 19 und 1963 gerade einmal 35 Stellen im höheren Dienst. Zum Vergleich: im Jahr 1978 gab es 120 Stellen.[66]

Horst Osterheld, 1960 bis 1969 Leiter des außenpolitischen Büros im Kanzleramt, berichtete über die Kompetenzen in der Adenauer-Regierung: „Für alle wichtigen Fragen der Innen-, Außen-, Wirtschafts-, Sozial-, Finanz- und Kulturpolitik war das Kabinett zuständig. [...] Und all diese Punkte gingen, bevor sie das Kabinett erreichten, durch Globkes Hand. [...] Von 1949 an gab es praktisch keine Entscheidung der Bundesregierung, an der er nicht mitgearbeitet hätte."[67] Globke erwies sich als absolut zuverlässig und verschwiegen. Er war Adenauer ergeben und – so hieß es – „his masters voice". Bei Spaziergängen im Park des Palais Schaumburg, das als Kanzleramt diente, tauschten Adenauer und Globke sich aus. Letzterer lief dabei „dem Kanzler zur Seite, fast unmerklich einen halben Schritt zurück, [...] zögernd eine [...] Bemerkung machend".[68]

Über das Verhältnis des Kanzlers zu seinem Staatssekretär bemerkte Osterheld: „Globke hätte nicht der erste Mann sein können. [...] Er war nicht der Feldherr, sondern der Chef des Stabes. Er war nicht der Lenker des Staates, sondern der getreue Verwalter, der Staatsdiener ‚par excellence'. Adenauer war der eindeutig Bestimmende." Weiter konstatierte Osterheld: „Das Hauptverdienst hatte Adenauer; aber Globke hatte seinen Anteil. Er war ja nicht einer von vielen Mitarbeitern des Kanzlers,

65 Ebenda, S. 88 f.

66 Zahlenangaben nach ebenda, S. 89.

67 Ausführungen von Horst Osterheld, zit. nach Bevers, Der Mann hinter Adenauer, S. 119.

68 Aussage von Josef Bach, zit. nach ebenda, S. 120.

sondern der ‚zweitstärkste Mann in Westdeutschland', wie die ‚New York Times' am 2. Oktober 1963 feststellte."[69]

Der Historiker Frank Bösch erklärte: „Globke hatte einerseits eine bemerkenswerte Zurückhaltung, eine geradezu devote Form des Umgangs mit Adenauer, aber gleichzeitig versorgte ihn Globke mit einer unglaublichen, geradezu lautlosen Effizienz in sehr, sehr unterschiedlichen Bereichen ständig mit Informationen."[70] Weilte der Kanzler im Urlaub, entschied Globke, welche Ministerberichte ihn erreichen sollten. Globke war der zweite Mann in Bonn. Auf ihn wollte der Kanzler nicht verzichten.

1.3. „Der liebe Herr Globke ..." – Staatssekretär unter Adenauer

Noch vor dem Einzug ins Kanzleramt wurde Globke Mitglied der am 20. September 1949 gebildeten Kommission zur „personellen Vorbereitung der Bundesarbeit". Neben Innenminister Gustav Heinemann und Finanzminister Fritz Schäffer gehörten ihr drei frühere Beamte des Reichsinnenministeriums an, nämlich Erich Keßler, Hans Ritter von Lex und eben Globke. Adenauer bevorzugte „Experten" aus der Zeit vor 1945 als Mitarbeiter der alliierten Nachkriegsverwaltungen. Manfred Görtemaker und Christoph Safferling haben zu Recht bemerkt, dass „damit ein Höchstmaß an personeller Kontinuität zu den nationalsozialistischen Vorgängereinrichtungen vorgegeben war".[71]

Globke übernahm in der Kommission bald die Federführung. Er war es, der unverkennbar die Personalpolitik in Bonn steuerte – und zwar weit über das Kanzleramt hinaus bis in die Ministerien und obersten

69 Horst Osterheld, Der Staatssekretär des Bundeskanzleramtes, in: Gotto (Hrsg.), Der Staatssekretär Adenauers, S. 99–126, insbes. S. 125.

70 Zit. nach Bevers, Der Mann hinter Adenauer, S. 121.

71 Görtemaker/Safferling, Die Akte Rosenburg, S. 112.

Behörden hinein. Daran sollte sich bis in die 1960er-Jahre nichts ändern. Der „Spiegel“ schrieb daher 1966 rückblickend über das „System Globke“, das die Ministerien quasi doppelt an das Kanzleramt fesselte: „Die Minister lagen im Kabinett an der Richtlinien-Kette des Kanzlers, ihre Untergebenen liefen am Kanzleibändchen Globkes.“[72] Die Bedeutung der damit verbundenen weitgehenden Renazifizierung muss äußerst hoch eingeschätzt werden, denn sie erstreckte sich auch auf die Bundesverwaltung und strahlte auf den gesamten öffentlichen Dienst aus.

Globkes Einfluss hinterließ dabei in den einschlägigen Unterlagen nur wenige Spuren, denn seine Stärken waren „selbstlose Pflichterfüllung“ und „absolute Diskretion“.[73] Deshalb existieren kaum schriftliche Quellen oder gar Nachweise über seine Personalpolitik. Globke kannte die Personalakten, die er sich laufend vorlegen ließ, und votierte mündlich oder per Telefon.[74] Dazu diente ihm auch die „Gewerkschaft der Staatssekretäre“,[75] wie die monatlichen Treffen der Staatssekretäre aus allen Bundesministerien genannt wurden. Hier konnte Globke seinen „Kollegen“ den Willen des Bundeskanzlers oder des Kabinetts in zwangloser Runde übermitteln und offene Fragen außerhalb der ministeriellen Konferenzen erörtern. Karl Gumbel, 1949 bis 1955 Ministerialdirigent im Kanzleramt, bemerkte zur Rolle Globkes in der Personalpolitik: „Einen unmittelbaren Einfluss auf die Stellenbesetzungen in den Ressorts hatte Globke nicht, aber er war auf dem Personalgebiet so anerkannt, dass man sich in der Regel nach seinen Empfehlungen richtete.“[76]

In Bonn wurde bald unübersehbar, dass frühere Nazis das Sagen hatten. Mitte 1950 waren im Bundesjustizministerium 40 Prozent der Mitarbeiter im höheren Dienst frühere Mitglieder der NSDAP. Im

72 Der Spiegel, Nr. 24/1966 vom 8. Juni 1966.

73 Görtemaker/Safferling, Die Akte Rosenburg, S. 121.

74 Zu Globkes Einfluss auf die Personalpolitik siehe auch Gumbel, Hans Globke, S. 94 f.

75 Vgl. hierzu Franz Thedieck, Hans Globke und die „Gewerkschaft der Staatssekretäre“, in: Gotto (Hrsg.), Der Staatssekretär Adenauers, S. 144–159.

76 Zit. nach ebenda, S. 95.

Bundesinnenministerium machten sie sogar 57 Prozent aus, das Kanzleramt wies 45,8 Prozent auf.[77] Nur der 1899 geborene Innenminister Gustav Heinemann (damals CDU) wandte sich gegen diese Einstellungspraxis. Ihn hatte eine radikaldemokratische Familientradition geprägt, er hatte Jura studiert und er wurde 1928 Justitiar der Rheinischen Stahlwerke in Essen. Während der NS-Zeit war er in der „Bekennenden Kirche" aktiv. 1945 wurde Heinemann Bürgermeister von Essen und 1949 Bundesinnenminister. Im Streit mit Adenauer um die Wiederbewaffnung trat er 1950 zurück. 1952 gründete er die „Gesamtdeutsche Volkspartei", die aber ohne Erfolg blieb. 1957 trat Heinemann in die SPD ein. Er wurde Bundestagsabgeordneter und 1966 Bundesjustizminister. Von 1969 bis 1974 war er der erste sozialdemokratische Bundespräsident. Er starb 1976.[78]

Vor dem Hintergrund der Personalpolitik in der Bundesverwaltung schlug Heinemann 1950 vor, ehemalige Nazis zumindest von leitenden Positionen fernzuhalten. Doch Adenauer wollte „von Fall zu Fall" entscheiden. Außerdem befürchteten er und seine Juristen eine mögliche „Ungleichbehandlung" nach Dienstrang. So wurde mit dem Vorschlag dilatorisch verfahren. Nach dem Ausscheiden Heinemanns als Innenminister legte Adenauer bei der Kabinettssitzung am 16. März 1951 fest, dass Einstellungen und Beförderungen in die Zuständigkeit des jeweiligen Ministers fallen sollten. Damit blieb weiterhin alles offen. Dem Aufstieg Belasteter in höchste Positionen der Bundesministerien standen kaum noch Hindernisse im Wege.

Hitlers Mitarbeiter aus dem öffentlichen Dienst konnten 1951 sogar einen Anspruch auf Wiederverwendung bzw. Versorgung in der Bundesrepublik geltend machen. Der Parlamentarische Rat hatte sich nicht über den Fortbestand ihrer Rechte über den 8. Mai 1945 hinaus

77 Siehe Görtemaker/Safferling, Die Akte Rosenburg, S. 124f.

78 Zu Heinemann siehe vor allem Thomas Flemming, Gustav W. Heinemann. Ein deutscher Citoyen. Biographie, Essen 2014; Joachim Braun, Der unbequeme Präsident, Karlsruhe 1972.

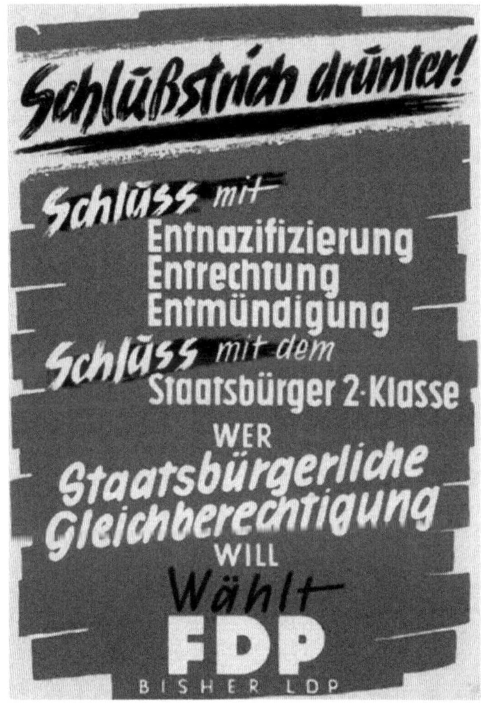

Abb. 6. „Schlußstrich drunter!“ – FDP-Plakat aus dem Jahr 1949

einigen können. Darüber sollte nach Art. 131 GG der erste Bundestag entscheiden. Das tat er 1951 mit der Ein-Stimmen-Mehrheit Adenauers zugunsten der Mitarbeiter aus der NS-Zeit.[79] Sie machten damals mit ihren Familien immerhin fünf Millionen Menschen aus. Für den gewieften Adenauer war das eine wichtige Wählergruppe. So wurde der Renazifizierung Tür und Tor geöffnet.

79 Siehe Michael Kirn, Verfassungsumsturz oder Rechtskontinuität? Die Stellung der Jurisprudenz nach 1945 zum Dritten Reich, insbesondere die Konflikte um die Kontinuität der Beamtenrechte und Art. 131 Grundgesetz, Berlin 1972.

Das Ausführungsgesetz zum Art. 131 GG hatte zur Folge, dass alle Mitarbeiter aus der NS-Zeit, die nicht wiedereingestellt wurden, Wartestands-Bezüge erhielten. Daneben mussten auch die erst nach 1945 beschäftigten und unbelasteten Kräfte bezahlt werden. Bei klammen Kassen war klar, dass die Unbelasteten entlassen und die Mitarbeiter aus der NS-Zeit wiedereingestellt wurden. Der Volksmund fasste das so zusammen: „Die 131er überholen die 1945er." Vorgesehen war für die öffentlichen Arbeitgeber eine Quote von 40 Prozent Mitarbeitern aus der NS-Zeit. Länder wie Schleswig-Holstein erreichten sogar 50 Prozent – und brüsteten sich damit.[80] In Bonn machte damals ein satirisches Lied Furore: „Manche Leute tragen weiße Westen, braune Hemden lugen sanft hervor."[81]

Spätestens seit der Berlin-Blockade, die im Jahr 1948 begann, bestimmte der Kalte Krieg nicht nur die internationale, sondern auch die nationale Politik. Der Antikommunismus wurde zur Integrationsideologie, die auch Globke zum Vorteil gereichte. Denn hinter den Antikommunismus, der in der Bundesrepublik eine herausragende Bedeutung erlangte, traten NS-Belastungen zurück. Im übrigen West-Europa waren Kommunisten in den Parlamenten vertreten und an Regierungen beteiligt. In der Bundesrepublik wurden sie ausgegrenzt, oft in rechtsstaatswidriger Weise. Das 1950 verabschiedete politische Strafrecht beruhte auf unbestimmten Rechtsbegriffen und prozessualen Sondervorschriften.[82] Die KPD wurde 1956 vom Bundesverfassungsgericht verboten – juristisch gut begründet, aber politisch mit fatalen Folgen.[83]

80 So Ministerpräsident Kai-Uwe von Hassel am 2. Oktober 1956 vor dem Schleswig-Holsteinischen Landtag: „Wir haben 50 Prozent [aus der NS-Zeit] hereingenommen, also wesentlich mehr als unser Soll"; Stenographische Berichte des Schleswig-Holsteinischen Landestages, 3. Wahlperiode (1954–58), S. 1955.

81 Zit. nach Bevers, Der Mann hinter Adenauer, S. 17.

82 Siehe Alexander von Brüneck, Politische Justiz gegen Kommunisten in der Bundesrepublik Deutschland 1949–1968, Frankfurt a. M. 1979.

83 Entscheidungen des Bundesverfassungsgerichts, Bd. 5, S. 85–302. Das Urteil ist juristisch nicht zu beanstanden, da der Nachweis geführt wurde, dass die

Gleichzeitig beschwieg Adenauer die NS-Vergangenheit. CDU-Plakate knüpften an die Goebbels'sche Propaganda an: Die Sowjetunion erschien als tödliche Bedrohung aus dem Osten. Die deutschen Verbrechen fanden dagegen keine Erwähnung. Der erste Bundeskanzler hat in seinen Reden niemals den deutschen Besatzungsterror in Polen und der Sowjetunion zur Sprache gebracht, auch andere NS-Verbrechen waren kein Thema. Die Auseinandersetzung damit schien er vermeiden zu wollen.[84] Die Vernichtung der europäischen Juden fand nur ganz allgemein Erwähnung. Allenfalls bei antisemitischen Ausschreitungen wie im Herbst 1960 nahm Adenauer öffentlich dagegen Stellung und qualifizierte sie als „Flegeleien". Die Deutschen salvierte er dabei für ihre Vergangenheit.

Die Schatten der Vergangenheit wurde Globke allerdings nicht los. Adolf Arndt (SPD), der 1933 als Richter in Berlin ausgeschieden war, weil er dem NS-Staat nicht dienen wollte, später als „Halbjude" diskriminiert wurde und nach 1945 zum „Kronjuristen der SPD" avancierte, befasste sich wiederholt mit dem Chef des Bundeskanzleramts und Adenauer-Intimus.[85] Schon am 12. Juli 1950 erklärte er im Bundestag: „[...] die Nürnberger Gesetze sind nicht irgendwelche Gesetze, über deren Gültigkeit oder Ungültigkeit, deren Sittlichkeit oder Unsittlichkeit man vielleicht streiten könnte; die Nürnberger Gesetze gehören in ganz erster Linie zu dem, was der unvergessliche Gustav Radbruch als gesetz-

KPD unter Anleitung der SED die Beseitigung der verfassungsmäßigen Ordnung der Bundesrepublik anstrebte. Politisch führte das Urteil aber zu einem zweifelhaften deutschen Sonderweg. Anderer Auffassung ist Josef Foschepoth, Verfassungswidrig! Das KPD-Verbot im Kalten Bürgerkrieg, Göttingen 2017.

84 So Diether Posser 1992 in der Fernseh-Dokumentation des WDR „Anwalt im Kalten Krieg – Diether Posser" von Detlev Puls. Siehe ders., Anwalt im Kalten Krieg. Ein Stück deutscher Geschichte in politischen Prozessen 1951–1968, München 1991.

85 Zu Adolf Arndt siehe vor allem Dieter Gosewinkel, Adolf Arndt. Die Wiederbegründung des Rechtsstaats aus dem Geist der Sozialdemokratie (1945–1961), Bonn 1991.

liches Unrecht bezeichnet hat, welches niemals zur Würde des wahren Rechts emporgestiegen ist."

Weiter führte Arndt aus, dass der Name Globke durch seinen Kommentar für immer mit den „Nürnberger Gesetzen" verknüpft sei. Und er fügte hinzu: „Wenn es irgendeine Vermessenheit, eine Hybris gibt, die schlechterdings tödlich für eine Wiedergenesung Deutschlands wirken müsste, so ist es die Verblendung, wir könnten so tun, als hätte sich zwischen 1933 und 1945 überhaupt nichts ereignet. Und aus diesem Grund fragen wir [...]: Hält die Bundesregierung Personen, die für die nationalsozialistische Gewaltherrschaft an hervorragender Stelle tätig waren, [...] im Sinne des Grundgesetzes für geeignet, heute hohe öffentliche Ämter zu bekleiden?"[86]

Eine Antwort auf diese Frage blieb aus. Stattdessen nahm der Bundeskanzler Globke immer wieder in Schutz. Dabei berief er sich fortwährend auf die „Persilscheine" zugunsten des Kanzleramts-Chefs vor allem aus katholischen Kreisen. Der Kanzler behauptete sogar, die Alliierten hätten Globke „auf das minutiöseste durchgeprüft".[87] Dabei nannte er seinen wichtigsten Mitarbeiter „den lieben Herrn Globke".

Der kümmerte sich derweil um die „Organisation Gehlen", die die Amerikaner von den Nazis zur Spionage gegen die Sowjets übernommen hatten. Ihr Chef und Namensgeber war der frühere Wehrmachtsgeneral Reinhard Gehlen – ein Deutschnationaler mit ausgeprägtem Hang zu Verschwörungstheorien.[88] Er versammelte nach 1945 in seiner Organisation vor allem alte Nazis. Globke stellte die Weichen zur Übernahme der Truppe als Bundesnachrichtendienst (BND). Schon 1950 besuchte er Gehlen in Pullach und ließ sich ausführlich über dessen Tätigkeit unterrichten. Am 1. April 1956 erfolgte die offizielle Eingliederung als

86 Stenographische Protokolle des Deutschen Bundestages, 1. Wahlperiode, 12. Juli 1950, S. 2633 f.

87 Stenographische Berichte des Deutschen Bundestages, 1. Wahlperiode, 30. März 1950, S. 2055.

88 Zu Gehlen siehe Rolf-Dieter Müller, Reinhard Gehlen. Geheimdienstchef im Hintergrund der Bonner Republik. Die Biografie, 2 Bde., Berlin 2017.

Behörde der Bundesrepublik.[89] Der BND wurde Globke als Chef des Kanzleramts unterstellt. Und der nutzte den Auslandsnachrichtendienst sofort zur Bespitzelung der Opposition im Inneren.

Dabei waren die Erträge von Gehlens Spionage in die DDR und in Osteuropa laut „Spiegel" schlicht „armselig". Alle größeren Krisen im Ostblock wurden „verschlafen". Gleichwohl schätzte Adenauer Gehlens Rat, ohne ihm stets zu folgen. Der Wehrmachtsgeneral versicherte dem Kanzler immer wieder seine Loyalität. Zeitweilig wurde sogar Globke vom Bundesnachrichtendienst überwacht, der Gehlen seine Aufträge übermittelte. Vor allem aber standen die SPD, andere Oppositionelle und die Presse im Fadenkreuz des Geheimdienstes. Der BND, dem als Auslandsnachrichtendienst jede Tätigkeit im Inland verboten war, fungierte unverhohlen als Auskunftei für Adenauer und Globke.[90]

So beobachtete der BND den späteren Bundespräsidenten Gustav Heinemann und dessen Anwaltssozius Diether Posser, später Justiz- und Finanzminister in Düsseldorf, den SPD-Oppositionsführer Erich Ollenhauer und den späteren SPD-Fraktionsvorsitzenden Herbert Wehner. Der „Spiegel" schrieb: „Pullacher Faustregel: Wer gegen Adenauer opponiert, ist Kommunist."[91] Seit 1961 hatte der BND einen Spitzel in der Umgebung des SPD-Vorsitzenden Willy Brandt platziert. Denn Gehlen hielt Brandt für einen „Vaterlandsverräter". Über ihn wuchsen 110 000 Blatt Berichte an.[92] Sie betrafen Brandts außereheliche Geburt und seinen Kampf gegen Nazi-Deutschland. Die Dossiers wurden von der CDU für die miesesten Schmutzkampagnen genutzt.[93]

89 Siehe Reinhard Gehlen, Der Aufbau und die Integration des Bundesnachrichtendienstes, in: Gotto (Hrsg.), Der Staatssekretär Adenauers, S. 184–193.

90 Siehe Spiegel-Gespräch mit Rolf-Dieter Müller über Gehlen, in: Der Spiegel, Nr. 50 vom 9. 12. 2017, S. 60–63.

91 Zit. nach Bevers, Der Mann hinter Adenauer, S. 135.

92 Siehe BND installierte Spitzel bei Willy Brandt, in: Süddeutsche Zeitung vom 2. 12. 2017.

93 Daniela Münkel, „Alias Frahm". Die Diffamierungskampagnen gegen Willy Brandt in der rechtsgerichteten Presse, in: Claus-Dieter Krohn/Axel Schildt

Den Koalitionspartner FDP ließen Adenauer und Globke ebenfalls bespitzeln. Lothar Weirauch, vor 1945 NSDAP-Mitglied und verantwortlich für die Judendeportationen im Generalgouvernement, war von 1950–1954 Bundesgeschäftsführer der FDP. Er übermittelte seine Informationen direkt an das Kanzleramt. Für seine Spitzeltätigkeit erhielt er „ein monatliches Fixum von mindestens 2000 DM" – das halbe Gehalt eines damaligen Bundesministers. Adenauer konnte den ungeliebten Koalitionspartner so immer wieder in die Enge treiben. Weirauch wurde zum Dank noch mit dem Posten eines Abteilungsleiters im Gesamtdeutschen Ministerium belohnt. Er ging 1973 in Pension und starb 1983. Zwischenzeitlich war er auch für eine andere „Firma" tätig – die Staatssicherheit der DDR.[94]

Globke beschaffte auch Finanzmittel für die CDU. Dazu entwickelte er ein besonderes System „schwarzer Kassen": Parteispenden aus Industrie und Wirtschaft wurden nur zum Teil ordnungsgemäß verbucht. Der Rest ging an Fonds und Sonderkonten, über die der Mann hinter Adenauer verfügte. Damit konnten ganze Wahlkämpfe finanziert werden. Als CDU-Vorsitzender machte sich später auch Helmut Kohl die erheblichen Finanzmittel zunutze. Das Schwarzgeld nannte er in seinem pfälzischen Dialekt „Bimbes". Am Ende stand die Parteispendenaffäre, die das unrühmliche Ende der Ära Kohl bedeutete.[95]

Globke verfügte über den sogenannten Reptilienfonds des Kanzleramts, dem vor 1960 mit 12,5 Millionen DM beträchtliche Mittel zur Verfügung standen. Damit „kaufte" er Politiker der kleinen rechtslastigen Parteien BHE (Bund der Heimatvertriebenen und Entrechteten)

(Hrsg.), Zwischen den Stühlen? Remigranten und Remigration in der deutschen Medienöffentlichkeit der Nachkriegszeit, Hamburg 2002, S. 397–418.

94 Siehe Klaus Wiegrefe, „Der Bürger ist entsetzlich dumm". Geheimakte Adenauer, in: Der Spiegel, Nr. 15 vom 8.4.2017, S. 10–17.

95 Ebenda, S. 154–158. Siehe hierzu die ARD-Dokumentation „Bimbes – Die schwarzen Kassen des Helmut Kohl" (Erstausstrahlung: ARD, 4.12.2017), und Markus Dettmer/Sven Röbel, CDU-Spendenaffäre. Die dunklen Seiten von Kohls Vermächtnis, in: Der Spiegel Nr. 49 vom 4.12.2017.

Abb. 7. Spiegel-Titel Nr. 14/1956 „Globke: Bürovorsteher im Vorraum der Macht"

und DP (Deutsche Partei), die ihre Wähler mit zur CDU brachten. Das galt etwa für Theodor Oberländer.[96] Rechts von der CDU/CSU gab es daher nach Gründung der Bundesrepublik bald keine wichtigen politischen Gruppierungen mehr. Das trug durchaus zur Stabilisierung der Demokratie bei. Andererseits aber war der Preis dafür hoch, denn Globke verletzte auf diese Weise elementare demokratische Grundsätze. Obwohl er kein Amt in der CDU innehatte, setzte Adenauer ihn auch in der Partei als eine Art Adjutanten ein. So reiste Globke

96 Siehe Bevers, Der Mann hinter Adenauer, S. 157. Vgl. zu Oberländer Kapitel 3.1. in diesem Band.

im Jahr 1953 nach München und sprach im Auftrag des „Alten“ so lange mit der CSU-Spitze, bis sie Pläne für eine Koalition mit der SPD aufgab.[97]

Der „Spiegel“ spöttelte unentwegt über Adenauers Vertrauten. 1955 brachte er sogar eine Titelstory über ihn: „Bundeskanzler Adenauer hat diesen Mann seit sieben Jahren allein gegen alle Angriffe und Attacken [...] gehalten. Wird [...] etwas gegen den Staatssekretär vorgebracht, winkt er nur ab: ‚Ach, lassen Sie mal, der liebe Herr Globke ...‘ Werden die Angriffe in der Öffentlichkeit geführt, klettert der greise Kanzler unverzüglich aufs Podium des Parlaments. Vier Mal hat er von dort bereits für Globke gestritten.“[98] Es hieß sogar, Adenauer habe ihm Stefan Zweigs Biografie über Napoleons Polizeiminister Fouché geschenkt, der mehr wusste als sein Herrscher. Die Anspielung war offensichtlich.

Auch im Zuge der Wiederbewaffnung nahm Globke wichtige Aufgaben wahr. Adenauer rechtfertigte die Remilitarisierung mit dem Weckruf „Asien steht an der Elbe“.[99] Tatsächlich bestand die Gefahr einer militärischen Auseinandersetzung des Westens mit der Sowjetunion und ihren Vasallen. Adenauer wollte mit eigenem Militär aber auch die Souveränität der Bundesrepublik stärken, die durch die alliierten Vorbehaltsrechts eingeschränkt war. Um Hitlers Generäle und Offiziere zum Mitmachen zu bewegen, wurde der Mythos von der „sauberen“ Wehrmacht verbreitet. Bis heute gibt es in der Bundeswehr Probleme mit den daraus entstandenen Traditionslinien.[100]

Globke ließ seine Vergangenheit auch in den Folgejahren nicht mehr los. Als er Anfang 1957 als Chef des Bundeskanzleramtes in die USA reisen wollte, löste das heftige Attacken der New Yorker Presse aus. In

97 Siehe Bevers, Der Mann hinter Adenauer, S. 150–152.

98 Siehe Globke – Böse Erinnerungen, in: Der Spiegel, Nr. 14 vom 4.4.1956, S. 15–25.

99 Zit. nach Bevers, Der Mann hinter Adenauer, S. 143 f.

100 Siehe Detlef Bald, Die Bundeswehr. Eine kritische Geschichte 1955–2005, München 2005.

Beschwerdebriefen an US-Außenminister John Foster Dulles schrieben US-Bürger, der Besuch Globkes sei „ein Affront gegen das amerikanische Volk“ und würde „dem Prestige der Vereinigten Staaten in den Augen von Millionen Opfern des Nazismus“ Schaden zufügen. Alle Amerikaner, die von „Globkes notorischer Nazi-Vergangenheit“ wüssten, seien schockiert. Als amerikanisch-jüdische Organisationen erklärten, sie „würden zur Stelle sein“, um zu protestieren, sagte Globke die USA-Reise ab.[101]

Dabei war ausgerechnet Globke mit Fragen der „Wiedergutmachung“ befasst. So half er 1952, den Weg zum Luxemburger Abkommen freizumachen, den das Finanzministerium blockierte. Insgesamt flossen danach 4,5 Milliarden DM nach Israel.[102] Globke erwies sich auch bei weiteren Anfragen im Hinblick auf Leistungen der „Wiedergutmachung“ als großzügig. Er wollte damit wohl seine eigene Rolle vor 1945 vergessen machen, was aber nicht gelingen konnte. Immerhin sprachen jüdische Interessenvertreter 1964 nach seinem Ausscheiden sogar von einer „Sehnsucht nach Globke“ angesichts der in diesen Fragen absolut hartleibigen Bonner Bürokratie.[103]

Auch NS-Verteidiger setzten auf den Chef des Bundeskanzleramtes und benannten ihn als Zeugen für den vorgeblichen Befehlsnotstand ihrer Mandanten, den Globke vor Gericht bezeugen und damit NS-Täter exkulpieren sollte. Erstmals sagte Globke im Wuppertaler Prozess gegen die Einsatzgruppe C am 12. Juli 1963 aus: „Kenntnis von den Morden habe er durch Erzählungen von Urlaubern aus dem Osten erhalten [...]. Damals habe er gehört, dass jeder selbst erschossen werde, der sich weigere, bei den Erschießungen mitzuwirken. Man habe das allgemein ge-

101 Siehe Der Spiegel, Nr. 10 vom 6.3.1957: Rückspiegel, S. 66.

102 Siehe Niels Hansen, Zur Politik der frühen Bundesrepublik gegenüber Israel und den Juden, in: 60 Jahre CDU – Online-Dokumentation, Berlin 2016 http://www.kas.de/uupload/dokumente/verlagspublikationen/60-Jahre-CDU/60-Jahre-CDU_hansen.pdf [12.2.2017].

103 Siehe Der Spiegel Nr. 25 vom 17.6.1964, S. 35

glaubt. [...] Nach Kriegsende habe er jedoch erfahren, dass man bei einer Weigerung sich an Exekutionen zu beteiligen, in vielen Fällen nur zur Front abkommandiert worden sei."[104]

Als Pensionär wurde Globke weiter zu NS-Prozessen geladen. Insbesondere sollte er bestätigen, dass SS-Angehörige Gefahr liefen, selbst getötet zu werden, wenn sie sich NS-Mordaktionen verweigerten. Doch Globke konnte dazu nur Aussagen vom Hörensagen machen, die für den Beweisgegenstand ohne Bedeutung waren.[105] Im Hagener Sobibor-Prozess erklärte Globke etwa im Mai 1966, er habe die Judengesetzgebung für Unrecht gehalten, aber „in diese Willkür eine gewisse Ordnung hineingebracht".[106] Für den vorgeblichen Befehlsnotstand war das allerdings völlig unerheblich.

Aber mit Globke trat ein prominenter Zeuge für die Angeklagten auf, und manche Gerichte ließen sich davon sogar beeindrucken. Dass Globke dieses Spiel mitmachte, ist erstaunlich. Denn er hätte die Gerichte vorab über seine Unkenntnis unterrichten können, um Ladungen zu entgehen. Als aber ein Vorsitzender Richter in Essen 1965 die Rolle Hans Globkes im Reichsinnenministerium kritisch hinterfragte, war Globke indigniert. Er betrachtete den Richter als „illoyal" und zog Erkundigungen über ihn ein.[107] Wäre er noch im Kanzleramt gewesen, hätte Globke vielleicht Schritte gegen den Richter eingeleitet. Die Justiz wurde nämlich nur respektiert, wenn sie der Regierung nützte.

104 Zit. nach Globke hörte von Massenmorden, in: Frankfurter Rundschau vom 13.7.1963. Siehe auch Kurzer Auftritt des Zeugen Globke, in: Süddeutsche Zeitung vom 13.7.1963.

105 So 1963 in Wuppertal (Einsatzgruppe C), 1964 in Kiel (Judenmord) und Braunschweig (Judenmassaker), 1965 in Düsseldorf (Treblinka), Köln (Sachsenhausen) und Essen (Einsatzgruppen), 1966 in Hagen (Treblinka) und 1967 in Fulda (Lieberose).

106 Zit. nach Hans-Christian Jasch/Wolf Kaiser, Der Holocaust vor deutschen Gerichten. Amnestieren, Verdrängen, Bestrafen, Stuttgart 2017, S. 136f.

107 Siehe Bevers, Der Mann hinter Adenauer, S. 163f.

Abb. 8. Hans Globke als Staatssekretär im Bundeskanzleramt, 1963

Am 15. Oktober 1963 trat Konrad Adenauer zurück – und mit ihm der Chef des Kanzleramts Hans Globke. Letzterer wollte seinen Ruhestand in der Schweiz verbringen. Seine Frau hatte im Jahr 1957 ein Grundstück am Genfer See erworben und dort ein Haus errichtet. Doch die Schweiz verweigerte dem Kommentator der „Nürnberger Rassegesetze" den Aufenthalt. Diplomatische Interventionen der Bundesrepublik halfen nichts. Globke musste in Bonn bleiben und das Haus am Genfer See verkaufen. Ausgerechnet die Schweiz, die sich an jüdischen Opfern schamlos bereichert und ihnen Asyl verweigert hatte, machte ernst.

Bereits seit Anfang der 1960er-Jahre litt Hans Maria Globke an Kreislauf- sowie Magenbeschwerden. Er starb 1973 in der Nähe von Bonn.[108]

1980 widmete die Konrad-Adenauer-Stiftung Globke eine Art posthumer Festschrift mit dem Titel „Der Staatssekretär Adenauers. Persönlichkeit und politisches Wirken Hans Globkes".[109] Bundespräsident Karl Carstens, vor 1945 NSDAP-Mitglied und seit 1980 Bundespräsident, nannte sein Verhältnis zu Globke in einem Grußwort „freundschaftlich".[110] Eine Reihe früherer Mitarbeiter und hoher Bonner Beamter würdigte die Bedeutung Globkes in der Ära Adenauer. Dabei kam die Festschrift altbacken daher. Die Beiträge waren voll des Lobes für den Verstorbenen. So nannte der Weihbischof und Theologie-Professor Eduard Schick Globke „feinempfindend" und „edel im Charakter". Er bescheinigte ihm „Urteilssicherheit" und „politischen Weitblick". Hinzu kämen „Loyalität", Diskretion" und „Treue".[111] Immer wieder wurde hervorgehoben, Globke sei nie der Partei beigetreten. Offenbar war der Adenauer-Stiftung 1980 sein Aufnahme-Antrag in die NSDAP nicht bekannt.

In dem Band finden sich auch aufschlussreiche Beiträge – etwa von Karl Gumbel und Horst Osterheld –, die die Arbeitsweise des Kanzleramtes behandeln. Sogar BND-Chef Reinhard Gehlen und Staatssekretär Friedrich Karl Vialon steuerten Beiträge bei. Letzterer hatte bei der Ausplünderung und Vernichtung der Juden im „Reichskommissariat Ostland" (Baltikum und Weißrussland) zwischen 1941 und 1944 eine zentrale Rolle gespielt und von 1958 bis 1962 als Ministerialdirektor im Bundeskanzleramt unter Globke gedient.[112] Vialon veröffentlichte

108 Ebenda, S. 206 f.

109 Siehe Gotto (Hrsg.), Der Staatssekretär Adenauers.

110 Ebenda, S. 8.

111 Ebenda, S. 47, 50 f.

112 Zu Vialon siehe: Ernst Klee, Das Personenlexikon zum Dritten Reich. Wer war was vor und nach 1945, Frankfurt a. M. 2007, S. 640; Bert Hoppe/Hildrun Glass (Bearb.), Die Verfolgung und Ermordung der europäischen Juden durch das nationalsozialistische Deutschland 1933–1945, Bd. 7: Sowjetunion

einen deplatzierten Beitrag zum haushaltsrechtlichen Umgang mit größeren Posten nichtabgerufener Mittel.

Mit der Publikation sollte Globkes Rolle vor 1945 marginalisiert werden. Alle Autoren erklärten, er habe sich nichts zuschulden kommen lassen. Der Historiker Ulrich von Hehl suchte Globke sogar zum Widerstandskämpfer im Reichsinnenministerium zu stilisieren. Denn er sei nur im Amt geblieben, um „die Informations- und Hilfsmöglichkeiten seiner Stellung im Sinne der Betroffenen zu nutzen".[113] Doch das entsprach nicht den Tatsachen. Globke legte die „Nürnberger Gesetze" in seinem Kommentar gegen die Betroffenen aus. In keinem Fall, der ihm vorgetragen wurde, entschied er zugunsten Verfolgter. Und Globke setzte sein ganzes Talent zur Normsetzung gegen die Juden ein. Die Ausrede, er sei im Amt geblieben, um Schlimmeres zu verhüten, erinnert an Hitlers geschäftsführenden Justizminister Schlegelberger, der sich so herauszureden suchte – und damit weder im „Juristenprozess" noch beim Streit um seine Pension Erfolg hatte.[114]

Interessant ist die in allen Beiträgen spürbare Selbstzufriedenheit der Autoren/Zeitzeugen mit sich und dem Aufbau der Bundesrepublik. Dass es in ihrer Zeit zur Renazifizierung gekommen war, fand ebenso wenig Erwähnung, wie die Demokratie-Defizite der Adenauer-Ära Thema

mit annektierten Gebieten I. Besetzte sowjetische Gebiete unter deutscher Militärverwaltung, Baltikum und Transnistrien, München 2011, S. 649–652, Dokument 249; Zeitgeschichte: Vialon – In den Ghettos gesammelt, in: Der Spiegel, Nr. 41 vom 9. 10. 1963; Affären – Vialon – Am Stehpult, in: Der Spiegel, Nr. 21 vom 21. 5. 1965; Justiz – Vialon – Gewinn des Ostlandes, in: Der Spiegel, Nr. 46 vom 6. 11. 1967.

113 Siehe Ulrich von Hehl, Der Beamte im Reichsinnenministerium: Die Beurteilung Globkes in der Diskussion der Nachkriegszeit. Eine Dokumentation, in: Gotto (Hrsg.), Der Staatssekretär Adenauers, S. 230–282, insbes. S. 232 f.

114 Zu den juristischen Verfahren um Schlegelberger siehe Bästlein, Der Nürnberger Juristenprozess und seine Rezeption in Deutschland, S. 9–35; Henning von Alten, Recht oder Unrecht? Der Verwaltungsrechtsstreit des Staatssekretärs a. D. Franz Schlegelberger um seine beamtenrechtlichen Versorgungsbezüge, Norderstedt 2009.

waren. Betont wurde allerdings wiederholt, dass Globke die Kritik an seinem Wirken vor 1945 schwer getroffen hatte. So notierte der langjährige CDU/CSU-Fraktionsvorsitzende und Bundesminister Heinrich Krone beim Rücktritt Globkes in sein Tagebuch: „Sie haben ihn verleumdet, gehetzt und gejagt. Es hat ihn getroffen und verletzt. Nur wenige ließ er ahnen, wie sehr er litt."[115]

Im Gefolge der Festschrift erschien 2003 ein Aufsatz des Historikers Erik Lommatzsch, der einige Jahre darauf auch seine Dissertation Hans Globke widmete. 2003 griff der Leipziger Doktorand zunächst die These Ulrich von Hehls auf, dass die Normierung von Rechtsverhältnissen Rechtssicherheit bedeute und dies auch für die „Nürnberger Gesetze" gegolten habe.[116] Das war jedoch nur sehr bedingt der Fall. Denn gegenüber den Juden herrschte unter dem NS-Regime Gewalt und Willkür. Ernst Fraenkels grundlegende Unterscheidung von Maßnahmen- und Normenstaat ist insofern von Bedeutung.[117] Normen kamen gegenüber Juden nur zur Anwendung, wenn der Normenstaat betroffen war. So „verfiel", wie erwähnt, nach der 11. Verordnung zum Reichsbürgergesetz vom November 1941 das Vermögen der Deportierten dem Reich.[118] Hier herrschte der Normenstaat. Er musste aber in vielen anderen Bereichen nach 1945 in der Bundesrepublik erst wiederhergestellt werden.

Adenauer und Globke regierten autokratisch und autoritär – und zwar oft an den Grenzen des Rechts und manchmal jenseits davon. Ihre Personalpolitik bewirkte, dass Hitlers Beamte in Politik, Verwaltung und Justiz der Bundesrepublik dominierten. Schon 1954 hatte ein hoher US-Beamter gewarnt, die Bundesrepublik sei auf dem Weg zu einem

115 Zit. nach ebenda, S. 21.

116 Siehe Hehl, Der Beamte im Reichsinnenministerium, in: Gotto (Hrsg.), Der Staatssekretär Adenauers, S. 230–282, insbes. S. 232.

117 Siehe Ernst Fraenkel, Der Doppelstaat. Recht und Justiz im „Dritten Reich", Frankfurt a. M. 1974 (Originalausgabe: The Dual State. A Contribution to the Theory of Dictatorship, New York u. a. 1941).

118 Reichsgesetzblatt 1941, S. 722.

„gemäßigten autoritären Regime". Eine kleine Gruppe um Adenauer regiere das Land, das Parlament sei schwach, die Verwaltung dominant und sie verachte die Öffentlichkeit. Obrigkeitsstaatliche Tendenzen waren unübersehbar, wie der Historiker Klaus Wiegrefe festgestellt hat.[119]

Die Grundauffassungen Adenauers und Globkes entsprachen dabei denjenigen der Gesellschaft, die in weiten Teilen vom Nationalsozialismus geprägt war. 1959 überlegte Adenauer, sich zum Bundespräsidenten wählen zu lassen, um das Land nach dem Vorbild de Gaulles zu führen. Da das Grundgesetz ein Präsidialsystem nicht zuließ, schlug BND-Chef Gehlen vor, das Land mithilfe seines „Dienstes" zu steuern. Darauf wollte sich Adenauer aber nicht einlassen. Er versuchte, mit dem ZDF ein Staatsfernsehen zu schaffen, was das Bundesverfassungsgericht verhinderte. Sogar ein verdeckter Ankauf des „Spiegel" wurde ventiliert, um kritische Berichte unmöglich zu machen.[120]

Adenauer litt unter Albträumen vom Vormarsch der Roten Armee an den Rhein. Im Bundesverteidigungsrat, dem Vorläufer des Bundessicherheitsrates, brachte er am 24. Juni 1959 eine Notstandsverfassung ein. Sie sah für den Kriegsfall Rundfunkzensur, Schutzhaft für Oppositionelle und krasse Eingriffe in die Unabhängigkeit der Justiz vor. Im Kriegsfall sollten alle Machtbefugnisse beim Kanzler vereinigt werden, dem damit eine Stellung zugedacht war wie dem König beim früheren preußischen Belagerungszustand. Das bedeutete die Errichtung eines quasi-diktatorischen Regimes, das mit dem Grundgesetz unvereinbar war.[121] Adenauers Pläne ließen allerdings tief blicken.

Der erste Kanzler war nämlich kein so unzweifelhafter Demokrat, als der er gern dargestellt und gefeiert wird. Aber Adenauer setzte die Westbindung der Bundesrepublik durch. Damit trug er – wahrscheinlich

119 Siehe Klaus Wiegrefe, „Der Bürger ist entsetzlich dumm". Geheimakte Adenauer (Titelgeschichte), in: Der Spiegel Nr. 15/17 vom 8.4.2017, S. 10–17, Zitate S. 15.

120 Siehe ebenda, insbes. S. 15 f.

121 Siehe ebenda, insbes. S. 16 f.

Abb. 9. Bundeskanzler Adenauer und Globke bei Papst Paul VI., 20. September 1963

eher ungewollt – zur Demokratisierung bei. Hinzu kam das Grundgesetz, das ein autokratisches oder gar diktatorisches Regime ausschloss. Es war nicht nur mit seinen Grundrechten, sondern auch in seinem staatsrechtlichen Teil geradezu ideal für das Hineinwachsen der Westdeutschen in demokratische Verhältnisse, was aber – auch wegen Adenauers und Globkes Renazifizierung – Jahrzehnte erfordern sollte.

Zweifellos bestimmte der Kanzler die Richtlinien der Politik. Dabei nahm er es mit der Verfassung nicht so genau. Aber es darf nicht unterschätzt werden, dass Globke dies noch triggerte. Der Bürokrat Globke, der in der NS-Zeit als Schreibtischtäter alles mitgemacht hatte, schlug Adenauer zweifelhafte Aktivitäten vor. Das Tandem Adenauer-Globke, an dessen Ende 1962 nicht zufällig die „Spiegel-Affäre" stand, hinterließ in der Bundesrepublik ein enormes Demokratiedefizit.[122] Das ging auch

122 Zur „Spiegel-Affäre" siehe vor allem Martin Doerry/Hauke Janssen (Hrsg.), Die SPIEGEL-Affäre. Ein Skandal und seine Folgen, München/Hamburg 2013.

auf Globke zurück. Er wurde nie ein Demokrat, sondern genoss seine Macht als zweiter Mann im Staat. Dabei konnte er sich aufgrund seiner NS-Belastungen nur im Windschatten Adenauers halten, was ihm bewusst war.

Adenauer und Globke respektierten lediglich den Rahmen des Grundgesetzes und formal auch der Demokratie. Erst ein halbes Jahrzehnt nach ihnen begann sich die Bundesrepublik zu einer lebendigen Demokratie zu entwickeln. Dazu bedurfte es der Studentenrevolte, eines Bundeskanzlers Willy Brandt, der für ein anderes Deutschland stand, und der vielen Bürgerinitiativen seit den 1970er-Jahren. Die Schatten der braunen Vergangenheit blieben in der Bundesrepublik jahrzehntelang übermächtig. Und niemand symbolisierte das so klar und deutlich wie Hans Globke, der Chef im Bonner Kanzleramt.

2. Das politische Umfeld des Globke-Verfahrens

2.1. Zur Vorgeschichte des Prozesses: Globke in Jerusalem

Hans Globke stand wie kein anderer Bonner Politiker im Fadenkreuz der DDR-Propaganda gegen die Bundesrepublik. Sie war von großer Bedeutung für das Selbstverständnis der DDR. Denn im unablässigen Konkurrenzkampf der beiden deutschen Staaten hatte die DDR fast nirgendwo die Nase vorn. Die Bundesrepublik war ihr politisch und wirtschaftlich überlegen. Nur hinsichtlich der „antifaschistischen" Legitimation konnte die DDR punkten. Das galt vor allem für die „führenden Repräsentanten", unter denen es kaum NS-Belastete gab. Auch der Grad der Renazifizierung war insgesamt geringer als in der Bundesrepublik. Das bot der DDR Gelegenheit, lautstark auf die vielen Nazis in hohen und mittleren Positionen im Westen hinzuweisen.[1]

1 Siehe Michael Lemke, Instrumentalisierter Antifaschismus und SED-Kampagnepolitik im deutschen Sonderkonflikt 1960–1968, in: Jürgen Danyel (Hrsg.), Die geteilte Vergangenheit. Zum Umgang mit Nationalsozialismus und Widerstand in beiden deutschen Staaten, Berlin 1995, S. 61–86; ders., Kampagnen gegen Bonn. Die Systemkrise der DDR und die Westpropaganda der SED 1960–1963, in Vierteljahrshefte für Zeitgeschichte 41 (1993), S. 153–174; Klaus Bästlein „Nazi-Blutrichter als Stützen des Adenauer-Regimes". Die DDR-Kampagnen gegen NS-Richter und –Staatsanwälte, die Reaktionen der bundesdeutschen Justiz und ihre gescheiterte „Selbstreinigung" 1957–1968, in: Helge Grabitz/Klaus Bästlein/Johannes Tuchel (Hrsg.), Die Normalität des Verbrechens. Bilanz und Perspektiven der Forschung zu den nationalsozialistischen Gewaltverbrechen. Festschrift für Wolfgang Scheffler, Berlin 1994, S. 408–443.

Spiritus Rector der DDR-Kampagnen war Albert Norden. Der Rabbinersohn und Kommunist war während des NS-Terrors nach Frankreich und in die USA emigriert und kannte daher die westliche Öffentlichkeit. Ab 1949 arbeitete er im „Informationsamt" der DDR-Regierung. 1953 wurde er als Autodidakt Professor für Neuere Geschichte an der Humboldt-Universität zu Berlin. Er publizierte eine lange Reihe historischer Darstellungen.[2] 1954 stieg Norden ins Politbüro auf, leitete die ZK-Kommission für Agitation sowie den „Ausschuss für deutsche Einheit". Als „Lautsprecher Walter Ulbrichts" nahm er ab 1957 die Renazifizierung der Bundesrepublik aufs Korn. Vom „Nationalrat der nationalen Front" wurden mit viel Aufwand Archivalien über NS-Aktivisten in der Bundesrepublik gesammelt, ausgewertet und publiziert.[3]

Die Kampagnen richteten sich mit Parolen wie „Hitlers Blutrichter im Dienste des Adenauer-Regimes" zuerst gegen die westdeutsche Justiz, galten aber auch der Polizei, dem Auswärtiges Amt, der übrigen Bonner Ministerialbürokratie, dem Bundesnachrichtendienst, der Bundeswehr und anderen Stellen.[4] Es erschienen Broschüren, Pamphlete und Flug-

2 Norden hatte weder studiert noch einen akademischen Abschluss. Die Liste seiner Publikationen ist gleichwohl beachtlich – hier eine Auswahl: Lehren deutscher Geschichte. Zur politischen Rolle des Finanzkapitals und der Junker, Berlin 1947; Der deutsche Journalist im Kampf um Frieden und Deutschlands Einheit, Berlin 1950; Das Banner von 1813, Berlin 1952; Um die Nation: Beiträge zu Deutschlands Lebensfrage, Berlin 1952; So werden Kriege gemacht! – Über Hintergründe und Technik der Aggression, Berlin 1950; Zwischen Berlin und Moskau – Zur Geschichte der deutsch-sowjetischen Beziehungen, Berlin 1954; Deutsche Politik 1945 im Jahr der Befreiung und Entscheidung, Berlin 1960; Das spanische Drama, Berlin 1961; Fälscher – Zur Geschichte der deutsch-sowjetischen Beziehungen, Berlin 1963; Wohin steuert die Bundesrepublik?, Berlin 1966; Graubuch, Berlin 1967; Um die Nation: Beiträge zu Deutschlands Lebensfrage. Regensburg 1971; Wie der Maoismus gegen den Frieden in Europa kämpft, Berlin 1975; Ereignisse und Erlebtes, Berlin 1981.

3 Siehe Norbert Podewin, Albert Norden. Der Rabbinersohn im Politbüro, Berlin 2003.

4 Siehe Bästlein „Nazi-Blutrichter als Stützen des Adenauer-Regimes".

schriften zu NS-Belasteten im bundesdeutschen Staatsapparat. Manche Publikationen wurden im Westen veröffentlicht; das zugrunde liegende Material stammte aber aus der DDR. 1965 erschien das „Braunbuch“ mit dem Untertitel „Kriegs- und Naziverbrecher in der Bundesrepublik und in West-Berlin“, das über 1800 schon unter dem NS-Regime tätige Personen im westdeutschen Staatsapparat beim Namen nannte.[5]

Daneben gab es seit 1960 Kampagnen gegen einzelne Politiker in der Bundesrepublik – zunächst gegen Hans Globke, dann gegen den Bundesvertriebenenminister Theodor Oberländer, darauf erneut gegen Globke und schließlich gegen Bundespräsident Heinrich Lübke.[6] Der 1894 geborene Lübke war Ökonom und arbeitete von 1939 bis 1945 als Bauleiter, wobei er auch den Einsatz von KZ-Häftlingen koordinierte.[7] 1947 wurde er Landwirtschaftsminister in Nordrhein-Westfalen und ab 1953 im Bund. 1959 folgte die Wahl zum Bundespräsidenten. Die zweite Amtszeit überschatteten rhetorische Missgriffe aufgrund einer fortschreitenden Zerebralsklerose. Lübke trat 1969 zurück und verstarb 1972.[8]

5 Nationalrat der Nationalen Front des Demokratischen Deutschland. Dokumentationszentrum der Staatlichen Archivverwaltung der DDR (Hrsg.), „Braunbuch“. Kriegs- und Naziverbrecher in der Bundesrepublik und in Westberlin. Staat, Wirtschaft, Verwaltung, Armee, Justiz, Wissenschaft, Berlin (Ost) 1965.

6 Vgl. hierzu auch Hermann Wentker, Die juristische Ahndung von NS-Verbrechen in der Sowjetischen Besatzungszone und in der DDR, in: Kritische Justiz 35 (2002) 1, S. 60–75, insbes. S. 71–73.

7 Das war von 1942 bis 1944 in Peenemünde und 1944/45 bei Untertageverlagerungen in der Nähe von Bernburg und Neu-Staßfurt der Fall. Siehe hierzu Jens-Christian Wagner, Der Fall Lübke, in: Die Zeit, Nr. 30/2007 vom 19. Juli 2007; Rainer Eisfeld, Mondsüchtig. Wernher von Braun und die Geburt der Raumfahrt aus dem Geist der Barbarei, Springe 2012.

8 Zur Biografie siehe Rudolf Morsey, Heinrich Lübke. Eine politische Biographie, Paderborn 1966; Werner Pieper, Die 13 Leben des Heinrich Lübke. Verblüffende biografische Fundstücke aus dem Leben eines deutschen Biedermanns, Löhrbach im Odenwald 2004.

Abb. 10.
Albert Norden,
1963

Die DDR-Kampagnen sollten Konrad Adenauer und die CDU-geführten Bundesregierungen ins Mark treffen. Sie trugen gewiss ein Stück weit dazu bei, die alte Regierung zu diskreditieren und 1969 einer sozialliberalen Koalition ans Ruder zu verhelfen. Norden blieb bis 1981 im Politbüro und dort für die SED-Propaganda zuständig. Er starb im Jahr 1982.

Mit der Entführung Eichmanns erreichte die DDR-Propaganda gegen die Bundesrepublik 1960 einen Höhepunkt. Schon im Juni 1960 erschien auf Betreiben Nordens die Broschüre über Globke und die Ausrottung der Juden.[9] Der braune Umschlag zeigte oben links ein aktuelles Foto von Globkes Antlitz, darunter befand sich eine Abbildung von Menschen hinter Stacheldraht, vor denen sich ein Judenstern hervorhob. Inhaltlich wurde vor allem behauptet, dass Globke maßgeblich

9 Ausschuss für Deutsche Einheit (Hrsg.), Globke und die Ausrottung der Juden.

Abb. 11. Titelbild der DDR-Broschüre „Globke und die Ausrottung der Juden", 1960

an den „Nürnberger Gesetzen" beteiligt gewesen sei. Der Beförderungsvorschlag Fricks für Globke vom 25. April 1938 wurde insoweit für bare Münze genommen. Doch tatsächlich handelte es sich dabei um eine Übertreibung, denn Globke war bei der Endreaktion der Rassegesetze in Nürnberg nicht einmal anwesend.[10]

Norden ließ die DDR-Interpretation verbreiten, dass Globkes Verordnungen zum „Reichsbürgergesetz" für Eichmanns Deportationen von entscheidender Bedeutung gewesen seien. Denn die 1. Verordnung

10 Siehe S. 11 f. im Kapitel 1.1. dieses Bandes.

von 1935 definierte, wer als Jude zu gelten hatte. Und die 11. Verordnung entzog Juden mit der Deportation die Staatsbürgerschaft.[11] Norden behauptete sogar eine direkte Kooperation zwischen Globke und Eichmann. Schon Michael Lemke hat konstatiert, dass dies nicht belegt wurde.[12] Denn Eichmann und Globke begegneten sich nie und wussten wohl nicht einmal voneinander.

In der Broschüre wurde explizit behauptet: „Globke und Eichmann arbeiteten Hand in Hand“, und Globke sei mittlerweile „Der Eichmann von Bonn“.[13] Das waren die zentralen Punkte der Veröffentlichung. Sie erwiesen sich jedoch als übertrieben, wenn nicht haltlos. Hinzu kam eine agitatorische Sprache, die – vielleicht von Parteigängern der SED abgesehen – auch damals abschreckend wirken musste. Die Broschüre enthielt tatsächlich wichtige Dokumente und Faksimiles. Doch auch sie verloren durch die erkennbar überzogenen Behauptungen ihre Wirkung. Das Scheitern der von Norden angeleiteten DDR-Propaganda war damit schon in ihrer ersten Publikation angelegt.

Norden griff schließlich zum Äußersten. Mitte 1961 notierte er: „Wir brauchen unbedingt ein Dokument, das in irgendeiner Form die direkte Zusammenarbeit Eichmanns mit Globke beweist.“ Dazu habe der DDR-Rechtsanwalt Kaul mit Ulbrichts Vertrautem Otto Gotsche besprochen,[14] „dass in Zusammenhang mit Mielke bestimmte Materialien besorgt bzw. hergestellt werden sollten“. Und: „Kaul informierte uns, dass Genosse Ulbricht einverstanden sei und eine entsprechende Weisung an Genossen Mielke geben wollte.“[15] Doch die Stasi musste hierzu keine Dokumente fälschen, denn es existierten Doppelüberlieferungen

11 Siehe hierzu vor allem Essner, Die „Nürnberger Gesetze“.

12 Siehe Lemke, Kampagnen gegen Bonn, S. 158.

13 Überschriften S. 83 und S. 105 der Broschüre.

14 Friedrich Karl Kaul war ein damals bekannter SED-Anwalt. Zu seiner Person siehe Annette Rosskopf, Friedrich Karl Kaul. Anwalt im geteilten Deutschland (1906–1981), Berlin 2002. Gotsche leitete als persönlicher Referent Ulbrichts dessen Sekretariat.

15 Vgl. Lemke, Instrumentalisierter Antifaschismus, S. 71.

im Westen, die die Informationen bestätigten. Zudem wäre nichts peinlicher gewesen als der Nachweis von Falsifikaten aus der DDR.

Im Jerusalemer Eichmann-Prozesses sollte DDR-Staranwalt Friedrich Karl Kaul als Nebenkläger die Kooperation von Eichmann und Globke bekannt machen. Doch das verhinderte das israelische Parlament, die Knesset, durch ein Gesetz, nach dem bei Prozessen, in denen die Todesstrafe drohte, eine Nebenklage unzulässig war. Kaul konnte mithin nur als Prozessbeobachter in Jerusalem agieren. Ihm bot sich aber anhand des Werdegangs von Globke nach 1945 die Möglichkeit, die Bundesrepublik als Staat der NS-Täter vorzuführen.[16] Es saßen ja genügend alte Nazis wieder an den Schalthebeln der Macht. Hinzu kam die Symbolfigur Globke. Ein Mitarbeiter Nordens notierte zufrieden: „Der Name Globke verschwindet nicht mehr aus der westdeutschen und internationalen Presse."[17]

Von den Absprachen zwischen Globke und dem Chef des BND, Reinhard Gehlen, dürfte die DDR nichts gewusst haben. Dabei ging es um Alois Brunner, einen der wichtigsten Mitarbeiter Eichmanns. Der hatte sich vor 1945 unter anderem damit gerühmt, Wien „judenfrei" gemacht zu haben. Nach 1945 setzte er sich mithilfe der Gehlen-Truppe nach Damaskus ab, wo der BND ihn zeitweilig auch alimentierte. Obwohl das Bundeskanzleramt dies bis heute bestreitet, belegen nach Angaben der „Süddeutschen Zeitung" Dokumente, dass Brunner 1961 vom BND sogar dazu bewogen werden sollte, Globke im Hinblick auf die behaupteten Kontakte mit Eichmann zu entlasten. Dafür sollte er großzügig honoriert werden.[18]

Im Vorfeld des Jerusalemer Prozesses ging es auch um die Frage, ob Eichmann an die Bundesrepublik ausgeliefert werden soll. Das nutzte

16 Siehe Peter Krause, Der Eichmann-Prozeß in der deutschen Presse, Frankfurt a.M. 2002, S. 46f.

17 Siehe Lemke, Kampagnen gegen Bonn, S. 164–167.

18 Siehe BND installierte Spitzel bei Willy Brandt, in: Süddeutsche Zeitung vom 2. Dezember 2017.

die DDR-Presse für einen zynischen Kommentar: „Vielleicht hat Bonn für Eichmann einen Ministersessel parat?“ Bei jeder Erwähnung von Globke im Prozess gegen Eichmann jubelten die DDR-Medien. Sie nannten Eichmann auch einen „Handlanger des Kapitals“, weil er vor 1933 für die amerikanische Firma Vacuum Oil in Österreich tätig war.[19] Solche Anwürfe waren derart verfehlt, dass sie schon wieder lächerlich wirkten. Die eigentliche Prozessberichterstattung stand dahinter zurück.

Die Gleichsetzung der Bundesrepublik mit dem NS-Regime, in der Presse und auch beim Prozess in Jerusalem, diente der „antifaschistischen Absolution“ der DDR. Da der Nationalsozialismus durch den Aufbau des Sozialismus angeblich beseitigt worden war, sah sich die DDR auch zu Entschädigungen nicht verpflichtet: Sie war vielmehr der „einzig legitime deutsche Staat“ – und zählte sich zu den Siegern der Geschichte. Die DDR-Journalisten Max Kahane und Gerhard Leo, beide Kommunisten mit jüdischer Herkunft, die nach Jerusalem gereist waren, machte diese Art der „Berichterstattung“ krank.[20] Sie kehrten angeschlagen und desillusioniert in die DDR zurück. Jurek Becker fasste die DDR-Berichterstattung mit Sarkasmus zusammen: „Von den zehntausend Antifaschisten, die es in Nazideutschland gegeben haben mag, lebten allein acht Millionen in der DDR.“[21]

Der israelische Ministerpräsident David Ben Gurion, 1886 als David Grün in Plonsk/Kongresspolen geboren, setzte sich für den Eichmann-Prozess ein. Er war 1906 nach Palästina ausgewandert und wurde Vorsitzender der zionistisch-sozialistischen Arbeiterpartei. 1948 rief er den Staat Israel aus.[22] Mit dem Eichmann-Prozess wollte Ben Gurion

19 Lemke, Kampagnen gegen Bonn, S. 208–231.

20 Siehe Annette Leo, Eichmann, Globke und die DDR, in: Amadeu Antonio Stiftung (Hrsg.), „Das hat's bei uns nicht gegeben!“ Antisemitismus in der DDR. Das Buch zur Ausstellung, Berlin 2010, S. 20–30.

21 Zit. nach Krause, Der Eichmann-Prozeß, S. 209.

22 Zur Biografie Ben Gurions siehe vor allem Tom Segev, David Ben Gurion. Ein Staat um jeden Preis, München 2018.

die Welt an den Holocaust erinnern. Und den jüngeren Israelis sollten die historischen Lehren daraus verdeutlicht werden.[23] Beide Ziele wurden erreicht, ohne dass dies zulasten eines fairen Verfahrens gegangen wäre. Mit dem Prozess gegen Eichmann stand erstmals die Vernichtung der Juden im Zentrum eines großen internationalen Prozesses und fand Eingang in das Bewusstsein der Völker.[24] Der Prozess wurde zudem zu einer Art zweiter Staatsgründung Israels. Denn seither genossen im Lande auch die Überlebenden des Holocaust hohes Ansehen – und nicht nur die aktiven Kämpfer gegen den NS-Terror.

2.2. Alarmzustand in Bonn wegen Eichmann und Globke

Die Entführung Eichmanns durch den israelischen Geheimdienst Mossad ließ in Bonn 1960 die Alarmglocken schrillen. Denn Globkes antisemitische Einlassungen und Kommentare, deren Eichmann sich laufend bedient hatte, waren ja nicht zu leugnen. Hinzu kam die DDR-Propaganda. So fürchtete die Bundesregierung um ihr Renommee und das der Bundesrepublik. Andererseits herrschte in der deutschen Öffentlichkeit nahezu völlige Ahnungslosigkeit bezüglich der NS-Verbrechen, denn mit ihnen hatten sich deutsche Historiker bis dahin kaum auseinandergesetzt. Die wissenschaftliche Beschäftigung mit dem Nationalsozialismus galt für sie sogar als karrierehemmend. In der Justiz war es um den Kenntnisstand nicht besser bestellt. So erkundigte sich der Pressesprecher des

23 Siehe Eichmann. Der Prozeß (Titelgeschichte), in: Der Spiegel, Nr. 16/1961, S. 20–32.

24 Im „Nürnberger Prozess" hatte die Judenvernichtung eine wichtige, aber nicht die zentrale Rolle gespielt. In den wenig beachteten Nachfolgeprozessen stand der Judenmord nur im „Wilhelmstraßen"- und im „Einsatzgruppen"-Prozess (Fälle 9 und 11) im Mittelpunkt, vgl. vor allem Kim C. Priemel/Alexa Stiller (Hrsg.), NMT. Die Nürnberger Militärtribunale zwischen Geschichte, Gerechtigkeit und Rechtschöpfung, Hamburg 2013.

Bundesjustizministeriums bei der als Journalistin in Bonn tätigen Inge Deutschkron, wer denn dieser Eichmann sei.[25]

Die Bundesregierung war so verunsichert, dass sie wegen des Falles Eichmann alsbald einen Krisenstab bildete. Er tagte geheim, beobachtete ständig den Prozess in Jerusalem und sollte Schaden von der Bundesrepublik abwenden. Beteiligt waren das Kanzleramt, das Auswärtige Amt, das Innen-, Justiz-, Verteidigungsministerium, der BND, der Verfassungsschutz und das – der bundesdeutschen Politik stets dienstbare – Münchner Institut für Zeitgeschichte. Der Vorsitz wurde ausgerechnet dem als Gaurichter und Staatsanwalt schwer belasteten NS-Juristen Hans Gawlik übertragen, dessen „Zentrale Rechtsschutzstelle" im Auswärtigen Amt NS-Tätern in großem Umfang Rechtsbeistand und Unterstützung gewährte.[26]

Das Institut für Zeitgeschichte ermöglichte es dem Staatssekretär im Bundesjustizministerium Walter Strauß (CDU), Globke publizistisch zu exkulpieren. Strauß war eine eigenartige Persönlichkeit. Er hatte als Jude in Berlin mit viel Glück den NS-Terror überlebt und wirkte seit 1949 an vorderer Stelle an der die Renazifizierung der Justiz mit.[27] 1961 veröffentlichte er in den „Vierteljahrsheften für Zeitgeschichte" die „Erinnerungen" des Rassereferenten im Innenministerium Bernhard Lösener. Demnach habe Globke bei der antijüdischen Gesetzgebung keine

25 Angaben von Inge Deutschkron in der ZDF-History-Dokumentation „Der Fall Eichmann", Erstsendung 15. 11. 2012.

26 Zu Gawlik, der es im Auswärtigen Amt bis zum Legationsrat 1. Klasse brachte, und seiner erst 1968 aufgelösten „Rechtsschutzstelle" siehe vor allem: Görtemaker/Safferling, Die Akte Rosenburg, S. 208–225. Es muss als skandalös bezeichnet werden, dass NS-Täter, von einem der wichtigsten Bundesministerien amtlich unterstützt und in Kooperation mit rechtsextremistischen Netzwerken systematisch der Strafverfolgung entzogen wurden.

27 Zur Biografie und Tätigkeit von Strauß siehe Görtemaker/Safferling, Die Akte Rosenburg, S. 91–103, 110–122, 132–144, 451–453, vgl. auch Friedemann Utz, Preuße, Protestant, Pragmatiker. Der Staatssekretär Walter Strauß und sein Staat, Tübingen 2003.

Rolle gespielt, obwohl er der „Korreferent" Löseners bei der Ausarbeitung war. Die Ausführungen waren mithin wenig glaubwürdig. Das Institut für Zeitgeschichte veröffentlichte den Text aber ohne jeden kritischen Hinweis.[28]

Das Institut verhinderte zur selben Zeit die Veröffentlichung der Studie von Raul Hilberg über die „Vernichtung der europäischen Juden" in deutscher Sprache.[29] Martin Broszat, der Spiritus Rector des Instituts, beanspruchte nämlich die Deutungshoheit über den Judenmord. Broszat, der 1944 in Sachsen der NSDAP beigetreten war, setzte sich vehement gegen die Publikation des Buches von Hilberg ein, der als Jude 1939 gerade noch aus Wien entkommen konnte. Dessen Studie erschien erst 1982 in einem kleinen West-Berliner Verlag.[30] Broszat ergriff später auch offen Partei für einen NS-Täter, nämlich Dr. Wilhelm Hagen, der vor 1945 Chef des Gesundheitsamtes in Warschau und ab 1956 Präsident des Bundesgesundheitsamtes war. Der Auschwitz-Überlebende Joseph Wulf hatte Hagen – zu Recht – als „Helfershelfer" der Nazis bezeichnet. Doch Broszat suchte ihn zu exkulpieren.[31]

Die Rolle des Münchner Instituts, das sich als verlängerter Arm der Bonner Politik betrachtete, war schon aufgrund dieses Selbstverständnisses problematisch. Wissenschaftliche Untersuchungen dazu stehen allerdings noch aus. Globke wiederum war für das Selbstverständnis der

28 Siehe die Dokumentation: Reichsinnenministerium und Rassengesetzgebung. Aufzeichnungen von Dr. Bernhard Lösener (Walter Strauß), in: Vierteljahrshefte für Zeitgeschichte 9 (1961) 3, S. 263–313. Vgl. dazu vor allem Essner, Die „Nürnberger Gesetze", S. 113–133.

29 Siehe hierzu jetzt Klaus Wiegrefe, Vorwürfe gegen das Institut für Zeitgeschichte, in: Der Spiegel, Nr. 42 vom 17. 10. 2017, S. 93 f.

30 Siehe Hilberg, Die Vernichtung der europäischen Juden.

31 Siehe hierzu Nicolas Berg, Der Holocaust und die westdeutschen Historiker. Erforschung und Erinnerung, 2. Aufl., Göttingen 2003, S. 594–615. Vgl. auch Klaus Bästlein, Zur Historiografie des Völkermords an den europäischen Juden am Beispiel des Reichskommissariats Ostland, in: Lehmann/Bohn/Danker (Hrsg.), Reichskommissariat Ostland. Tatort und Erinnerungsobjekt, Paderborn 2012, S. 303–330, insbes. S. 310–312.

jungen Bundesrepublik von enormer Bedeutung. Denn sein Beispiel zeigte, dass NS-Aktivisten eine zweite Chance bekamen, wenn sie sich dem neuen Regime anpassten. Hätte Adenauer Globke fallen gelassen, wäre sein Konzept der Integration von NS-Belasteten infrage gestellt worden, ja vielleicht sogar gescheitert. Deshalb und weil er Globkes Loyalität schätzte, hielt Adenauer an seinem Kanzleramtschef fest.

Schon in seiner Regierungserklärung 1949 hatte Adenauer ausgeführt: „Die wirklich Schuldigen an den Verbrechen, die in der nationalsozialistischen Zeit und im Kriege begangen worden sind, sollen mit aller Strenge bestraft werden. Aber im übrigen dürfen wir nicht mehr zwei Klassen von Menschen in Deutschland unterscheiden: die politisch Einwandfreien und die Nichteinwandfreien. Diese Unterscheidung muß baldigst verschwinden. Der Krieg und auch die Wirren der Nachkriegszeit haben eine so harte Prüfung für viele gebracht [...], daß man für manche Verfehlungen [...] Verständnis aufbringen muß"[32] Adenauers Rede wurde als einer der Kernpunkte seines Regierungs-Programms in den 1950er- und 1960er-Jahren umgesetzt – wenn auch nicht immer erfolgreich. Die Zahl der „wirklich Schuldigen" belief sich nach Adenauers Einschätzung auf einige Hundert Personen, tatsächlich aber waren Hunderttausende am Terror beteiligt.

Die DDR behauptete, die Bundesregierung habe gegenüber Israel für die Gewährung von Krediten und die Lieferung von Waffen die Bedingung gestellt, dass Globke beim Prozess gegen Eichmann nicht genannt würde. Einen diesbezüglichen Vertrag gab es nicht. Aber die DDR-Propagandisten hatten zwei und zwei richtig zusammengezählt. Denn Bonn verzögerte Verträge über Kredite und Waffenlieferungen, als Eichmann ergriffen worden war.[33] Israel befand sich 1960 nämlich sowohl wirtschaftlich als auch militärisch in einer schwierigen Situation.

32 Stenographische Berichte des 1. Deutschen Bundestages, 20. September 1949, Regierungserklärung Adenauers, S. 21–30, Zitat S. 27.

33 Siehe Klaus Wiegrefe, Der Fluch der Bösen Tat. Die Angst vor Adolf Eichmann, in: Der Spiegel, Nr. 15 vom 11.4.2011, S. 44–50.

Abb. 12. Adolf Eichmann vor dem Bezirksgericht in Jerusalem, 1961

Adenauer ließ nach der Entführung Eichmanns durchblicken, es gäbe keine Kredite und Waffen, wenn durch den Eichmann-Prozess das Ansehen der Bundesrepublik beschädigt würde. Vor allem Globke sollte außer Betracht bleiben. Der israelische Ministerpräsident Ben Gurion gab dem Ansinnen nach. Denn im Eichmann-Prozess waren weder Angriffe auf die Bundesrepublik noch Beschuldigungen Globkes nötig.[34] Der Ministerpräsident griff sogar in die Anklageschrift ein und milderte sie im Sinne Adenauers hinsichtlich der Rolle der Deutschen vor 1945 ab.[35]

34 Siehe Bevers, Der Mann hinter Adenauer, S. 187–192. Vgl. Wiegrefe, Der Fluch der bösen Tat.

35 David Cesarani, Adolf Eichmann. Bürokrat und Massenmörder, Berlin 2004, S. 361.

Eichmann hatte in seinem Referat IV B 4 des Reichssicherheitshauptamtes die Deportation der europäischen Juden organisiert – er war ein Schreibtischtäter, der den Mord an Hunderttausenden Menschen zu verantworten hatte. Der Prozess, der vom 11. April bis 15. Dezember 1961 vor dem Bezirksgericht in Jerusalem stattfand, schrieb Rechtsgeschichte. Er wurde über Radio und Fernsehen weltweit zur Kenntnis genommen. Aufzeichnungen gelangten per Flugzeug rasch über den Globus. Die Anklage erfolgte nach dem Völkerstrafrecht des Londoner Statuts vom August 1945. Eichmann erweckte vor Gericht „als größter Verbrecher seiner Zeit" den Eindruck eines subalternen Mitarbeiters. Hannah Arendt sprach von der „Banalität des Bösen".[36] Erstmals wurde seit dem Nürnberger Prozess die Ermordung der europäischen Juden vor Gericht systematisch dokumentiert. Gegen Eichmann erging die Todesstrafe. Das Oberste Gericht Israels bestätigte das Urteil am 29. Mai 1962. Zwei Tage später folgte die Vollstreckung.

Die drei Richter in Jerusalem, die über Eichmann urteilten, waren deutscher Herkunft. Der Vorsitzende Moshe Landau stammte aus Danzig, der erste Beisitzer Benjamin Halevi (früher Ernst Levi) aus Weißenfels und der zweite Yitzhak Raveh (früher Franz Reuß) aus Aurich; er war vor 1933 Richter in Berlin gewesen. Für Hannah Arendt repräsentierten diese Richter „bestes deutsches Judentum".[37] Ihr Urteil im Eichmann-Prozess war eine der bedeutendsten juristischen Entscheidungen des 20. Jahrhunderts – und zwar durchaus auf Augenhöhe mit dem Urteil von Nürnberg.[38] In Deutschland blieb die Entscheidung aber ebenso unbekannt wie das Urteil gegen Globke in der DDR. Im juristischen

36 Hannah Arendt, Eichmann in Jerusalem. Ein Bericht von der Banalität des Bösen, München 1964 (14. Aufl. 1986).

37 Siehe Nathan Cohen, Rechtliche Gesichtspunkte zum Eichmann-Prozess, Frankfurt a. M. 1963; Werner Renz (Hrsg.), Interessen um Eichmann. Israelische Justiz, deutsche Strafverfolgung und alte Kameradschaften, Frankfurt a. M. 2012.

38 Das Urteil findet sich in deutscher Sprache bei Avner W. Less (Hrsg.), Schuldig. Das Urteil gegen Adolf Eichmann, Frankfurt a. M. 1987.

Schrifttum gibt es nur einen einzigen Aufsatz über den Richterspruch von Jerusalem, verfasst von dem Strafrechtsprofessor Jürgen Baumann.[39]

Adenauer war mit dem Ausgang des Prozesses sehr zufrieden. Globke wurde zwar einige Mal erwähnt – aber vor allem von der Verteidigung in der Berufungsverhandlung vor dem Obersten Gericht. Das schlug keine hohen Wellen, weder in Israel noch in Deutschland oder anderen Teilen der Welt. Die inaugurierten Verträge der Bundesrepublik mit dem Staat Israel wurden bald darauf abgeschlossen: Das von seinen Nachbarn bedrohte Land erhielt Kredite und Waffen. Die übergroße Mehrheit der Bundesbürger tat die Vorwürfe gegen Globke als „kommunistische Propaganda" ab. Schwieriger war die Situation im Ausland. Mit Globke wollte niemand etwas zu tun haben.

2.3. Globke als Angeklagter Fritz Bauers in Frankfurt am Main?

Auch in der Bundesrepublik hatte Globke manche Gegner. Adolf Arndt (SPD) befasste sich immer wieder mit dem Chef des Bundeskanzleramts und Adenauer-Intimus.[40] Schon 1950 erklärte er im Bundestag: „Wer als Jurist eine solche Tat oder Untat, wie es die Nürnberger Gesetze sind, scheinbar wissenschaftlich kommentiert, setzt sich dem Vorwurf aus, dass das, was er dort geschrieben hat, kaum mit einer anderen Bezeichnung versehen werden kann als der einer juristischen Prostitution."[41]

Mit Globkes Rolle vor 1945 setzte sich auch die jüngere Generation auseinander. So veröffentlichte der West-Berliner Student Reinhard Strecker, der bereits 1959 die Ausstellung „Ungesühnte Nazi-Justiz"prä-

39 Siehe Jürgen Baumann, Gedanken zum Eichmann-Urteil, in: Juristenzeitung, Nr. 4 vom 15. 2. 1963, S. 110–121.

40 Zu Arndt siehe vor allem Gosewinkel, Adolf Arndt.

41 Stenographische Protokolle des Deutschen Bundestages, 1. Wahlperiode, 12. Juli 1950, S. 2633 f.

sentiert hatte, 1961 ein Taschenbuch zu Globkes brauner Vergangenheit.[42] Sein Material kam vor allem aus der DDR. Strecker war aber kein Anhänger des SED-Regimes, sondern Sozialdemokrat.[43] Die Bundesregierung klagte – mit wenig Erfolg – gegen das Buch. Doch Streckers Verlag, der zur Bertelsmann-Gruppe gehörte, wurde wirtschaftlich massiv unter Druck gesetzt. So soll Bonn gedroht haben, keine Bücher der Bertelsmann-Verlagsgruppe mehr für die politische Bildungsarbeit zu kaufen, bliebe das Globke-Werk im Handel. Der Verlag stimmte daher einem Vergleich zu, keine weiteren Auflagen zu drucken.[44]

Vor allem der Frankfurter Generalstaatsanwalt Fritz Bauer ging gegen Globke vor. Der 1903 geborene Bauer war eine Ausnahmeerscheinung in der Nachkriegsjustiz.[45] Ihn prägten die Verwurzelung in der jüdischen Kultur, seine sozialdemokratische Überzeugung und das Exil in Dänemark. Er überlebte dank der dänischen Rettungsaktion für die Juden 1943.[46] In dem besetzten Land hatte sich die Situation 1943 zugespitzt. Dänemark hatte keine antijüdischen Bestimmungen übernommen. Der frühere Heydrich-Stellvertreter Werner Best löste als „Reichsbevollmächtigter" im September 1943 die Deportation der Juden aus. Davon erfuhren über den Schiffsachverständigen Ferdinand von Duckwitz führende dänische Sozialdemokraten, die sofort die jüdischen

42 Siehe Stephan Alexander Glienke, Die Ausstellung „Ungesühnte Nazijustiz (1959–1962). Zur Geschichte der Aufarbeitung nationalsozialistischer Justizverbrechen, Baden-Baden 2008.

43 Siehe Strecker, Dr. Hans Globke.

44 Siehe Wikipedia-Beitrag zu Hans Globke, Kapitel „Wissenschaftliche Untersuchung", https://de.wikipedia.org/wiki/Hans_Globke [13.2.2017].

45 Zu Fritz Bauer siehe vor allem: Irmtrud Wojak, Fritz Bauer 1903–1968. Eine Biographie, München 2009; Ronen Steinke, Fritz Bauer oder Auschwitz vor Gericht, München/Berlin 2014.

46 Zur Rettungsaktion siehe den vorzüglichen Überblick bei Jørgen Kieler, Dänischer Widerstand gegen den Nationalsozialismus, Hannover 2011, S. 97–135. Siehe auch Therkel Stræde, Die Menschenmauer. Dänemark im Oktober 1943: Die Rettung der dänischen Juden vor der Vernichtung, København 1997.

Gemeinden warnten. Fast alle 8000 dänischen Juden tauchten vor der am 1. und 2. Oktober stattfindenden „Judenaktion" unter.

Das schwedische Radio gab bekannt, dass alle Juden im Land willkommen seien und aufgenommen würden. Mehr als 7700 Juden gelangten auf Fischer- und Segelbooten über den Öresund in das Nachbarland. Viele waren zunächst in Krankenhäuser, Gemeindesälen und bei Bauern untergekommen. Der dänische Widerstand verteilte sie auf die kleinen Fischerorte und vollbrachte damit ein logistisches Meisterstück. Pastoren organisierten die Einquartierung in den Küstenorten. Die dänische Polizei schaute weg, Banken stellten Geld für die Überfahrt zur Verfügung, um das Risiko für die Fischer zu kompensieren. Die kleine jüdische Bevölkerungsgruppe war vollständig integriert und konnte sich auf ihre dänischen Landsleute verlassen.

Weniger als 500, vor allem ältere Juden wurden nach Theresienstadt deportiert. Dänische Regierungsstellen kümmerten sich laufend um sie und sandten Nahrung und Kleidung. So waren in Theresienstadt nur 50 Opfer zu beklagen. Hinzu kamen weitere 50 Opfer der Fluchtaktion. Die allermeisten dänischen Juden kehrten 1945 nach Hause zurück. Ihr Eigentum und Vermögen blieben unangetastet, ja wurde von dänischen Stellen geschützt. Ihre Wohnungen, um die sich Nachbarn gekümmert hatten, waren unversehrt. Auch das gab es sonst nirgendwo in Europa.

Eichmann war außer sich, dass ein ganzes Volk – vom König über die Kirche, die Großbanken und Parteien bis zu Angestellten, Bauern, Arbeitern und Fischern – den Juden geholfen hatte. Und Werner Best, der als „Reichsbevollmächtigter" die fehlgeschlagene Deportation der Juden ausgelöst hatte, nannte Dänemark despektierlich ein „kleines, lächerliches Land".[47]

47 Zu Eichmanns Reaktion auf die gelungene Rettungsaktion für die dänischen Juden siehe Cesarini, Eichmann, S. 235 f. Zu Bests Rolle in Dänemark siehe vor allem: Niels Birger Danielsen, Werner Best. Tysk rigsbefuldmægtiget i Danmark 1942–45 [Werner Best. Deutscher Reichsbevollmächtigter in Dänemark], København 2013. Weniger genau: Ulrich Herbert, Best. Biographische Studien über Radikalismus, Weltanschauung und Vernunft 1903–1989, Bonn 1996.

Bauer ließ sich erst 1949 wieder in Deutschland nieder, denn niemand hatte ihn in der unmittelbaren Nachkriegszeit vermisst oder gar um seine Rückkehr gebeten. Erst sein Freund Kurt Schumacher setzte sich für ihn ein. Der 1895 geborene Schumacher war selber promovierter Jurist und ab 1920 beruflich für die SPD tätig. Er gründete das „Reichsbanner Schwarz-Rot-Gold“ in Stuttgart, dessen Leitung Bauer 1930 übernahm, als Schumacher SPD-Ortsvorsitzender wurde. Gemeinsam verteidigten sie die demokratische Republik. Stuttgart blieb eine rote Insel im braunen württembergischen Meer. Die Nazis quälten Bauer und Schumacher 1933 im KZ Heuberg. Schumacher kam erst 1943 wieder frei. Er baute nach 1945 die SPD wieder auf und wurde ihr Vorsitzender. Im Bundestag war er der erste Oppositionsführer. 1952 starb er an den Folgen der Haft im Konzentrationslager.[48]

Durch die Vermittlung Schumachers erhielt Bauer 1949 endlich die Stelle eines Landgerichtsdirektors in Braunschweig mit Aussicht auf die Ernennung zum Generalstaatsanwalt, die 1950 erfolgte. Bauer initiierte sofort eine Reihe von NS-Prozessen. Sie scheiterten aber zum Teil an der Rechtsprechung des 1950 gebildeten und stark mit NS-Juristen besetzten Bundesgerichtshofs. Dort nahm der Anteil der Juristen aus der NS-Zeit bis Mitte der 1960er-Jahre sogar noch zu. Mit Erfolg vertrat Bauer 1952 die Anklage im „Remer-Prozess“ wegen Verunglimpfung der Verschwörer des 20. Juli 1944. Die Anerkennung der Verschwörer war ein Durchbruch im Umgang mit dem Widerstand und machte Bauer bekannt.

1956 wurde Bauer Generalstaatsanwalt in Frankfurt am Main. Er begann bald darauf mit der Vorbereitung des großen Auschwitz-Prozesses. Bauer ließ mit Werner Heyde und anderen auch die leitenden Mitarbeiter der Mordaktionen an Behinderten und Kranken anklagen.[49]

48 Zur Biografie Schumachers siehe vor allem Peter Merseburger, Kurt Schumacher: Patriot, Volkstribun, Sozialdemokrat, München 2010.

49 Siehe Klaus-Detlev Godau-Schüttke, Die Heyde/Sawade-Affäre. Wie Juristen und Mediziner den NS Euthanasieprofessor Heyde nach 1945 deckten und straflos blieben, 3. Aufl., Baden-Baden 2010.

Abb. 13. Fritz Bauer an seinem Schreibtisch, um 1965

Darüber hinaus führte er Ermittlungen gegen die OLG-Präsidenten und Generalstaatsanwälte der NS-Zeit wegen ihrer Teilnahme an der „Euthanasie".[50] In der bundesdeutschen Justiz wurde es als Insubordination und Ungeheuerlichkeit empfunden, angeblich „verdiente" Spitzen-Juristen zu verfolgen. Bauer war zudem rechtspolitisch aktiv, indem er für ein modernes Strafrecht und einen humanen Strafvollzug eintrat.

Bei einem Besuch in Kopenhagen gab Bauer 1963 den dänischen Medien Interviews. In gutem Dänisch kritisierte er die deutschen Zustände. So erklärte der Generalstaatsanwalt, das Grundgesetz werde nicht wirklich gelebt, es fehle die Freiheit. Juden würden nicht mehr offen beschimpft, aber verdeckt heiße es: „Wir haben vergessen, Dich zu vergasen." Die deutschen Schulen gehörten „zum Autoritärsten, das

50 Siehe Helmut Kramer, Oberlandesgerichtspräsidenten und Generalstaatsanwälte als Gehilfen der NS-„Euthanasie". Selbstentlastung der Justiz für die Teilnahme am Anstaltsmord, in: Kritische Justiz 17 (1984), S. 25–43.

man [...] findet". Und: „Ein neuer Hitler würde leichtes Spiel haben."[51] Damit hatten die Gegner Fritz Bauers endlich etwas gegen ihn in der Hand. Die Bonner Regierung drückte ihr Befremden aus. Die CDU im Landtag forderte seinen Rücktritt. Selbst die SPD distanzierte sich. Nur Ministerpräsident Zinn und Justizminister Lauritzen (beide SPD) hielten zu ihm.

Georg August Zinn war ein prägender Politiker der ersten 25 Nachkriegsjahre. 1901 geboren, wurde er Jurist und verteidigte als Sozialdemokrat die Weimarer Republik. Die NS-Zeit überstand er als Rechtsanwalt in Kassel – stets von der Gestapo überwacht. 1945 bis 1949 war er Justizminister und 1950 bis 1969 Ministerpräsident in Hessen, das als „Volksstaat" sein Lebenswerk wurde. Er starb 1976.[52] Mit Fritz Bauer war Zinn persönlich befreundet. Der Ministerpräsident stand hinter seinen Aktivitäten zur Verfolgung von NS-Verbrechen. Er hielt Bauer aber zurück, wenn dessen Aktionen politisch nicht durchsetzbar waren. Bauer wiederum akzeptierte die Interventionen von Zinn.

Ende 1963 begann der große Frankfurter Auschwitz-Prozess. Die Anklage koordinierte Bauer im Hintergrund. Er konnte aber nicht verhindern, dass Ulrich Krüger, der frühere stellvertretende Vorsitzende des Sondergerichts Frankfurt, sein für Personalangelegenheiten zuständiger Stellvertreter wurde. Krüger blockierte das Fortkommen von Bauers „jungen Leuten" aus den NS-Verfahren, deren rechtzeitige „Förderung" Bauer versäumt hatte.[53] Mit dem Urteil im Auschwitz-Prozess war er 1965 trotz der relativ hohen Strafen nicht zufrieden,[54] zum einen, weil

51 Siehe – auch zum Folgenden – Steinke, Fritz Bauer, S. 211–215.

52 Siehe Hessisches Hauptstaatsarchiv (Hrsg.), Georg August Zinn. „Unsere Aufgabe heißt Hessen." Ministerpräsident 1950–1969. Katalog zur Ausstellung, Wiesbaden 2001.

53 Siehe Steinke, Fritz Bauer, S. 252–263.

54 Das Urteil findet sich in: JuNSV Nr. 595 a, Bd. XXI, S. 360–837 (Urteil des LG Frankfurt/M. vom 19./20. 8. 1965). Zum Verlauf des Prozesses siehe Irmtrud Wojak (Hrsg.), Auschwitz-Prozess 4 Ks 2/63 Frankfurt am Main. Begleitbuch zur Ausstellung, Köln 2004.

Abb. 14. Der große Frankfurter Auschwitz-Prozess 1963–1965 – Aufnahme aus dem Bürgerhaus Gallus vom 3. April 1964

70 Prozent der Westdeutschen NS-Prozesse weiterhin ablehnten, was Bauer als persönliche Niederlage empfand. Zum anderen hielt er das Urteil für problematisch, da das Morden in Auschwitz nicht als Gesamttat aufgefasst, sondern in Einzelhandlungen aufgelöst wurde – jeder Mord musste individuell nachgewiesen werden.

Mit über 60 Jahren war Fritz Bauer weiterhin unermüdlich tätig. Er war in dieser Zeit wohl einsam und isoliert, vielleicht, weil er so konsequent an seinen Auffassungen festhielt, was viele nicht nachvollziehen konnten. Ihm fehlte eine feste Einbindung in seine drei prägenden Lebenskreise: die jüdische Kultur, die sozialdemokratische Politik und die „glückliche Insel" Dänemark. Fritz Bauer starb 1968. Die in der Gerichtsmedizin festgesellte Todesursache war Herzversagen. Bauer hinterließ in der Erinnerung vieler Zeitgenossen tiefe Spuren. Als 1995 ein Institut mit seinem Namen gegründet wurde, war er in der Öffentlichkeit aber fast vergessen. Das hat sich in der Zwischenzeit geändert.

Im Jahr 1957 erlangte Bauer von einem jüdischen Emigranten Informationen über den Aufenthaltsort Adolf Eichmanns. Dessen Tochter hatte sich ausgerechnet mit Eichmanns Sohn Klaus angefreundet. Darüber setzte Bauer weder den Bundesnachrichtendienst noch das Bundeskriminalamt oder das Auswärtige Amt in Kenntnis,[55] denn er ging davon aus, dass deren Mitarbeiter sogar NS-Massenmörder schützen würden. Tatsächlich kannte der BND seit 1953 den Aufenthaltsort Eichmanns, ohne etwas zu veranlassen. In vielen Fällen informierte die Polizei NS-Täter bei der drohenden „Gefahr" einer Festnahme. Die Renazifizierung war in Geheimdiensten, Polizei, Verwaltung und Justiz der Bundesrepublik durchaus wirksam. Für Fritz Bauer stellte sich die Situation so dar: „Wenn ich mein Arbeitszimmer [als Generalstaatsanwalt] verlasse, betrete ich feindliches Ausland."

Bauer blieb aber nicht untätig, sondern informierte den israelischen Geheimdienst Mossad über den Aufenthaltsort Eichmanns. Der konnte den Massenmörder aber nicht ausfindig machen. Bauer musste 1958/59 drei Mal nach Israel fliegen, um mit neuen Hinweisen auf die Festnahme Eichmanns zu drängen. Ben Gurion gab am Ende grünes Licht.[56] So ging der Eichmann-Prozess letztlich auf Fritz Bauer zurück. Das galt auch für den Frankfurter Auschwitz-Prozess und traf ebenso auf das Globke-Verfahren in der DDR zu. Dabei wollte Bauer Globke eigentlich in Frankfurt anklagen. Dazu kooperierte er mit der General-

55 Siehe Steinke, Fritz Bauer, S. 14.
56 Siehe ebenda, S. 14–27.

staatsanwaltschaft der DDR, denn sie verfügte über die Personalakten Globkes und die Akten des Reichsinnenministeriums.

Bauer lehnte die SED-Diktatur ab. Doch da es um die schwersten Verbrechen der Menschheitsgeschichte ging, arbeitete er auch mit Ost-Berlin zusammen. Das hätte ihm seinen Posten kosten können, denn nicht nur nach dem damals ausufernden politischen Strafrecht der Bundesrepublik erfüllte er damit den Tatbestand des Landesverrats.[57] Aber das scherte Bauer nicht. Die Renazifizierung der Bundesrepublik hatte dazu geführt, dass er im Interesse einer effektiven Strafverfolgung verdeckt handeln musste. Da Bauer es ernst meinte, unterstützte ihn die DDR. Mit der 1958 gegründeten Zentralen Stelle der Landesjustizverwaltungen zur Aufklärung nationalsozialistischer Verbrechen in Ludwigsburg arbeitete sie dagegen nicht zusammen.[58]

Bauers Bemühungen, Globke vor Gericht zu stellen, scheiterten. Als Konrad Adenauer von Bauers Bemühungen erfuhr, intervenierte er im Januar 1961 bei Ministerpräsident Georg August Zinn.[59] Gleichzeitig wurde der Generalstaatsanwalt öffentlich attackiert. Die hessische CDU-Vorsitzende sprach von „Bauers politischer Fehlleistung", weil er belastendes Material von DDR-Staatsanwälten entgegengenommen hatte.[60] Zinn hatte mit Bauer allerdings bereits vereinbart, auf das Verfahren gegen Globke zu verzichten, denn es stand die Zusammenarbeit von SPD und CDU auf dem Spiel. Die Ermittlungen gegen Adenauers Intimus wurden an die Staatsanwaltschaft Bonn abgegeben – und erwartungsgemäß alsbald eingestellt.

57 Siehe zum damaligen Staatsschutzstrafrecht Alexander von Brüneck, Politische Justiz gegen Kommunisten in der Bundesrepublik Deutschland 1949–1968, Frankfurt a.M. 1978.

58 Zur Zentralen Stelle in Ludwigsburg siehe Kapitel 4.1.

59 Siehe den Essay „Der Fall Globke", in: Genocidium (Fritz Bauer Archiv), S. 8, http://www.fritz-bauer-archiv.de/index.php/genocidium/der-fall-globke [10.8.2018].

60 Siehe Leserbrief von Dr. Wilhelm Fay unter der Überschrift „Bauers politische Fehlleistung", in: Frankfurter Rundschau vom 6. Februar 1961.

Die Ost-West-Kooperation war aber mit dem Ende der Ermittlungen gegen Globke in Frankfurt nicht abgeschlossen. Manches deutet darauf hin, dass Bauer nicht nur der israelischen Justiz seine Erkenntnisse zu Eichmann verdeckt übermittelte, sondern auch der DDR-Generalstaatsanwaltschaft. Bauer reiste des Öfteren nach Berlin, um seinen Freund Willy Brandt zu treffen. In Berlin konnte er die DDR-Generalstaatsanwaltschaft, die in direkter Nähe des Bahnhofes Friedrichstraße residierte, problemlos aufsuchen.[61] Es ist nicht erwiesen, aber durchaus denkbar, dass Fritz Bauer den DDR-Staatsanwälten, die ihn unterstützt hatten, mit seinen Informationen weiterhalf.

61 Wie eng die Kontakte Fritz Bauers mit der Generalstaatsanwaltschaft der DDR waren, schilderte Carlos Foth, Günther Wieland und die internationale Abteilung beim Generalstaatsanwalt der DDR, in: Günther Wieland, Naziverbrechen und deutsche Strafjustiz. Hrsg. von Werner Röhr, Berlin 2004 (Bulletin für Faschismus- und Weltkriegsforschung, Beiheft 3), S. 394–439.

3. Die Vorbereitung des Globke-Prozesses in Ost-Berlin

3.1. Der Fehlschlag: Das Oberländer-Verfahren 1960

Das DDR-Verfahren gegen Globke wird meist vor dem Hintergrund des völlig missglückten Oberländer-Prozesses betrachtet. Dieses problematische Verfahren soll hier daher im Folgenden kurz geschildert werden. Den Startschuss für die Kampagne gegen den Bonner Vertriebenenminister Theodor Oberländer hatte Nikita Chruschtschow bei einem Besuch in der österreichischen KZ-Gedenkstätte Mauthausen am 3. Juli 1959 gegeben. Dort wies er auf Bonner „Erznazis" wie den Minister Oberländer hin.[1] Für den Kreml-Chef war Oberländer als Ost-Forscher und Kommandeur sowjetischer Kollaborateure das Musterbeispiel eines Ex-Kriegsgegners und Nationalsozialisten, der es in der Bundesrepublik wieder zu Amt und Ansehen gebracht hat. Die DDR-Kampagne gegen Oberländer steuerte Albert Norden. Er schlug Anfang 1960 vor, ihm in der DDR in Abwesenheit einen Prozess zu machen.

Tatsächlich war der 1905 geborene Oberländer eine besonders abstoßende Erscheinung der Bonner Politik.[2] Schon als Student hatte er sich rechtsextrem betätigt und sich dem Hitler-Putsch am 9. November 1923 angeschlossen. 1927 wurde er Diplomlandwirt und promovierte

1 Philipp-Christian Wachs, Die Inszenierung eines Schauprozesses – das Verfahren gegen Theodor Oberländer vor dem Obersten Gericht der DDR, in: Wolfgang Buschfort u. a., Vorträge zur deutsch-deutschen Nachkriegsgeschichte, 2. Aufl., Berlin 2007, S. 30–56, insbes. S. 37.

2 Zur Biografie siehe vor allem Philipp-Christian Wachs, Der Fall Theodor Oberländer (1905–1998). Ein Lehrstück deutscher Geschichte, Frankfurt a. M./New York 2000.

1929 in diesem Fach. Im selben Jahr brachte er es zudem zum Doktor der Wirtschaftswissenschaften. 1931 wurde Oberländer Assistent und 1937 zum Professor in Königsberg berufen. Als „Ostforscher" warnte er vor dem „Anschwellen der gesamtslawischen Bevölkerung" und sah eine Gefahr „im Judentum, das den Kommunismus verbreitete". Oberländer überwarf sich 1937 aber mit dem Königsberger Gauleiter Erich Koch, der 1941 auch Reichskommissar für die Ukraine wurde und als einer der übelsten NS-Aktivisten gilt.

Ab 1937 lehrte Oberländer in Greifswald und Prag. 1941 stand er bei der Besetzung Lembergs an der Spitze des Wehrmachts-Bataillons „Nachtigall". 1942 kommandierte er den „Sonderverband Bergmann", der aus kaukasischen Freiwilligen bestand. Oberländer vertrat die NS-Kriegsziele, lehnte aber die brutale Besatzungsherrschaft ab, denn sie verhindere nach seiner Meinung die Kollaborationsbereitschaft der Bevölkerung. Entsprechende Denkschriften führten zu seiner Entlassung als Soldat.[3]

1945 geriet Oberländer in US-Gefangenschaft und wurde dort für US-Dienste rekrutiert. 1950 gründete er zusammen mit Gesinnungsgenossen den Bund der Heimatvertriebenen und Entrechteten (BHE). 1951 avancierte er zum Staatssekretär für Flüchtlinge in Bayern, 1953 wurde er Bundesvertriebenenminister und trat 1956 zur CDU über. Adenauer wollte ihn 1960 trotz der Vorwürfe aus dem Osten halten, doch die SPD drohte mit einem Untersuchungsausschuss. So wurde er als Minister entlassen. Oberländer starb 1998.[4]

Den Prozess bereitete eine Kommission vor, die aus Albert Norden, Justizministerin Hilde Benjamin, Rechtsanwalt Friedrich Karl Kaul, Generalstaatsanwalt Josef Streit, Staatsanwalt Werner Funk und dem Vizepräsidenten des Obersten Gerichts Gustav Jahn bestand.[5] Ein Drehbuch gab jeden Schritt beim Ablauf des Prozesses vor. Das galt sogar für die Einwände der Verteidigung. Zeugen aus der UdSSR, die Oberländer über-

3 Ebenda, S. 35–134.

4 Ebenda, S. 317–369.

5 Siehe Wachs, Die Inszenierung eines Schauprozesses, S. 41.

Abb. 15.
Theodor Oberländer,
1952

führen sollten, wurden vom NKWD präpariert. Es kam zu Pannen: Der kaukasische Volksdeutsche Alexander Hammerschmidt konnte schon bei einer internationalen Pressekonferenz in Moskau am 5. April 1960 keine Angaben zur Person machen. Zum Prozess erschien er nicht mehr.

Auch zwei Georgier, früher Offiziere in Oberländers Verbänden, hatte das NKWD für den DDR-Prozess instruiert. Ihre Auftritte vor Gericht waren „vielfach widersprüchlich, meist aber tragisch", so der Historiker Philipp-Christian Wachs.[6] Der Prozess verlief so fragwürdig, dass selbst der Verteidigung der Kragen platzte. Friedrich Wolff, der sonst fast alles mitmachte, wollte sich in dem „abgekarteten Sandkastenspiel" nicht „zum Affen" machen lassen.[7] Der Vizepräsident des

6 Ebenda, S. 46–48, Zitat S. 48.

7 Zit. nach ebenda, S. 48. Siehe auch Friedrich Wolff, Verlorene Prozesse 1953–1998. Meine Verteidigungen in politischen Verfahren, 2. Aufl., Baden-Baden 1999, S. 71–77.

Obersten Gerichts, Gustav Jahn, war mit den Rechtsfragen überfordert. Gleichwohl verurteilte das Gericht Oberländer am 29. April 1960 in Abwesenheit zu einer lebenslangen Freiheitsstrafe.

Das Urteil überzeugte nicht. Im Tenor wurden die herangezogenen Strafvorschriften nicht genannt. Internationales Strafrecht fand nur am Rande Erwähnung. Die Anwendung auf den konkreten Fall fehlte. Die Zuständigkeit war falsch begründet, das „Territorialprinzip" hier nicht einschlägig. Dafür hieß es im Urteil, Oberländer habe „einen dritten Weltkrieg vorbereiten" wollen[8] Für die Massaker an Juden und Polen in Lemberg kurz nach dem Einzug der Wehrmacht machte ihn das Gericht trotz fehlender Beweise verantwortlich, ebenso für die Verbrechen im Kaukasus, die aber die SS begangen hatte.[9] Gemäß der Schwere der Schuld, die das Gericht mit teilweise unhaltbaren Beweisen feststellte, hätte die Todesstrafe ausgesprochen werden können. Davon wurde aber abgesehen, um eine „Verschärfung in den Beziehungen der beiden deutschen Staaten" zu vermeiden.[10]

Politische – und nicht juristische – Erwägungen bestimmten somit ganz offen das Urteil. Das Oberste Gericht vermengte zudem Argumente aus unterschiedlichen Rechtskreisen. Mit der Anwendung internationalen Strafrechts war es überfordert. Auch in der DDR wurde in den 1950er-Jahren lediglich deutsches Strafrecht angewandt. Als nun Völkerstrafrecht beigezogen wurde, scheiterte das Oberste Gericht. Besonders problematisch war die Beweisaufnahme mit präparierten Zeugen. Hinzu trat das Fehlen der Beweiswürdigung und der Subsumtion. Dabei handelte es sich um negative „Markenzeichen" der politischen Strafjustiz der DDR in den 1950er-Jahren.[11]

8 Siehe DJuNSV Nr. 1087a, Bd. III, S. 455–489 (Urteil des Obersten Gerichts vom 29.4.1960), Zitat S. 457.

9 Ebenda, S. 473–481.

10 Ebenda, S. 482–488, Zitat S. 488.

11 Vgl. hierzu Werkentin, Politische Strafjustiz in der Ära Ulbricht.

Abb. 16. Urteilsverkündung im Oberländer-Prozess in Ost-Berlin, 1960

Das Oberländer-Verfahren wurde zu einem Fiasko. Die Hauptvorwürfe gegen ihn waren unzutreffend. So hatte er der Einheit „Nachtigall" nicht befohlen, Massaker an Juden zu verüben, auch wenn eine Beteiligung von Angehörigen der Einheit auf eigene Faust nicht ausgeschlossen werden kann.[12] Die Schilderung der Morde im Kaukasus entsprach den Meldungen „Einsatzkommando 12" der Einsatzgruppe D. Der NKWD schrieb die Taten offenbar einfach der Einheit „Bergmann" unter Ober-

12 Siehe Wachs, Die Inszenierung eines Schauprozesses, S. 50 f.

länder zu.[13] Die manipulierten Zeugenaussagen und die Beweiswürdigung waren ebenso problematisch wie das in jeder Hinsicht mangelhafte Urteil.

Als Oberländer 1990 seine Rehabilitierung verlangte, ließ die zuständige Kammer beim Landgericht Berlin die Sache zunächst liegen. Die Aufhebung des Urteils erfolgte dann aus formalen Gründen, weil „die Hauptverhandlung gesetzwidrig in Abwesenheit des Betroffenen durchgeführt wurde".[14] Das war aber falsch, denn in der DDR waren solche Verfahren zulässig.

Oberländer war ein NS-Ideologe, der nach 1945 kein höheres Staatsamt – geschweige denn einen Minister-Posten – hätte einnehmen dürfen. Die Taten aber, die ihm vorgeworfen wurden, hatte er nicht begangen.

3.2. Die Vorbereitung des Globke-Prozesses in Ost-Berlin

Als Ende 1961 die Bemühungen Fritz Bauers, Globke vor Gericht zu stellen, gescheitert waren, wollte Albert Norden dem Adenauer-Intimus in Ost-Berlin den Prozess machen. Das sollte als Fortsetzung des Eichmann-Prozesses in Jerusalem erscheinen.[15] Der Oberländer-Prozess konnte aufgrund der falschen Tatvorwürfe, der problematischen Prozessführung und des juristisch unzureichenden Urteils nicht als Vorbild dienen. Das soll sogar Walter Ulbricht betont haben. Die Vorbereitungszeit für den Prozess gegen Globke war knapp, da sein Ausscheiden im Oktober 1963 erwartet wurde. Um Wirkung zu entfalten, musste der Prozess vorher stattfinden.

Die Stasi arbeitete mit Hochdruck. Schon am 20. Juni 1962 legte die für NS-Verfahren zuständige Abteilung IX/11 einen 211-seitigen

13 Ebenda, S. 52 f.

14 Siehe DJuNSV Nr. 1087b, Bd. III, S. 489 (Beschluss der Strafkammer 52 des LG Berlin vom 24. 11. 1993).

15 Siehe Krause, Der Eichmann-Prozeß, S. 164–167.

Bericht vor, der Globke Beihilfe zum Mord nach §§ 211, 49 StGB vorwarf. Verfasser war Oberstleutnant Stolze, der den Fall auch weiter bearbeitete.[16] Der Bericht hob die bisherige Propaganda auf ein neues Niveau, das die juristische Auseinandersetzung im Fall Globke prägen sollte. Im Mittelpunkt stand „intellektuelle Beihilfe" zur „Endlösung der Judenfrage". Zudem wurde Beihilfe zum Mord an Bürgern tschechischer, slowakischer und polnischer Nationalität konstatiert. Die Darlegungen waren durchweg fundiert und sachlich.[17]

Am 16. November 1962 bildete die Generalstaatsanwaltschaft der DDR (damals noch „Oberste Staatsanwaltschaft der DDR") eine Arbeitsgruppe mit sieben Mitarbeitern zum Fall Globke. Die Leitung wurde dem mit NS-Verfahren vertrauten Staatsanwalt Carlos Foth übertragen. Es sollten Vorermittlungen durchgeführt werden. Die bereits bekannten Beweismittel waren zu prüfen und weitere Unterlagen – vor allem im Ausland (ČSSR, Ungarn, Polen, Sowjetunion) – zu beschaffen. Die Staatsanwälte nahmen ihre Arbeit offenbar mit großem persönlichem Engagement wahr.[18]

Der Fall Globke sollte auch bei einer vom 15. bis 17. Dezember 1962 in Warschau stattfindenden Konferenz der „Internationalen Blutrichterkommission" behandelt werden. Der „Kommission" gehörten Vertreter aus der Sowjetunion, Polen, der Tschechoslowakei, der DDR, Frankreich, Belgien, den Niederlanden, Norwegen, Großbritannien und den USA an. Die Vertreter Polens leiteten als Gastgeber die Konferenz – und versagten nach Auffassung des MfS fast völlig, denn sie hielten sich nicht an Absprachen. Hinzu kam, dass das polnische Interesse

16 Dr. jur. Lothar Stolze wechselte 1961 von der Militäroberstaatsanwaltschaft Berlin ins Ministerium für Staatssicherheit. Er wurde am 1. Oktober 1965 Leiter der Abteilung 11 der Hauptabteilung IX. Siehe Dagmar Unverhau, Das „NS-Archiv" des Ministeriums für Staatssicherheit. Stationen einer Entwicklung, 2. Aufl., Münster 2004, S. 19, Anm. 46.

17 Siehe BStU, MfS, HA IX/11, ZUV Nr. 83, Bd. 8.

18 Siehe BStU, MfS, HA IX/11, ZUV Nr. 83, Bd. 3, Teil 1, Bl. 115–120.

am Fall Globke eher gering war. Eine Erklärung hierfür gibt es bisher nicht.[19]

Die DDR-Teilnehmer an der Konferenz wurden wegen ihrer inhaltlichen Stellungnahmen gelobt, sie hatten aber Probleme mit der polnischen Sprache, sodass sie nicht recht zum Zuge kamen. Gute polnische Dolmetscher fehlten, da das polnische ZK die besten Sprachmittler für eine eigene Tagung reklamiert hatte. Zudem kam es während der Konferenz zu Stromausfällen. Vor allem aber handelten die Gastgeber nach eigenem Gusto. Das MfS schrieb: „Das konsequente Drängen der DDR-Delegation auf eine exaktere Durchführung war nicht mehr zu verstärken, da sonst die Grenze zur Unhöflichkeit spürbar überschritten worden wäre." Die internationale Pressekonferenz zum Abschluss der Tagung verlief aus Sicht der Stasi ebenfalls unbefriedigend.[20]

Eine Fortsetzung der Warschauer Konferenz fand im kleinen Kreis vom 7. bis 9. Januar 1963 in Ost-Berlin statt. Beteiligt waren nun nur noch Vertreter aus Frankreich, Belgien, England und Italien. Sie erarbeiteten schlussendlich eine Erklärung zum Fall Globke, die am 10. Januar 1963 dem Bundesjustizminister übergeben und bei einer Pressekonferenz in Bonn der Öffentlichkeit vorgestellt werden sollte. Der französische Professor Boulier wollte dann in die DDR zurückkehren und darüber im Fernsehen berichten. Inwieweit das tatsächlich geschah, konnte nicht festgestellt werden.[21]

Die weitere Agitation im Fall Globke koordinierte eine Arbeitsgruppe bei der Westkommission des ZK der SED. Ihr gehörten auch Vertreter der Abteilung Außenpolitik des ZK, des Nationalrates und der Generalstaatsanwaltschaft an, darunter Carlos Foth. Die Leitung über-

19 Bericht der Abteilung Agitation des MfS vom 19. Dezember 1962 für Minister Mielke und von diesem abgezeichnet, BStU, MfS, HA IX/11, ZUV Nr. 83, Nr. 22631, Bl. 0261–0267.

20 Ebenda, Zitate Bl. 0267 und 0262.

21 Bericht über die Fortsetzung der Warschauer Konferenz in Berlin vom 7. 1. bis 9. 1. 1963 vom 10. Januar 1963, ebenda, Bl. 0188 f.

nahm der „Genosse Rehahn“, Lenker im Hintergrund blieb aber Albert Norden. Rehahn entwarf einen „Maßnahmeplan zur Fortsetzung der Globke-Kampagne“, datiert auf den 14. Februar 1963, dem zufolge die Aktivitäten in den folgenden Monaten „maximal“ entwickelt werden sollten. Sie zielten in erster Linie auf das westeuropäische Ausland und die USA. Beabsichtigt war eine „erzwungene Absetzung Globkes“.[22]

Im Einzelnen sah der Maßnahmeplan vor, dass Polen oder die ČSSR einen Antrag im Hinblick auf die Durchsetzung der Resolution von 1946 über die Bestrafung von Kriegsverbrechern in der UNO einbringen sollten. In der DDR war ein Ermittlungsverfahren gegen Globke geplant, zu dem alle Staaten um ihre Mitwirkung gebeten werden sollten. Für die westeuropäischen Länder und Israel war die Schaffung von Komitees der Globke-Opfer vorgesehen. In Wien sollte Ende Mai/Anfang Juni eine internationale Juristenkommission die „Germanisierungspolitik“ Globkes untersuchen.[23] Auch war an die Erarbeitung einer Wanderausstellung über seine Taten gedacht.[24]

Unabhängig davon sollte in der Bundesrepublik aufgrund des umfangreichen DDR-Materials Strafantrag gegen Globke gestellt werden. Es war geplant, eine überarbeitete Auflage der 1960 erschienenen Propaganda-Schrift herauszugeben.[25] Der Präsident des Obersten Gerichts wurde gebeten, einer jüdischen Zeitung in Polen ein Interview zu geben. Das Fernsehen der DDR sollte weitere Dokumentationen zu Globkes Verbrechen fertigen. Alle DDR-Organisationen waren aufgefordert, sich zu beteiligen – auch die Generalstaatsanwaltschaft mit Carlos Foth. Doch nur ein Teil dieser Pläne konnte realisiert werden. Das galt vor allem auf internationaler Ebene. Nur in der DDR wurde das Grundgerüst der Propaganda-Offensive umgesetzt.

22 Ebenda, Maßnahmeplan vom 14. Februar 1963, Bl. 0052–0059.

23 Ebenda, Bl. 0054–0056.

24 Ebenda.

25 Ausschuss für Deutsche Einheit (Hrsg.), Globke und die Ausrottung der Juden.

Steckbrief

Auf Grund des Haftbefehls des Stadtbezirksgerichts Berlin-Mitte vom 23. April 1963 wird nach dem ehemaligen Ministerialrat im faschistischen Reichsinnenministerium und jetzigen Staatssekretär im Bundeskanzleramt der Bundesrepublik

Dr. Hans Josef Maria GLOBKE

geb. am 10. 9. 1898 in Düsseldorf,

der sich außerhalb des Gebietes der Deutschen Demokratischen Republik aufhält, gefahndet.

PERSONENBESCHREIBUNG: ca. 170 cm groß, kräftige Figur, graumeliertes Haar, Brillenträger.

Dr. Globke ist dringend verdächtig,

als langjähriger leitender Mitarbeiter des faschistischen Reichsinnenministeriums maßgeblich an der Vorbereitung und Durchführung der faschistischen Verbrechen, die zur Ermordung von Millionen jüdischer Bürger und Angehöriger anderer Völker führten, mitgewirkt zu haben.

Hinweise, die zur Ergreifung des Täters führen oder der weiteren Aufklärung der Verbrechen dienen, werden von jeder Dienststelle der Staatsanwaltschaft der Deutschen Demokratischen Republik entgegengenommen.

Der Generalstaatsanwalt der DDR
Berlin N 4, Scharnhorststraße 37

Abb. 17. Steckbrief Dr. Hans Globke des Generalstaatsanwalts der DDR von 1963

Daneben waren die Arbeitsgruppen beim Ministerium für Staatssicherheit unter Oberstleutnant Stolze und bei der Generalstaatsanwaltschaft der DDR unter Staatsanwalt Foth aktiv. Es kam allerdings zu Reibereien zwischen den „Ermittlungsorganen". Denn die Staatsanwaltschaft beanspruchte die Federführung und ließ dies die Stasi spüren. So klagte der Stasi-Untersuchungsführer Stolze am 23. Februar 1963 in einem Bericht an Mielke, die Staatsanwaltschaft halte Informationen zurück. Mielke leitete daraufhin den Vorgang an seinen Stellvertreter Markus Wolf weiter, dessen Hauptverwaltung Aufklärung (HVA) beteiligt war, „zum Studium und zur Stellungnahme" mit Terminsetzung.[26] Was daraus wurde, ist nicht bekannt.

Im März 1963 beschloss das Politbüro die Durchführung des Prozesses. Am 3. April 1963 fand eine Vorbereitungskonferenz mit Vertretern von Gericht, Generalstaatsanwaltschaft, Parteiorganen und Medien statt. Am 4. April wurden offiziell Ermittlungen aufgenommen. Am 23. April 1963 erging Haftbefehl. Globke wurde zur Fahndung ausgeschrieben. Steckbriefe in Plakatgröße mit Fotos aus der NS-Zeit und aus dem Jahr 1962 wurden gedruckt: „Dr. Globke ist dringend verdächtig, als langjähriger leitender Mitarbeiter des faschistischen Reichsinnenministeriums maßgeblich an der Vorbereitung und Durchführung der faschistischen Verbrechen, die zur Ermordung von Millionen jüdischer Bürger und Angehörigen anderer Völker führten, mitgewirkt zu haben."[27]

Bonn war beunruhigt. Der Steckbrief prangte überall an den Litfaßsäulen in der DDR und besonders an den Grenzübergangsstellen. Die Inszenierung war natürlich reine Propaganda, denn Globkes Ergreifung stand nicht zu erwarten. Aber die Offensive erwies sich als wirksam: Der „Staatssekretär im Bundeskanzleramt" wurde wegen

26 Siehe Bericht der Arbeitsgruppe der Hauptabteilung IX vom 23. Februar 1962, BStU, HA IX/11, ZUV Nr. 83, Bd. 6, Bl. 73–79, Vermerk Mielkes Bl. 73.

27 Das Fahndungsplakat findet sich in: BStU, MfS, HA IX/11, ZUV Nr. 83, Nr. 22628, Bl. 264.

Judenmordes gesucht – zwar „nur" in der „Zone". Aber peinlich war die Angelegenheit für die Bonner Regierung doch. Im Westen mehrten sich die Stimmen, die die Entlassung Globkes forderten und Adenauer wegen seines Festhaltens am Chef des Kanzleramts als halsstarrig bezeichneten. Natürlich durfte sich Adenauer nicht die Blöße geben, Globke wegen der DDR-Anwürfe abzusetzen, Aber es war offensichtlich, dass die Regierung nicht an die NS-Vergangenheit erinnert werden wollte. So konnte die DDR-Propaganda im Gegenzug einige Wirkung entfalten.

Die Generalstaatsanwaltschaft der DDR startete kurz darauf eine außergewöhnliche Aktion. Sie ließ nämlich alle jüdischen NS-Opfer in der DDR befragen. Dazu wurden 73 Staatsanwälte und 48 Kommissare der Volkspolizei eingesetzt, die von Mai bis Juli 1963 insgesamt 636 Überlebende des NS-Terrors aufsuchten. Die Befragungen erfolgten nach einem einheitlichen Schema meist in den Wohnungen der NS-Verfolgten.[28] Ihnen wurde offen erklärt, die Interviews dazu, „die Verbrechen der Faschisten und insbesondere des Bonner Staatssekretärs Dr. Hans Globke [...] aufzuklären". So sollten Zeugen und Belastungsmaterial für den Prozess beschafft werden.

Die Aktion erwies sich als sehr ergiebig. Staatsanwälte und Kriminalkommissare protokollierten sorgsam die Angaben der Betroffenen. Das Schema für die Interviews bewährte sich. Viele Befragte besaßen sogar aussagekräftige Dokumente zu ihrer Verfolgung, die sie bereitwillig zur Verfügung stellten. So entstand ein einmaliger Fundus an Aussagen und Dokumenten zum jüdischen Leben unter dem NS-Terror. 28 der 636 Befragten traten im Prozess gegen Globke als Zeugen auf. Die Historikerin Erika Schwarz fertigte aus den Quellen Jahrzehnte später die Dokumentation „Juden im Zeugenstand. Die Spur des Hans Globke im Gedächtnis der Überlebenden".[29]

28 Erika Schwarz, Juden im Zeugenstand. Die Spur des Hans Globke im Gedächtnis von Überlebenden der Schoa, Berlin 2009, S. 9–22.

29 Ebenda. Das Buch enthält aber leider auch eine Reihe sprachlicher Missgriffe.

Der Prozess war für Juli 1963 vorgesehen. Aufgrund des großen Zeitdrucks sollen Mitarbeiter der Generalstaatsanwaltschaft sogar in ihren Diensträumen übernachtet haben, um die Anklageschrift fertigzustellen.[30] Die juristischen Grundlagen der Anklage wurden sauber herausgearbeitet.[31] Wie üblich gab es Absprachen zwischen Stasi, Staatsanwaltschaft und Gericht.[32] Die Auswahl der Zeugen erfolgte nach ihrer „Brauchbarkeit" für die Anklage. Natürlich stand das Ergebnis des Prozesses von vornherein fest. Dass die gemeinsame Vorbereitung durch Stasi, Staatsanwaltschaft und Gericht grob rechtsstaatswidrig war, bedarf keiner weiteren Erörterung.

Es handelte sich aber um andere Akteure als im Oberländer-Verfahren. Denn der neue Generalstaatsanwalt Josef Streit, der dem ZK der SED angehörte, war im Vergleich zu Staatsanwalt Funk im Oberländer-Prozess ein Schwergewicht der DDR-Justiz.[33] Entsprechendes galt für den gerade ins Amt gelangten neuen Präsidenten des Obersten Gerichts Dr. Heinrich Toeplitz, der dem Vorstand der CDU angehörte.

30 Christian Dirks, Die Verbrechen der anderen. Auschwitz und der Auschwitz-Prozess der DDR. Das Verfahren gegen den KZ-Arzt Dr. Horst Fischer, Paderborn 2006, S. 70.

31 Vgl. hierzu aus der Sicht eines der Beteiligten: Carlos Foth, Die Nürnberger Gesetze und der Globke-Prozeß in der DDR. 60 Jahre Würdigung und Mißachtung der Nürnberger Prinzipien, in: Bulletin für Faschismus- und Weltkriegsforschung 27 (2006), S. 44–70.

32 So erfolgten die letzten Absprachen zwischen Generalstaatsanwaltschaft und Staatssicherheit am 28. Juni 1963, siehe BStU, MfS, HA IX/11, ZUV Nr. 83, Nr. 22628.

33 Josef Streit (1911–1987) wuchs in Nordböhmen auf. 1938 wurde er aus politischen Gründen verhaftet und ins KZ Dachau und später nach Mauthausen überstellt. Bereits 1946 bekam er den Posten eines des 1. Sekretärs der FDJ in Schönberg/Mecklenburg, absolvierte einen Volksrichterlehrgang und wurde Amtsrichter. Ab 1951 arbeitete er im Ministerium der Justiz und ab 1953 bei der Abteilung Staats- und Rechtsfragen des ZK. 1962 wurde er Generalstaatsanwalt der DDR. Seit 1963 gehörte er dem ZK an. Siehe Helmut Müller-Enbergs, Wer war wer in der DDR?, Bd. 2, 5. Aufl., Berlin 2010.

Im Gegensatz zum überforderten Vizepräsidenten Jahn war Toeplitz ein kenntnisreicher Jurist.[34] Streit und Toeplitz entzogen sich weitgehend dem Diktat der Stasi. Gericht, Staatsanwaltschaft und Staatssicherheit agierten für DDR-Verhältnisse relativ selbstständig.

So übernahm die Staatsanwaltschaft nicht einfach den Schlussbericht der Stasi. Auch der Inhalt der Anklageschrift fand sich nicht wörtlich oder paraphrasiert im Urteil wieder.[35] Vielmehr unterscheiden sich die Inhalte ganz erheblich – und zwar auch rechtsdogmatisch. Im Schlussbericht wurde Globke noch der Beihilfe bezichtigt – in der Anklageschrift und im Urteil dagegen der Mittäterschaft. Die Anklageschrift zitierte seitenweise den profundesten deutschen Kenner der NS-Verbrechen, nämlich den West-Berliner Historiker Wolfgang Scheffler. Das Urteil erwähnte ihn dagegen nicht einmal.[36] Offenbar übernahm das Gericht aber Schefflers Methode der genauen Analyse der Geschehnisse. Zum ersten Punkt der Anklage, der Globkes Beteiligung an der NS-Machtübernahme vor allem in Preußen betraf, erfolgte schließlich keine Verurteilung. Denn es fehlten entsprechende Bestimmungen über deren Strafbarkeit.[37]

Dass der Globke-Prozess anders vorbereitet wurde als das Oberländer-Verfahren und weitere politische Strafprozesse in der DDR, ist in der Literatur jedoch nicht beachtet worden. Vielmehr wurde die westdeutsche Presseberichterstattung über den Prozess übernommen, in der nur von einem „Schauprozess" die Rede war.[38] Scheinwerfer und Kameras im Gerichtssaal legten das nahe. Die berichtenden Journalisten aber

34 Zu Toeplitz siehe Kapitel 5.2.

35 Die Anklage vom 25. Mai 1967 zum Aktenzeichen I-7/63 findet sich in BStU, HA IX, Nr. 8301. Das Urteil wird hier stets in der veröffentlichten Form zitiert nach DJuNSV Nr. 1068, Bd. III, S. 70–194.

36 Siehe Scheffler-Zitat in der Anklageschrift: BStU, HA IX, Nr. 8301, S. 32 ff. Zu Person und Tätigkeit Wolfgang Schefflers siehe Bästlein, Zur Historiografie des Völkermords, S. 303–330, insbes. S. 303.

37 Siehe DJuNSV Nr. 1068, Bd. III, S., S. 185.

38 Siehe Kapitel 4.2. in diesem Band.

waren überfordert – das galt für das stundenlange Verlesen von Beweisdokumenten, aber auch für die in der Bundesrepublik bis heute verpönte Anwendung des Völkerstrafrechts gegen NS-Täter.[39] Hinzu kam das Verdikt Ulrich von Hehls aus dem Jahr 1980: „Die Maßlosigkeit der von östlicher Seite ausgehenden Verleumdungen Globkes rechtfertigt [...] keine ernsthafte Auseinandersetzung."[40]

Nicht Empirie, sondern Ideologie prägte den Umgang mit dem Fall Globke. So behauptete Hubertus Knabe 1999: „Tatsächlich war Globke [...] ein entschiedener Gegner des Nationalsozialismus gewesen und hatte zahlreichen von rassistischer Verfolgung bedrohten Menschen geholfen."[41] Nachweise dafür präsentierte der umstrittene Direktor der Gedenkstätte Hohenschönhausen nicht. In einer Fußnote fügte er hinzu, Globke habe „durch seine Interpretation [der Rassengesetze] Tausenden von sogenannten Mischlingen das Leben gerettet". Und: „Nach Kriegsbeginn [...] war Globke mit Rassefragen nicht mehr befasst."[42] Mit derlei „alternativen Fakten" ging es Knabe offenbar darum, die frühe Bundesrepublik von Schuldvorwürfen aus der DDR zu entlasten und die kommunistische Diktatur so „präsent" zu machen wie das NS-Regime.[43]

39 Ebenda.

40 Siehe von Hehl, Der Beamte im Reichsinnenministerium, in: Gotto (Hrsg.), Der Staatssekretär Adenauers, S. 230–282, Zitat S. 235.

41 Siehe Hubertus Knabe, Die unterwanderte Republik. Stasi im Westen, Berlin 1999, Zitat S. 125.

42 Ebenda, Zitate S. 462, Anm. 12.

43 So lautete der Schlusssatz Knabes in einem Aufsatz: „Erst wenn die kommunistische Diktatur den Deutschen ähnlich präsent ist wie das verbrecherische Regime der Nationalsozialisten, ist die Aufarbeitung der Hinterlassenschaften von Stasi-Minister Erich Mielke wirklich gelungen." Hubertus Knabe, Mielkes schweres Erbe. Wie die Aufarbeitung der Stasi-Akten neu organisiert werden könnte, in: Spiegel Online, 15. August 2007, http://www.spiegel.de/politik/deutschland/mielkes-schweres-erbe-wie-die-aufarbeitung-der-stasi-akten-neu-organisiert-werden-koennte-a-499843-2.html [12.10.2017].

Aber auch weniger ideologisch ausgerichtete Historiker behaupteten eine Kontinuität vom Oberländer-Verfahren zum Globke-Prozess. Das gilt etwa für Annette Weinke oder Christian Dirks.[44] Henry Leide befasste sich in seiner Schrift über „NS-Verbrecher und Staatssicherheit" nicht einmal mit dem Globke-Prozess, der zweifellos das bedeutendste NS-Verfahren in der DDR war.[45] Stattdessen behauptete Leide: „Der Prozess war [...] nicht dazu geeignet, einen Beitrag zur Aufarbeitung [...] des Völkermords an den Juden zu leisten."[46] Doch das exakte Gegenteil ist der Fall.

Nicht anders verfuhr der Globke-Biograf Erik Lommatzsch in seiner Leipziger Dissertation: „Der Schauprozess in der DDR, der mit einer Verurteilung endete, ist eher dem Bereich des Kalten Krieges und der entsprechenden Propaganda zuzuordnen, weniger dem der der Justiz."[47] Noch weiter ging Lommatzsch in seinem Aufsatz aus dem Jahr 2003, in dem er Globke völlig zu entlasten trachtete.[48] Knabe, Weinke, Dirks, Leide und Lommatzsch folgten der gängigen Sekundärliteratur, statt die Quellen zur Kenntnis zu nehmen. Auch wenn diese Autoren keine Juristen sind und die Anforderungen an ihre Rechtskenntnisse nicht zu hoch angesetzt werden dürfen, sollten sie als Historiker bzw. Politikwissenschaftler doch in der Lage sein, das Urteil zu lesen und historisch einzuordnen.

Der Journalist Jürgen Bevers, der 2009 die bislang beste Globke-Biografie vorgelegt und eine vorzügliche Fernsehreportage über ihn

44 Annette Weinke, Die Verfolgung von NS-Verbrechen im geteilten Deutschland. Vergangenheitsbewältigungen 1949–1969. Oder: Eine deutsch-deutsche Beziehungsgeschichte im Kalten Krieg, Paderborn 2002, S. 151–157; Dirks, Die Verbrechen der anderen, S. 63–72.

45 Leide war mit der Thematik komplett überfordert. Seine Arbeit enthält zahlreiche Fehler und Missdeutungen. Gleichwohl konnte das Werk Eingang in die „wissenschaftliche Reihe" des Bundesbeauftragten für die Stasi-Akten finden. Siehe Henry Leide, NS-Verbrecher und Staatssicherheit. Die geheime Vergangenheitspolitik der DDR, Göttingen 2005".

46 Ebenda, S. 82.

47 Lommatzsch, Hans Globke, S. 312. Der Autor ging auf S. 319 f. noch kurz auf den Prozess ein, hat sich aber nicht mit dem Urteil gegen Globke befasst.

48 Siehe Lommatzsch, Hans Globke und der Nationalsozialismus.

produziert hat, meinte offenbar in Verkennung der Rechtslage, die Frage der Mittäterschaft Globkes sei nicht eindeutig, ohne dass er näher auf den Prozess und das Urteil einging.[49] Hermann Wentker vermied in kluger Zurückhaltung ein abschließendes Urteil und wies darauf hin, dass der Fall Globke unerforscht sei.[50] Der DDR-Staatsanwalt Carlos Foth schilderte in einem lesenswerten Aufsatz zwar die rechtlichen und tatsächlichen Grundlagen des Verfahrens, ging aber nicht auf das Urteil ein.[51] Weder Historiker noch Juristen haben bisher eine Analyse der Entscheidung vorgenommen.

Der Prozess begann am 8. Juli 1963 im Gebäudekomplex an der Berliner Invalidenstraße, wo das Oberste Gericht der DDR von 1950 bis 1976 seinen Sitz hatte. Heute befindet sich hier das Bundeswirtschaftsministerium. Den Vorsitz hatte der Präsident des Obersten Gerichts Heinrich Toeplitz. Als Beisitzer agierten Friedrich Mühlberger und Hans Reinwarth.[52] Die Richterbank schien damit gut besetzt zu sein.[53]

Die Anklage vertrat Generalstaatsanwalt Josef Streit. Verteidiger waren die Rechtsanwälte Friedrich Wolff sowie Gerhard Rinck aus Erfurt.[54] Das Gericht hörte eine Reihe Sachverständiger und 59 Zeugen. Sie waren jedoch anders als im Oberländer-Prozess nicht präpariert worden. Allerdings überprüfte die Stasi, ob die Aussagen die Anklage stützten und die Zeugen überzeugend auftreten konnten.[55] Auf untergeschobene Aussagen wurde verzichtet. Die Beweisführung stützte sich vor allem auf Dokumente und war sehr dicht. Es erfolgte eine fundierte Beweisaufnahme, auf der das Urteil basierte.

49 Siehe Bevers, Der Mann hinter Adenauer, S. 19–21.

50 Wentker, Die juristische Ahndung von NS-Verbrechen, S. 72, Anm. 67.

51 Siehe Foth, Die Nürnberger Gesetze.

52 Siehe hierzu Kapitel 5.2. in diesem Band.

53 Ebenda.

54 Friedrich Wolff hatte schon am Oberländer-Verfahren teilgenommen, siehe Kapitel 3.1.

55 Dies entsprach dem in der DDR bei NS-Verfahren üblichen Vorgehen, wenn die Stasi die Ermittlungen führte. Vor Gericht sollten nur Zeugen gehört werden, die den Anklagevorwurf in überzeugender Weise bestätigten.

Nach einem kurzen „Plan zur Durchführung des Globke-Prozesses" sollte auf die Verlesung der Anklage am 8. Juli die Beweisaufnahme folgen. Globkes Aktivitäten 1933, seine Rolle bei der Judenverfolgung und die antijüdische Gesetzgebung waren zu behandeln. Am 10. Juli sollte es um antijüdische Vorschriften bis 1939 und am Folgetag um solche aus der Zeit nach 1939 gehen. Am 12. Juli war die Rolle des Innenministeriums zu thematisieren – und zwar am 13. Juli für Ost- und am 15. Juli für Westeuropa. Am 16. Juli war die Beweisaufnahme zu beenden. Am 19. Juli sollte die Staatsanwaltschaft und am 20. Juli die Verteidigung plädieren. Der 23. Juli war für die Urteilsverkündung vorgesehen.[56]

Der Prozess fand in Abwesenheit des Angeklagten statt. Dies war keineswegs rechtsstaatswidrig, wie oft behauptet wird. Zwar kennt das hergebrachte deutsche Strafrecht keine Abwesenheitsverfahren, aber im französischen und italienischen Recht – wie überhaupt im römischen Rechtskreis – sind sie durchaus üblich. Auch in der DDR waren Abwesenheitsverfahren zulässig. Selbst in der Bundesrepublik ist das strikte Verbot dieser Verfahren mittlerweile durch zahlreiche Ausnahmebestimmungen erheblich aufgeweicht worden.[57]

3.3. Deutsches und internationales Recht gegen NS-Täter

Bei der Strafverfolgung von NS-Verbrechen konnte deutsches und internationales Recht zugrunde gelegt werden. Die Alliierten hatten mit dem Londoner Statut vom 8. August 1945 ein neues Fundament für die Bestrafung von Verbrechen gegen die Menschlichkeit geschaffen. Darauf

56 Dreiseitige Disposition von Toeplitz zum Prozessverlauf vom 1. Juli 1963, BStU, MfS, HA IX/11, ZUV Nr. 83, Nr. 22628.

57 So bei eigenmächtiger Entfernung aus der Verhandlung (§ 231 Abs. 2 StPO), absichtlicher Herbeiführung der Verhandlungsunfähigkeit (§ 231 a StPO), Entfernung aus dem Sitzungsaal zur Aufrechterhaltung der Ordnung (§ 231 b StPO), Beurlaubung (§ 231 c StPO), Ausbleiben (§ 232 StPO) und Entbindung auf eigenen Antrag (§ 233 StPO).

beruhten nicht nur der Nürnberger Prozess und seine Nachfolgeprozesse, sondern auch die Strafverfahren vor anderen alliierten Gerichten und das Kontrollratsgesetz Nr. 10 für die deutsche Justiz. Das internationale Strafrecht kannte zuvor im Wesentlichen nur die Genfer Konventionen und die Haager Landkriegsordnung von 1907, die klassische Kriegsverbrechen pönalisierten. Zudem konnte eine Bestrafung nach deutschem Recht aufgrund des Strafgesetzbuches von 1871 erfolgen.

Nach dem Ersten Weltkrieg war die Ahndung deutscher Kriegsverbrechen durch das Reichsgericht in Leipzig nahezu völlig fehlgeschlagen. Die Alliierten wollten die Strafverfolgung daher nun selbst in die Hand nehmen.[58] Das galt umso mehr, als der deutsche Besatzungsterror und die Vernichtung der europäischen Juden bekannt geworden waren. Der US-Kriminologe Sheldon Glueck soll damals bereits prophezeit haben: „Vor allem dürfen die Vereinten Nationen nicht erneut den deutschen Versprechungen trauen, in Fällen deutscher Kriegsverbrechen Gerechtigkeit zu üben. Denn für sie [die Deutschen] sind sie [die Kriegsverbrecher] Helden."[59] Das sollte sich leider bewahrheiten.

US-Präsident Franklin D. Roosevelt und Premierminister Winston Churchill hatten schon im Oktober 1941 erklärt, dass „die Bestrafung von [NS-]Verbrechen [...] zu einem der wichtigsten Kriegsziele" zähle.[60] Auf der „Interalliierten Konferenz" im St. James-Palast in London am 13. Januar 1942 berieten die kriegführenden Nationen ihr Vorgehen und entschieden, die Verantwortlichen persönlich zur Rechenschaft zu ziehen. Im Oktober 1942 folgte die Einrichtung der „United Nations War

58 Gerd Hankel, Die Leipziger Prozesse. Deutsche Kriegsverbrechen und ihre strafrechtliche Verfolgung nach dem Ersten Weltkrieg, Hamburg 2003.

59 Zit. nach Katrin Hassel, Kriegsverbrechen vor Gericht. Die Kriegsverbrecherprozesse vor Militärgerichten in der britischen Besatzungszone unter dem Royal Warrant vom 18. Juni 1945 (1945–1949), Baden-Baden 2009, S. 57.

60 Zit. nach Donald Bloxham, Pragmatismus als Programm. Die Ahndung deutscher Kriegsverbrechen durch Großbritannien, in: Norbert Frei, Transnationale Vergangenheitspolitik. Der Umgang mit deutschen Kriegsverbrechern in Europa nach dem Zweiten Weltkrieg, Göttingen 2006, S.140–179, Zitat S. 141.

Crimes Commission" (UNWCC). Die Kommission ermittelte gegen 36000 Personen. Als sichere Erkenntnisse über die Juden-Vernichtung vorlagen, kündigte auch der britische Außenminister Anthony Eden Ende 1942 öffentlich an, dass die Verantwortlichen bestraft würden.[61]

Mit der Moskauer Deklaration vom 30. Oktober 1943 wurde die Sowjetunion in die Nachkriegsplanungen einbezogen. Den führenden Nationalsozialisten wollten Churchill und Roosevelt anfangs nicht die Ehre eines Prozesses zuteilwerden lassen. Sie sollten vielmehr einfach exekutiert werden. Die Öffentlichkeit in den USA und Großbritannien verlangte aber eine gerichtliche Klärung.[62] Auf der Konferenz von Jalta im Februar 1945 fiel dann die Entscheidung für einen Prozess gegen die Haupttäter. Nach langen Verhandlungen wurde mit dem Londoner Abkommen vom 8. August 1945 ein Internationaler Gerichtshof eingesetzt. Gleichzeitig erging ein Statut mit Gerichtsverfassung, Verfahrensrecht und neuen Straftatbeständen.[63]

Der Prozess fand vom 20. November 1945 bis 1. Oktober 1946 in Nürnberg statt.[64] Jede alliierte Macht stellte zwei Richter. Der Prozessführung lag das angelsächsische Verfahrensrecht zugrunde. Der Prozess war absolut fair. Die Vernichtung der europäischen Juden wurde thema-

61 Siehe Lothar Kettenacker, Die Behandlung der Kriegsverbrecher als angloamerikanisches Rechtsproblem, in: Gerd R. Ueberschär (Hrsg.), Der Nationalsozialismus vor Gericht. Die alliierten Prozesse gegen Kriegsverbrecher und Soldaten 1943–1952, Frankfurt a.M. 1999, S. 17–31, insbes. S. 18–21.

62 Ebenda, S. 22–26.

63 Zum Prozess und seiner Vorbereitung siehe Bradley F. Smith, Der Jahrhundertprozess. Die Motive der Richter von Nürnberg. Anatomie einer Urteilsfindung, Frankfurt a.M. 1979. Zu den amerikanischen Intentionen siehe Frank M. Buscher, Bestrafen und erziehen. „Nürnberg" und das Kriegsverbrecherprogramm der USA, in: Frei, Transnationale Vergangenheitspolitik, S. 94–139.

64 Das Protokoll und die wichtigsten Beweismittel finden sich in: Internationaler Gerichtshof (Hrsg.), Der Prozess gegen die Hauptkriegsverbrecher vor dem Internationalen Militärgerichtshof (14. November 1945 bis 1. Oktober 1946), 42 Bde., Nürnberg 1947.

Abb. 18. Nürnberger Prozess 1945/46 – Aufnahme vom 30. September 1946

tisiert, stand aber nicht allein im Mittelpunkt.[65] Die Behauptung, das Rückwirkungsverbot bzw. der ex-post-facto (nach der Tat)-Grundsatz seien verletzt worden, war formal richtig. Aber die Alliierten hatten seit 1941 die Ahndung der Verbrechen angekündigt. Dem Grundsatz „nullum crimen sine lege, nulla poena sine lege" (Kein Verbrechen und keine Strafe ohne Gesetz) kommt im internationalen Recht keine absolute Sperrwirkung zu. Denn andernfalls könnten sich Machthaber stets unter Berufung auf das Rückwirkungsverbot vor Bestrafung schützen.[66]

65 Das Beweismaterial ermöglichte die Erarbeitung der ersten Darstellungen zum Judenmord. Siehe Gerald Reitlinger, Die Endlösung. Hitlers Versuch der Auslöschung der Juden Europas 1939–1945, Berlin 1956 (britische Originalausgabe 1953); Raul Hilberg, Die Vernichtung der europäischen Juden, Berlin 1982 (Originalausgabe: Raul Hilberg, The Destruction of the European Jews, Chicago 1961). Vgl. hierzu Bästlein, Zur Historiographie des Völkermords, S. 303–330, insbes. S. 307 f.

66 Vgl. Gerhard Werle u. a., Völkerstrafrecht, 3. Aufl., Tübingen 2003, S. 463, Rn. 1154.

Bedenkenswerter war die Kritik an der Mitwirkung der Sowjetunion. Nach dem „Tu-quoque-(Du auch)-Grundsatz" war ihre Beteiligung am Prozess problematisch. Denn die Sowjetunion hatte Verbrechen gegen die Menschlichkeit verübt (z. B. Katyn) und sich mit Hitler verschworen, andere Nationen auszulöschen (Polen, baltische Länder). Der Gleichheitssatz, der im deutschen Strafrecht wenig Beachtung findet („Keine Gleichheit im Unrecht"), hat im Völkerstrafrecht größere Bedeutung. Die Sowjetunion hätte daher nicht beteiligt werden dürfen. Nur weil sie im Prozess weder bestimmend noch entscheidend war, konnte das Urteil Bestand haben. Die Ergebnisse des Prozesses fanden in Deutschland aber kaum Beachtung. Dabei hatten die Alliierten das Protokoll und die wichtigsten Beweismittel publiziert. Die deutsche Edition umfasste 42 blaue Bände. Doch die meisten deutschen Bibliotheken makulierten die Bücher als alliierte „Propaganda".[67]

Die USA führten bis 1949 zwölf Nachfolgeprozesse durch. Sie ermöglichten tiefe Einblicke in das System des NS-Terrors.[68] Das galt besonders für den Juristenprozess.[69] Doch auch er wurde nicht zur Kenntnis genommen.[70] Hinzu kamen Prozesse vor alliierten Militärgerichten.

67 Siehe Reinhard Strecker, Makulierte Vergangenheit, in: Ossietzky. Zweiwochenschrift für Politik/Kultur/Wirtschaft, Heft 22/2005.

68 Es handelte sich um folgende Verfahren: Fall 1: Ärzte-Prozess, Fall 2: Milch-Prozess, Fall 3: Juristen-Prozess, Fall 4: SS-Wirtschafts-Verwaltungshauptamt-Prozess, Fall 5: Flick-Prozess, Fall 6: IG-Farben-Prozess, Fall 7: Südosteuropa-Generäle-Prozess, Fall 8: SS-Rasse-Siedlungshauptamt-Prozess, Fall 9: Einsatzgruppen-Prozess, Fall 10: Krupp-Prozess, Fall 11: Wilhelmstraßen-Prozess, Fall 12: Oberkommando der Wehrmacht-Prozess. Ein Überblick bei Ueberschär, Der Nationalsozialismus vor Gericht. Im Einzelnen siehe Priemel/Stiller (Hrsg.), NMT. Die Nürnberger Militärtribunale.

69 Siehe Peschel-Gutzeit (Hrsg.), Das Nürnberger Juristen-Urteil von 1947.

70 Die Briten wollten das Urteil 1947 veröffentlichen. Doch der aussagekräftige besondere Teil zu den einzelnen Angeklagten ging allein an die Justizbehörden – und zwar „nur für den Dienstgebrauch". Das Urteil wurde zur Verschlusssache – und damit kaum bekannt. Siehe hierzu Bästlein, Der Nürnberger Juristenprozess und seine Rezeption in Deutschland, S. 9–35.

In den westlichen Zonen wurden rund 5000 Deutsche angeklagt. Gegen ca. 600 erging die Todesstrafe und gegen etwa 3500 wurden Freiheitsstrafen verhängt. Zeitige Strafen ergingen in der US-Zone gegen rund 2000, in der französischen gegen ca. 1500 und in der britischen gegen etwa 1000 Personen.[71] Die Intensität der Strafverfolgung war in der französischen Zone am größten. In der US-Zone lag die Zahl der Verurteilten noch doppelt so hoch wie in der britischen.

Sowjetische Militärtribunale (SMT) verurteilten etwa 40 000 Deutsche, darunter befanden sich allerdings viele, die nicht wegen NS-Verbrechen belangt wurden, sondern wegen ihres Widerstands gegen das SED-Regime.[72] Auch die SMT wandten internationales Recht an. Dabei ergingen zahlreiche Todesurteile; die Standardstrafen lauteten auf 10 oder 25 Jahre Freiheitsentzug. Bis heute herrschen viele Unklarheiten, da die Prozessakten nur teilweise zugänglich sind.[73] So ist fraglich, inwieweit die SMT Gerichtsqualität besaßen – oder nur einen Zweig der Geheimpolizei darstellten. Eine unabhängige Justiz existierte nämlich weder unter Stalin noch seinen Nachfolgern.

Die alliierten Prozesse wurden in Westdeutschland bald als „Sieger-“ und „Rachejustiz“ diffamiert. Hatte die große Mehrheit der Deutschen den Nürnberger Prozess zunächst noch begrüßt, weil er die Schuld bei den Hauptverantwortlichen sah, so wähnten sich die meisten bei der Entnazifizierung selbst auf der Anklagebank. Das allzu groß angelegte Projekt scheiterte an der unterschiedlichen Anwendung der Vorschriften und der abrupten Beendigung, die vor allem höhere NS-Chargen

71 Zahlenangeben nach Adalbert Rückerl, NS-Verbrechen vor Gericht. Versuch einer Vergangenheitsbewältigung, Heidelberg 1982, S. 95–99.

72 Siehe Andreas Hilger/Ute Schmidt/Mike Schmeitzner (Hrsg.), Sowjetische Militärtribunale, Bd. 2: Die Verurteilung deutscher Zivilisten 1945–1955, Köln/Weimar/Wien 2003.

73 Siehe Andreas Weigelt/Klaus-Dieter Müller/Thomas Schaarschmidt/Mike Schmeitzner (Hrsg.), Todesurteile sowjetischer Militärtribunale gegen Deutsche (1944–1947). Eine historisch-biographische Studie, Göttingen 2015.

begünstigte.[74] Der Satz „Die Kleinen hängt man, die Großen lässt man laufen" hatte – zu Recht – Konjunktur. Die negativen Erfahrungen mit der „Denazification" wurden – zu Unrecht – bald auf die alliierten Prozesse übertragen.

Robert Servatius, einer der deutschen Verteidiger in Nürnberg, der später Adolf Eichmann in Jerusalem vertreten sollte, erklärte 1949: „Nürnberg ist ein Rückfall in die Barbarei."[75] Ein Heidelberger Kreis „Rechtsgelehrter" blies zum wissenschaftlichen, politischen und publizistischen Kampf. Viele Jura-Professoren schlossen sich an. An den Universitäten war die Renazifizierung rasch vorangeschritten.[76] August von Knieriem – im IG-Farben-Prozess mit Glück freigesprochen – grollte: „Es wird hier wohl gefühlt, dass die Rechtsprechung des Siegers Gefahr läuft, den Besiegten zu verurteilen, weil er verloren hat, während der Sieger straflos bleibt, weil er glücklicher war."[77]

NS-Täter wurden sogar allgemein als „Kriegsverurteilte" bezeichnet, was einer sprachlichen Exkulpation gleichkam. Am 1. April 1950 befanden sich noch 1315 deutsche NS-Täter in alliierten Gefängnissen,[78] 1952 waren es 603 und 1954 noch 173. Die Letzten kamen 1958 frei. Das stand im klaren Gegensatz zu den alliierten Ankündigungen, die

74 Siehe Lutz Niethammer, Die Mitläuferfabrik. Die Entnazifizierung am Beispiel Bayerns, Bonn 1982; Clemens Vollnhals (Hrsg.), Entnazifizierung. Politische Säuberung und Rehabilitierung in den vier Besatzungszonen 1945–1949, München 1991.

75 Zit. nach Norbert Frei, Vergangenheitspolitik. Die Anfänge der Bundesrepublik und die NS-Vergangenheit, München 1996, S. 163.

76 Siehe vor allem Joachim Perels, Die Restauration der Rechtslehre nach 1945, in: Kritische Justiz 17 (1984), S. 359–379.

77 August von Knieriem, Nürnberg. Rechtliche und menschliche Probleme, Stuttgart 1953, S. 144.

78 Fast die Hälfte war wegen KZ-Verbrechen verurteilt worden, der Rest verteilte sich auf Taten gegen alliierte Flieger, Polizei- und Gestapo-Angehörige sowie bei der „Euthanasie". Siehe Ulrich Brochhagen, Nach Nürnberg. Vergangenheitsbewältigung und Westintegration in der Ära Adenauer, Hamburg 1994, S. 26.

NS-Verbrechen konsequent zu ahnden. Was in bester Absicht begann, endete vor dem Hintergrund des Kalten Krieges in den Niederungen politischer Opportunität.[79] Die Alliierten verloren den Kampf um die öffentliche Meinung in Deutschland. Ende der 1940er-Jahre meinten 30 Prozent der Westdeutschen, die alliierten Prozesse seien nicht fair gewesen, und 40 Prozent hielten die Strafen für zu hoch.

79 Siehe Frei, Vergangenheitspolitik, S. 295 und S. 302 f.

4. Justizpolitik und Propaganda in Ost und West

4.1. Ein Desaster: Die deutsche Strafverfolgung von NS-Verbrechen

1952 unterstützten nur noch zehn Prozent der Deutschen die Ahndung von NS-Verbrechen, und die Kirchen bekämpften die Strafverfolgung offen. Während evangelische Geistliche an gekränktem Nationalstolz litten, organisierte die katholische Kirche die Flucht von NS-Tätern.[1] Die Politik folgte – alle Parteien mit Ausnahme der KPD setzten sich für die „Kriegsverurteilten" ein. Die SPD wollte keine Wähler verprellen und beteiligte sich deshalb. Auch die Abschaffung der Todesstrafe im Grundgesetz war kein humanitärer Akt, vielmehr sollte Art. 102 GG NS-Täter vor dem Galgen retten. Bei den letzten Hinrichtungen von Massenmördern wie Oswald Pohl durch die US-Besatzungsmacht in Landshut 1951 wurde „mit dem Grundgesetz" in der Hand dagegen demonstriert.[2]

Die Nürnberger Prinzipien hatten ebenfalls die Grundlage für das Kontrollratsgesetz Nr. 10 vom 20. Dezember 1945 gebildet. Als Verbrechen gegen die Menschlichkeit nannte Artikel II 1. c): „Gewalttaten und Vergehen, einschließlich der folgenden den obigen Tatbestand jedoch nicht erschöpfenden Beispiele: Mord, Ausrottung, Versklavung; Zwangsverschleppung, Freiheitsberaubung, Folterung, Vergewaltigung

1 Siehe Frank M. Buscher, Bestrafen und Erziehen, in: Frei (Hrsg.), Transnationale Vergangenheitspolitik, S. 94–139, insbes. S. 101 und S. 110 f.

2 Siehe Thomas Raithel, Die Strafanstalt Landsberg am Lech und der Spöttinger Friedhof (1944–1958). Eine Dokumentation, München 2009.

oder andere an der Zivilbevölkerung begangene unmenschliche Handlungen; Verfolgung aus politischen, rassischen oder religiösen Gründen, ohne Rücksicht darauf, ob sie das nationale Recht des Landes, in welchem die Handlung begangen worden ist, verletzen."[3] Das Gesetz enthielt mithin eine Reihe von Einzeltaten sowie als Auffangtatbestand die „Verfolgung aus politischen, rassischen oder religiösen Gründen". NS-Verbrechen konnten damit besser verfolgt werden als nach den herkömmlichen Strafgesetzen. Das Gesetz verlangte jedoch eine sorgfältige Auslegung der Auffangtatbestände. Die Briten gestatteten am 30. August 1946 die Anwendung des Gesetzes, wenn es um Verbrechen von Deutschen an Deutschen ging,[4] und so verfuhren auch die Franzosen. In der US-Zone wurden deutsche Gerichte für jedes Verfahren gesondert ermächtigt. In der sowjetisch besetzten Zone wurde die Anwendung von den damals noch bestehenden Ländern geregelt.[5]

Die Justiz in Westdeutschland lehnte das Kontrollratsgesetz (KRG) Nr. 10 offen ab, sodass es zunächst einfach nicht angewandt wurde. Und um das Rückwirkungsverbot in Hinblick auf das KRG Nr. 10 entbrannte ein heftiger Streit.[6] Gegenüber NS-Gesetzen hatten Richter und Staatsanwälte solche Bedenken nicht artikuliert, erst bei der Verfolgung von NS-Unrecht kamen ihnen plötzlich entsprechende Zweifel. Das änderte sich durch den 1948 errichteten Obersten Gerichtshof für die

3 Amtsblatt des Kontrollrats in Deutschland, S. 50.

4 Britische Militärregierungsverordnung Nr. 47, in: Amtsblatt der Militärregierung Deutschland, Britisches Kontrollgebiet 1946, S. 306.

5 Siehe Günther Wieland, Die Ahndung von NS-Verbrechen in Ostdeutschland 1945–1990, in: C.F. Rüter/Dick de Mildt (Bearb.), DDR-Justiz und NS-Verbrechen (DJuNSV), Registerband, Amsterdam 2002, S. 11–99, insbes. S. 18.

6 Zu den Vorgängen vgl. Martin Broszat, Siegerjustiz oder strafrechtliche „Selbstreinigung". Aspekte der Vergangenheitsbewältigung der deutschen Justiz während der Besatzungszeit 1945–1949, in: Vierteljahrshefte für Zeitgeschichte 29 (1981) 4, S. 477–544. Siehe auch: Lawrence Douglas, Was damals Recht war ... Nulla poena – und die strafrechtliche Verfolgung von Verbrechen gegen die Menschlichkeit im besetzten Deutschland, in: Priemel/Stiller (Hrsg.), NMT. Die Nürnberger Militärtribunale, S. 719–754.

britische Zone in Köln, dem kaum NS-Juristen angehörten;[7] er entwickelte eine konsequente Spruchpraxis.[8] 1951 wurde die Anwendung des KRG Nr. 10 aber auf Druck der Bundesregierung von den Alliierten beschränkt und 1955 aufgehoben.

Die Bundesrepublik trat selbst der Europäischen Menschenrechtskonvention 1952 nur unter dem Vorbehalt der Nicht-Anwendung internationalen Rechts gegen NS-Täter bei.[9] Bis heute ist Deutschland weltweit der einzige Staat, der das Völkerstrafrecht zur Ahndung von NS-Verbrechen nicht anerkennt. Damals war nichts so verhasst wie die NS-Strafverfolgung durch die Alliierten. Die Delegitimierung ihrer Prozesse diente auch dazu, die deutsche Strafverfolgung von NS-Verbrechen zu hintertreiben. 1949 und 1954 kamen Amnestien für NS-Täter hinzu. So wurde der ohnehin nur schwach ausgebildete Verfolgungswille der Justiz gegenüber NS-Tätern völlig gebrochen. In den 1950er-Jahren fanden dann kaum noch NS-Prozesse statt.[10]

Auch in der DDR endete 1955 die Anwendung des Kontrollratsgesetzes Nr. 10.[11] Juristische Kontroversen dazu hatte es hier jedoch nicht gegeben. Ab Anfang der 1950er-Jahren fanden zudem kaum noch NS-Prozesse statt – kam es doch dazu, wurde deutsches Strafrecht angewandt.[12] Die Einstellung der DDR-Bevölkerung dürfte sich kaum von derjenigen in Westdeutschland unterschieden haben, allerdings liegen

7 Zit. nach Broszat, Siegerjustiz, S. 529 f.

8 Gerhard Pauli, Ein hohes Gericht. Der Oberste Gerichtshof für die Britische Zone, in: Justizministerium NRW, 50 Jahre Justiz in NRW, Recklinghausen 1996, S. 65–79.

9 Die Anwendung von Art. 7 Abs. 2 EMRK („Nürnberg-Klausel"), die an das Kontrollratsgesetz Nr. 10 anschloss, war durch einen 1952 von der Bundesregierung erklärten Vorbehalt ausgeschlossen worden. Dies wurde erst nach Herstellung der deutschen Einheit mit Zustimmung des Bundesverfassungsgerichts faktisch aufgehoben.

10 Siehe Frei, Vergangenheitspolitik, S. 25–132.

11 Siehe Wieland, Die Ahndung, S. 71 f.

12 Siehe hierzu auch Wentker, Die juristische Ahndung, S. 60–78.

Meinungsumfragen nicht vor. Es gab in der DDR aber keine gegen die NS-Strafverfolgung gerichtete Agitation, die DDR feierte sich vielmehr lautstark als einzigen antifaschistischen deutschen Staat.

Beim Oberländer-Prozess zog das Oberste Gericht der DDR 1960 ohne Begründung plötzlich wieder Völkerstrafrecht heran. Offenbar folgte man damit lediglich einer politischen Vorgabe.[13] Im Globke-Verfahren erklärte das Oberste Gericht die Bestimmungen des Londoner Status zusammen mit deutschen Strafnormen für anwendbar. Denn dabei handelte es sich um „allgemein anerkanntes Völkerrecht", und daran habe Artikel 5 Abs. 1 der DDR-Verfassung alle Staatsgewalt gebunden.[14] Juristisch war und ist dagegen nichts einzuwenden, es entsprach der bis heute international üblichen Praxis.

Die DDR wandte fortan stets internationales Strafrecht bei NS-Prozessen an. Schon das galt in der Bundesrepublik als Nachweis für deren Rechtsstaatswidrigkeit. Angeblich konnten NS-Täter nur nach deutschem Strafrecht abgeurteilt werden. Denn das Reichsstrafgesetzbuch von 1871 habe die Systemwechsel von 1933 und 1945 völlig bruchlos überstanden. Das allerdings ist eine Fiktion. Denn das NS-Regime setzte das Strafrecht zum Beispiel außer Kraft, als es um den Judenmord ging. Nach der NS-Verfassungslehre war der „Führerwille" entscheidend.[15] So wurden die Morde nicht nur legalisiert, sondern entsprachen sogar der Staatsdoktrin. Doch die westdeutsche Justiz leugnete einfach die konstitutiven Systemwechsel der Jahre 1918, 1933 und 1945.

1958 folgte die Errichtung der Zentralen Stelle zur Aufklärung von NS-Verbrechen in Ludwigsburg. Dies geschah in einer Situation, als die Bundesrepublik international, auch infolge der Kampagnen der DDR,

13 Siehe Kapitel 3.1. in diesem Band.

14 Siehe Kapitel 5.1. in diesem Band. Vgl. auch Wieland, Die Ahndung, S. 72f. Wielands Ausführungen zur durch das Urteil gegen Horst Fischer 1966 angeblich erneut geänderten Rechtsauffassung des Obersten Gerichts sind allerdings nicht stichhaltig.

15 So Ernst Rudolf Huber, Verfassungsrecht des Großdeutschen Reiches, Hamburg 1938.

Abb. 19. Die Zentrale Stelle zur Aufklärung von NS-Verbrechen in Ludwigsburg, untergebracht in einem früheren Gefängnis, 2012

mehr und mehr unter Druck geriet, mit der Strafverfolgung von NS-Verbrechen endlich ernst zu machen. Zudem hatte 1958 der Ulmer Einsatzgruppen-Prozess gegen Mitglieder einer Einsatzgruppe, die 1941 im litauischen Grenzgebiet Tausende Juden und Kommunisten ermordet hatte, offenbart, welche Taten bislang ungeahndet und wie viele Täter gänzlich straffrei ausgegangen waren. Gegen eine umfassende Strafverfolgung sprachen aus Sicht der Bundesregierung die Vielzahl der potenziell Belasteten sowie die Stimmung in großen Teilen der Bevölkerung, die endlich einen Schlussstrich ziehen wollte.

Zwischen diesen konträren außen- und innenpolitischen Interessen lavierte die westdeutsche Politik. Die Zentrale Stelle bot einen Ausweg: Sie wurde als Vorermittlungsbehörde gegründet und nicht als Staatsanwaltschaft.[16] Damit galt das Legalitätsprinzip, also die Verpflichtung

16 Siehe Klaus Bästlein, Zeitgeist und Justiz. Die Strafverfolgung von NS-Verbrechen im deutsch-deutschen Vergleich und im historischen Verlauf, in: Zeitschrift für Geschichtswissenschaft 64 (2016), S. 5–28, hier S. 16f. Da-

etwa von Staatsanwaltschaft und Polizei, ein Ermittlungsverfahren zu eröffnen, wenn sie Kenntnis von einer (möglichen) Straftat erlangen, für sie nicht. Zugleich wurden von vornherein ganze Gruppen von der Strafverfolgung ausgenommen. Zuerst waren dies Verbrechen mit Tatorten in Deutschland, sodass noch ungeahndete NS-Verbrechen, die die in Westdeutschland ansässige Bevölkerung begangen hatte, in der Regel unaufgeklärt blieben. Dann wurde die Wehrmacht ausgeklammert. Und schließlich blieb die Gruppe der „kleinen Befehlsempfänger", die in „tragischer Verstrickung" und „Befehlsnotstand" gehandelt hatten, weitgehend verschont: Wer die Opfer zusammengetrieben, bewacht, zur Exekution geführt oder als Mitglied von Erschießungskommandos getötet hatte, sollte im Allgemeinen nicht angeklagt werden, es sei denn, er hatte im Exzess gehandelt. Festgeschrieben wurde dies in Verwaltungsvereinbarungen, Runderlassen und für verbindlich erklärten Rechtsauffassungen. Tatsächlich aber zeigten viele Verfahren eine Tatbeteiligung in „einverständlichem Eifer", der laut Bundesgerichtshof Täterschaft begründet. Hier griff nun das Außer-Kraft-Setzen des Legalitätsprinzips für die Zentrale Stelle.

So hoffte die westdeutsche Politik 1958, die nächsten Jahre zu überstehen. Denn sie ging davon aus, dass Totschlag 1960 und Mord 1965 verjähren würden. Als Letzteres nicht geschah und die Zentrale Stelle eine starke Eigendynamik entwickelte, kam 1968 eine kleine Gesetzesänderung, die mittels Verjährung eine weitere Tätergruppe de facto amnestierte: die Schreibtischtäter. Übrig blieb nur die Gruppe der mittleren Täter mit begrenzter eigener Befehlsgewalt. So war der Wirkungskreis der Zentralen Stelle insgesamt erheblich begrenzt. Sie sollte

gegen steht die Auftragsarbeit – die Autorin hat die Studie im Auftrag der „Forschungsstelle Ludwigsburg" der Universität Stuttgart verfasst – von Annette Weinke, Eine Gesellschaft ermittelt gegen sich selbst. Die Geschichte der Zentralen Stelle Ludwigsburg 1958–2008, Darmstadt 2008. Apologetisch unterlegt ist die am Institut für Zeitgeschichte entstandene Studie von Andreas Eichmüller, Keine Generalamnestie. Die Strafverfolgung von NS-Verbrechen in der frühen Bundesrepublik, München 2012.

für das Ausland die Ahndung von NS-Verbrechen in erster Linie simulieren.[17] Entscheidend dafür waren mehr oder weniger deutliche politische Vorgaben der Justizministerien auf Bundes- und Landesebene.

In der Praxis verfolgten die Staatsanwaltschaften vor Ort nur solche Verfahren weiter, die die Zentrale Stelle dorthin abgegeben hatte. Und die Justizminister und -senatoren konnten keine Staatsanwaltschaft, wohl aber die Verwaltungsbehörde in Ludwigsburg entsprechend anweisen – und kontrollierten damit die Strafverfolgung von NS-Verbrechen. Zudem war es für die Durchführung der Strafverfahren ausgesprochen hinderlich, dass von der Zentralen Stelle ermittelte Sachverhalte vor Ort nicht von Ermittlern aus Ludwigsburg zur Anklage gebracht werden konnten. Denn die lokalen Staatsanwälte mussten sich oft erst monate- oder jahrelang in die Materie einarbeiten, was sehr viel Zeit und Kraft kostete. Hinzu kam die unsäglich schlechte sachliche und vor allem personelle Ausstattung der Zentralen Stelle. Sie dokumentierte unübersehbar, was die bundesdeutsche Justizpolitik in Gestalt der zuständigen Minister und Senatoren von der Strafverfolgung von NS-Verbrechen hielt – nämlich gar nichts.[18]

Dem entspricht das katastrophale Ergebnis der Strafverfolgung von NS-Verbrechen, an denen nach seriösen Schätzungen über 300 000 Personen beteiligt waren. Gegen 172 000 ermittelte die Zentrale Stelle. Anklage wurde aber nur gegen rund 17 000 Personen, d. h. 10 Prozent, erhoben. Rechtskräftige Verurteilungen erfolgten gegen knapp 7000

17 Siehe ausführlich Bästlein, Zeitgeist und Justiz; Christiaan Frederik Rüter, Die strafrechtliche Aufarbeitung der NS-Verbrechen in der Bundesrepublik Deutschland und der DDR – eine Bilanz, in: Klaus Bästlein (Hrsg.), Die Einheit. Juristische Hintergründe und Probleme. Deutschland im Jahr 1990, Berlin 2011, S. 20–39.

18 Gerhard Pauli, Die Zentrale Stelle der Landesjustizverwaltungen zur Verfolgung nationalsozialistischer Gewaltverbrechen in Ludwigsburg – Entstehung und frühe Praxis, in: ders. (Red.), Die Zentralstellen zur Verfolgung nationalsozialistischer Gewaltverbrechen. Versuch einer Bilanz. Hrsg. vom Justizministerium des Landes NRW, Düsseldorf 2001, S. 45–62.

Personen. Die Höchststrafe wurde 182 Mal verhängt (166 Mal lebenslänglich und 16 Mal die Todesstrafe vor Inkrafttreten des Grundgesetzes).[19] Es ergingen 82 Freiheitsstrafen über zehn Jahre und 360 von fünf bis zehn Jahren. Die übrigen Angeklagten kamen mit weniger als fünf Jahren davon, die meisten mit unter einem Jahr. Angesichts der schwersten Verbrechen in der Menschheitsgeschichte ist diese Bilanz ein Skandal.[20]

Das internationale Strafrecht eignete sich weitaus besser für die NS-Ahndung.[21] Aber auch das deutsche Strafrecht hätte genügt – wäre es konsequent angewandt worden. Der Tatbestand der „Kriminellen Vereinigung“ (§ 129 StGB) fand sich bereits im Reichsstrafgesetzbuch und wies Ähnlichkeiten mit dem Tatbestand der „Verschwörung“ im angelsächsischen Recht auf. § 129 StGB wurde aber bei NS-Verbrechen nie angewandt. Gern wurde übersehen, dass bereits staatliche Verwaltungstätigkeit ein Verbrechen darstellen konnte, dass manches Ministerium eine kriminelle Vereinigung bildete, dass Teile der Wehrmacht Mörderbanden waren und dass die Deportation den Beginn des Judenmordes darstellte – und nicht nur „Freiheitsberaubung“. Dies alles führte zum Desaster der Strafverfolgung.[22]

Der Zentralen Stelle und den Staatsanwaltschaften wurde zunächst jahrelang verwehrt, überhaupt in den osteuropäischen Archiven zu arbeiten – und zwar von der Bundesregierung. Denn angeblich wäre dadurch der völkerrechtliche Status der Bundesrepublik infrage gestellt worden. Das war zwar blanker Unsinn, aber medial wirksam. Die Auswertung vieler wichtiger Unterlagen erfolgte schließlich erst ab der zweiten Hälfte

19 Angaben nach Andreas Eichmüller, Die Strafverfolgung von NS-Verbrechen durch westdeutsche Justizbehörden seit 1945. Eine Zahlenbilanz, in: Vierteljahrshefte für Zeitgeschichte 56 (2008) 4, S. 621–640.

20 So im Ergebnis auch Sven Felix Kellerhoff, Warum die Aufarbeitung des Holocaust scheiterte, in: Die Welt vom 6. 5. 2016.

21 So auch Jasch/Kaiser, Der Holocaust vor deutschen Gerichten, S. 92.

22 Siehe Bästlein, Zeitgeist und Justiz, S. 5–29.

der 1960er-Jahre,[23] was im günstigeren Fall die Verfahren unnötig in die Länge zog, im schlimmeren Fall aber gar Straffreiheit durch Zeitablauf bedeutete.

Die von Globke betriebene Renazifizierung wirkte. In den Strafverfahren kamen Täter der mittleren Ebene wegen tausendfachen Judenmords in der Regel mit Freiheitsstrafen unter fünf Jahren davon.[24] Die bundesdeutsche Politik und Justiz ließen nichts aus, um NS-Täter zu begünstigen. Von entscheidender Bedeutung war dabei, dass bis auf Hitler, Himmler, Göring und Heydrich alle Beteiligten nur als „Beihelfer“ des Judenmords galten. Das reduzierte den Strafrahmen auf bis zu drei Jahre. Als Täter oder Mittäter hätten sie dagegen wegen Mordes zu lebenslangem Zuchthaus verurteilt werden müssen. Infolge der Beihilfe-„Rechtsprechung“ in NS-Verfahren kamen Massenmörder mit geringen Freiheitsstrafen davon.

Die Prozesse selbst waren schwer durchführbar. Es mussten gerichtliche Voruntersuchungen erfolgen, die die Verfahren erheblich verzögerten. Nicht selten kamen vor Gericht wochenlang Dokumente zur Verlesung, denn noch gab es kein Selbstleseverfahren, und längere Unterbrechungen der Hauptverhandlung waren unmöglich, sodass Richter und Staatsanwälte oft völlig erschöpft waren. Doch der Gesetzgeber tat jahrzehntelang nichts, um dies zu ändern. Dagegen wurden im Jahr 1977 wegen des Links-Terrorismus sofort weitreichende Änderungen des Straf- und Strafprozessrechts beschlossen. Als sie sich selbst bedroht fühlte, erwies sich die politische Klasse der Bundesrepublik als handlungsfähig. Die quälenden NS-Prozesse interessierten sie dagegen wenig.

23 Siehe hierzu vor allem Marc von Miquel, Ahnden oder amnestieren? Westdeutsche Justiz und Vergangenheitspolitik in den sechziger Jahren, Göttingen 2004.

24 Zur Rechtspraxis siehe Kerstin Freudiger, Die juristische Aufarbeitung von NS-Verbrechen, Tübingen 2002.

Totschlag verjährte 1960. Ein Antrag der SPD zur Verlängerung der Verjährungsfrist scheiterte im Bundestag.[25] 1965 stimmte das Parlament der Verlängerung der Verjährungsfrist für Mord erst auf massiven Druck vor allem der USA zu. Die Debatten darüber waren keine Sternstunden des Parlaments, zu denen sie manche Politikwissenschaftler stilisiert haben.[26] Angesichts der NS-Verbrechen blieben die parlamentarischen Debatten nämlich eher auf mäßigem Niveau. Nur Adolf Arndts (SPD) „Schuldbekenntnis" von 1965 war eine Ausnahme.[27] Die schwersten Verbrechen der Menschheitsgeschichte lagen für den Bundestag damals viel weiter zurück als 50 Jahre später. Über das wirkliche Ausmaß des NS-Terrors wurde in Bonn nie gesprochen.

Die Angeklagten flüchteten sich notfalls in die „Verhandlungsunfähigkeit". Um die Verfahren loszuwerden, spielten Staatsanwaltschaften

25 Siehe ebenda. Die Verjährungsfrist für Mord wurde 1965 zunächst bis 1969 und dann 1969 bis 1979 verlängert. Anschließend erfolgte die Aufhebung, sodass Mord nicht mehr verjährt.

26 So Peter Reichel, Vergangenheitsbewältigung in Deutschland. Die Auseinandersetzung mit der NS-Diktatur von 1945 bis heute, München 2001.

27 Adolf Arndt, der selbst als „Halbjude" verfolgt worden war, erklärte am 10. März 1965 vor dem Bundestag: „Deshalb komme ich jetzt zu einem ganz persönlichen Bekenntnis, das ich Ihnen sage: Denn sehen Sie, ich bin nicht auf die Straße gegangen und habe geschrien, als ich sah, daß die Juden aus unserer Mitte lastkraftwagenweise abtransportiert wurden. Ich habe mir nicht den gelben Stern umgemacht und gesagt: Ich auch! Es hat eine Ausnahme gegeben. Das waren die Frauen von Berlin, die nichtjüdischen Frauen der jüdischen Männer, die bei einer Aktion in die Staatspolizei-Leitstelle Große Hamburger Straße gebracht wurden, wo [...] unverabredet alle diese Frauen erschienen, [...] in so großer Zahl, daß diese Frauen von Berlin ihre Männer tatsächlich herausgebracht haben. Aber ich weiß mich mit in der Schuld. Ich kann nicht sagen, daß ich genug getan hätte." Stenographische Berichte des Deutschen Bundestages, 4. Wahlperiode, 170. Sitzung, S. 8516–8571, Zitat S. 8522. Der Protest der Frauen ereignete sich tatsächlich in der Rosenstraße. Siehe Wolf Gruner, Widerstand in der Rosenstraße. Die Fabrik-Aktion und die Verfolgung der „Mischehen" 1943, Frankfurt a.M. 2005.

und Gerichte mit. Erging doch eine Freiheitsstrafe, hatten die Täter meist einige Monate durch die U-Haft verbüßt und saßen danach noch zehn oder achtzehn Monate ab. Dann kamen sie wegen „guter Führung" frei. Alle Theorien über den Zweck der Strafe versagten. Dorfgemeinschaften begrüßten die Entlassenen. Die Feuerwehrkapelle spielte auf, und der Bürgermeister sprach. Die Arbeitsplätze waren freigehalten worden. Die Resozialisierung der NS-Täter war perfekt. Sie waren nämlich integraler Bestandteil der Nachkriegsgesellschaft.[28]

Den Höhepunkt markierte der „Dreher-Dreh". Durch eine juristische Kettenreaktion führte der Strafrechts-Referent im Bundesjustizministerium Eduard Dreher 1968 die Verjährung der Taten der Schreibtischverbrecher herbei. Im Einführungsgesetz zum Ordnungswidrigkeitengesetz (!) hatte Dreher den doppelten Gehilfenvorsatzes versteckt, der Schreibtischtätern in aller Regel nicht nachzuweisen war. Für diesen Fall musste der Strafrahmen dann wie beim Versuch gemildert werden, sodass 1960 Verjährung eingetreten war.[29] Der Bundesgerichtshof bestätigte die geschickt getarnte Gesetzesänderung. Der Bundestag war übertölpelt worden, hätte aber sein eigenes Gesetz wieder aufheben können. Dann wäre wohl eine Entscheidung des Bundesverfassungsgerichts über die Frage des Eintritts der Verjährung von NS-Verbrechen gefolgt. Aber der Bundestag tat nichts. So platzten die in Berlin vorbereiteten Verfahren gegen die Schreibtischtäter aus dem

28 Vgl. hierzu Christina Ullrich, „Ich fühl' mich nicht als Mörder". Die Integration von NS-Tätern in die Nachkriegsgesellschaft, Darmstadt 2011. Zu einem Einzelfall siehe Klaus Bästlein, Friedrich Christiansen. Vom Friesenjungen auf Föhr zum Wehrmachtsbefehlshaber und NS-Täter in den Niederlanden und gefeierten Ehrenbürger in Schleswig-Holstein, in: Demokratische Geschichte. Jahrbuch für Schleswig-Holstein 27 (2016), S. 213–246.

29 Siehe Görtemaker/Safferling, Die Akte Rosenburg, S. 399–420; Hubert Rottleuthner, Hat Dreher gedreht? Über Unverständlichkeit, Unverständnis und Nichtverstehen in Gesetzgebung und Forschung, in: Rechtshistorisches Journal 20 (2001), S. 665–679.

Reichssicherheitshauptamt.[30] Sie hätten den Auschwitz-Prozess weithin in den Schatten gestellt.

Auch in der DDR deckten ganze Dörfer und Kleinstädte NS-Täter.[31] Sie konnten sich aber dort nicht öffentlich feiern. Die Strafverfolgung war intensiver.[32] So wurden in der DDR fast 14000 Personen angeklagt – pro Kopf der Bevölkerung nahezu drei Mal so viele wie im Westen. Es erfolgten knapp 10000 Verurteilungen – also mehr als vier Mal so viele wie im Westen. Die Strafen lagen höher: Es ergingen über 80 Todesurteile und über 120 lebenslange Freiheitsstrafen. 90 Prozent der Verurteilungen erfolgten bis 1951.[33] NS-Täter wurden im Osten also schneller und viel härter bestraft.

In den 1990er-Jahren stand die NS-Strafverfolgung vor ihrem Ende, weil es nur noch „kleine Befehlsempfänger" gab, die ja nicht verfolgt werden sollten. Es wäre klug gewesen, die Zentrale Stelle nun zu schließen und die Akten dem Bundesarchiv zu übergeben. Doch die Zentrale Stelle in Ludwigsburg bekam 2000 einen neuen Leiter. Und der brauchte zum 50-jährigen Jubiläum der Behörde 2008 einen neuen Prozess. So kam es zum Demjanjuk-Verfahren gegen einen ukrainischen SS-Hilfswilligen.[34]

30 Siehe Andreas Nachama (Hrsg.), Reichssicherheitshauptamt und Nachkriegsjustiz. Das Bovensiepen-Verfahren und die Deportationen der Juden aus Berlin, Berlin 2015.

31 NS-Prozesse waren in der DDR sogar derart unpopulär, dass sie von Richtern und Staatsanwälten vor Ort durch besondere Veranstaltungen vermittelt werden mussten. Siehe Bästlein, Zeitgeist und Justiz, S. 15.

32 Unzutreffend ist die Behauptung, dass die DDR gegen NS-Täter „kein einziges rechtsstaatliches Verfahren durchführte", so aber Kellerhoff, Warum die Aufarbeitung scheiterte. Tatsächlich wurden in Reha-Verfahren sogar 88 Prozent der DDR-Urteile gegen NS-Täter ausdrücklich bestätigt, siehe Bästlein, Zeitgeist und Justiz, insbes. S. 19f.

33 Zahlenangaben nach Wieland, Die Ahndung, S. 97–99. Die Waldheimer Verfahren im Jahr 1950 wurden hier als in jeder Hinsicht rechtsstaatswidrig aus der Statistik herausgerechnet.

34 Siehe Bästlein, Zeitgeist und Justiz, insbes. S. 23–26.

In diesem Verfahren war plötzlich juristisch alles ganz anders als in den Jahrzehnten zuvor. Das Landgericht München befasste sich gar nicht erst mit dem Sobibor-Urteil von 1966, aus dem hervorging, dass nicht alle SS-Hilfswilligen im Lager waren, sondern auch außerhalb mit jüdischen Arbeitskommandos frühere Ghettos schleiften. John (Iwan) Demjanjuk wurde keine einzige Mordtat nachgewiesen. Das hätte vor 2011 mit Sicherheit zum Freispruch geführt. Auch das Alter Demjanjuks fand – ganz anders als bei Engel – keine Berücksichtigung. Der Ukrainer erhielt fünf Jahre Freiheitsstrafe.[35] Er starb vor der Revisionsentscheidung des Bundesgerichtshofes. Das Urteil wurde also nicht rechtskräftig.

Obwohl kein rechtskräftiges Urteil vorlag, erfolgte 2014 eine aufsehenerregende bundesweite Polizeiaktion zur Verhaftung von 30 KZ-Aufsehern aus Auschwitz. Doch bis auf zwei gingen alle Verfahren fehl. Angeklagt wurde Oskar Gröning. Auch das Landgericht Lüneburg ignorierte die bisherige Rechtsprechung. In seinem äußerst knappen Urteil dehnte das Gericht die Beihilfe zum Mord aufgrund einer Entscheidung zum islamistischen Terror ins Uferlose aus. In der Revision stellte der 3. Strafsenat des BGH die bisherige Rechtspraxis auf den Kopf. Seither soll die bloße Anwesenheit in Auschwitz für eine Verurteilung ausreichend sein. Der subjektive Tatbestand – also die eigene Vorstellung von der Tat – wurde ignoriert.[36] Gröning hatte aber – auch als er noch als straflos galt – glaubhaft erklärt, er sei heilfroh gewesen, dass er nicht in das Mordgeschehen verwickelt worden war.

Der Prozess gegen Reinhold Hanning in Detmold wurde 2016 ähnlich schaubühnenartig inszeniert wie der gegen Gröning 2015. In beiden Fällen hörten die Gerichte zahlreiche Zeugen, die zum eigentlichen Tat-

35 Urteil des Landgerichts München II vom 12. Mai 2011 zum Aktenzeichen 1 Ks 115 Js 12496/08.

36 Zum Fall Gröning siehe Urteil des Landgerichts Lüneburg vom 15. 7. 2015 zum Az. 27 Ks 1191 Js 98402/13 (9/14) und Beschluss des BGH vom 20. September 2016 zum Az. 3 StR 49/16.

geschehen gar nichts aussagen konnten. Hanning wurde aber aufgrund von Dokumenten eine Tätigkeit an der Rampe in Auschwitz nachgewiesen. Das Landgericht Detmold ging noch einen Schritt weiter, indem es auch die Bewachung des Arbeitslagers Auschwitz-Monowitz als Beihilfe zum Mord qualifizierte.[37] Dazu äußerte sich der BGH nicht mehr, da Hanning vor der Entscheidung über die Revision verstarb.

Auf der 86. Konferenz der Justizministerinnen und Justizminister der Länder am 17. und 18. Juni 2015 in Stuttgart herrschte Einigkeit darüber, „dass die ‚Zentrale Stelle [...]' in Ludwigsburg in ihrer bisherigen Form weitergeführt wird, solange Strafverfolgungsaufgaben anfallen".[38] Die Ministerinnen und Minister konnten sich nicht dazu durchringen, reinen Tisch zu machen und das desaströse Scheitern der deutschen NS-Strafverfolgung einzugestehen. Auch das Kontrollratsgesetz Nr. 10, das die Strafverfolgung noch heute erleichtern würde, darf in der Bundesrepublik weiter nicht angewandt werden. Deutschland ist die einzige Nation, die die Anwendung von Völkerstrafrecht gegen NS-Täter nicht zulässt. Die Zentrale Stelle in Ludwigsburg soll einen in Wahrheit kaum vorhandenen Verfolgungswillen simulieren. Mit weiteren Prozessen ist aber wegen der Zeitläufte kaum mehr zu rechnen.

4.2. DDR-Propaganda: Das „Weltgericht" über Globke

Im Folgenden wird auf die ostdeutsche Propaganda aus Anlass des Prozesses vor dem Obersten Gericht der DDR vom 9. bis 23. Juli 1963 eingegangen. Dazu wird die Berichterstattung des „Neuen Deutschland" über den Prozess referiert, denn die Zeitung war als „Zentralorgan der

37 Zum Fall Hanning siehe Urteil des Landgerichts Detmold vom 17. Juni 2016 zum Az. 4 Ks 45 Js 3/13-9/15.

38 Beschluss der 86. Konferenz der Justizministerinnen und Justizminister der Länder vom 17. und 18. Juni 2015 in Stuttgart.

SED" das journalistische „Leitmedium" der DDR.[39] Was im „ND" stand, übernahmen auch die übrigen Zeitungen sowie der Rundfunk und das Fernsehen. Insoweit dokumentierte das Zentralorgan der SED die offizielle Propaganda.

Im Mittelpunkt der Berichte stand Anfang Juli 1963 der 70. Geburtstag Walter Ulbrichts. Am 1. Juli machte das „Neue Deutschland" mit der Schlagzeile auf: „Die Liebe unseres Volkes, die Freundschaft der Völker umgaben Walter Ulbricht". Es folgten Lobpreisungen des wohl unbeliebtesten deutschen Politikers des 20. Jahrhunderts.[40] Sogar Chruschtschow war zur Gratulation eigens nach Berlin gereist. Am 3. Juli 1963 wurde auf Seite 7 erstmals auf den bevorstehenden Prozess hingewiesen. Am Folgetag rückte das Ereignis auf Seite 2 vor: „Weltinteresse für Verfahren gegen Adenauers Staatssekretär Globke".

Am 6. Juli 1963 erschien ein Leitartikel von Albert Norden unter der Überschrift: „Vor dem Tribunal". Der SED-Propagandachef schrieb: „Der höchste Beamte der Bundesrepublik steht vor unserem Tribunal. Und aus den Akten gegen ihn quillt das Blut der Opfer." Die blutige Rhetorik durchzog alle Kampagnen, war aber hier besonders unangemessen. Norden fuhr fort: „Diesen Prozess [...] hätten eigentlich die Behörden der Bundesrepublik längst anstrengen müssen. Aber [...] wie sollten die Hitlerschen Blutrichter [...] ihren Anführer [...] aburteilen?" Die Behauptung, Globke sei der „Anführer" der West-Justiz, war unsinnig.

Norden schrieb weiter: „[Globke] bereitet die Regierungssitzungen vor. Er ist der Vorsitzende des Staatssekretär-Ausschusses für Sicherheitsfragen, der solche Aktionen wie den Überfall auf den ‚Spiegel' inszenierte.[41] Er ist der Kopf jener Schattenregierung der 25 Staatssekretäre, von

39 Siehe Burghard Ciesla/Dirk Külow, Zwischen den Zeilen. Geschichte der Zeitung „Neues Deutschland", Berlin 2009.

40 Zu Ulbricht siehe vor allem Norbert Podewin, Walter Ulbricht. Eine neue Biographie, Berlin 1999.

41 Gemeint war die Aktion von Justiz und Polizei gegen den „Spiegel" in Hamburg, bei der das Verlagsgebäude und die Redaktion über vier Wochen lang besetzt wurden, siehe Doerry/Janssen (Hrsg.), Die SPIEGEL-Affäre.

denen 15 mit Hakenkreuzbinde am Arm [...] groß wurden."[42] Selbstgerecht fuhr Norden fort: „Das Oberste Gericht der DDR wird im Namen des guten Deutschlands handeln, das die Vergangenheit bewältigt und überwunden hat." Die Richtung der Berichterstattung über den Globke-Prozess war damit vorgegeben.

Das „Neue Deutschland" schrieb noch am selben Tag über die Eröffnung einer Globke-Ausstellung mit dem Titel „Wir klagen an": „Schlaglichtartig, leicht übersichtlich, dokumentarisch belegt – so wird auf großen Tafeln ein Überblick über das umfangreiche Schuldkonto dieses Mannes gegeben. Von den Nürnberger Antijudengesetzen bis zu den juristischen Klauseln für die Annektion französischen Territoriums [während des Krieges]." Am 7. Juli 1963 wurden Biografien der Richter und Ankläger im Globke-Prozess referiert. Sie erschienen als antifaschistische Lichtgestalten.[43]

Am 8. Juli 1963 hieß es: „Die Welt blickt nach Berlin: [...] Das Verfahren wird als ‚Fortsetzung des Eichmann-Prozesses' betrachtet." Das war so anmaßend wie die Schlagzeile des „Neuen Deutschland" am Folgetag: „Im deutschen Staat des Friedens und des Rechts: Weltgericht über Globke". Es hieß: „Über 500 Beobachter und Gäste aus aller Welt nehmen an dem Prozeß teil." Die Hauptvorwürfe lauteten: Globke war 1. ein juristischer Wegbereiter der Hitlerdiktatur, 2. Autor und Kommentator der Rassengesetzgebung der Nazis und 3. der juristische Mitarbeiter an der „Germanisierungspolitik".

Der Lebenslauf Globkes wurde anhand seiner Personalakten geschildert. In Bonn hatte der Pressesprecher der Bundesregierung von Hase erklärt, Globke habe dem Naziregime „nach Kräften entgegengearbeitet und vielen Verfolgten entscheidende Hilfe geleistet". Dazu er-

42 Zur sogenannten Gewerkschaft der Staatssekretäre, die sich monatlich trafen, wobei Globke einen bestimmenden Einfluss ausübte, siehe Görtemaker/Safferling, Die Akte Rosenburg, S. 118–122. Zum Einfluss Globkes auf die Bonner Personalpolitik vgl. auch Bevers, Der Mann hinter Adenauer, S. 110–117.

43 Siehe Kapitel 5.2. in diesem Band.

Im deutschen Staat des Friedens und des Rechts:

Weltgericht über Globke

Oberstes Gericht der DDR tagt unter Vorsitz von Dr. Heinrich Toeplitz / Generalstaatsanwalt Streit klagt Adenauers Staatssekretär der Mitwirkung an der Vernichtung von Millionen an Sachverständige, Zeugen, Beobachter und Gäste aus 23 Ländern / Weltpresse anwesend

Von unseren Prozeßberichterstattern Klaus Haupt und Günter Fleischmann

Berlin. Die Welt blickt auf die Hauptstadt der Deut-chen Demokratischen Republik: Am Montagvormittag röffnete der Präsident des Obersten Gerichtes, Dr. Hein-ich Toeplitz, den Prozeß gegen den Bonner Staatssekretär lans Globke. Der Angeklagte, dessen Schuld in 4000 Do-umenten nachgewiesen wird, ist nicht erschienen. In fast vierstündiger Rede erhob Generalstaatsanwalt Josef Streit gegen Globke Anklage, von 1932 bis 1945 gemeinschaftlich mit anderen fortgesetzt handelnd Menschlichkeits- und Kriegsverbrechen begangen und dadurch an der Vernichtung ganzer Völkergruppen und von Millionen Menschen mitgewirkt zu haben.

Das Interesse der Welt an dem Prozeß :t stark. Beobachter, Sachverständige, ournalisten und Gäste aus 23 Ländern efinden sich unter den 500 Teilnehmern es Prozesses. Mit ihnen hört die Welt, 'essen der wichtigste Staatssekretär der undesregierung beschuldigt wird:

• Globke war einer der juristischen Wegbereiter der Hitlerdiktatur. Mit em von ihm ausgearbeiteten „preu-ischen Ermächtigungsgesetz" von 1933 'urden die demokratischen Einrichtungen n ganzen Lande zerstört. Die Gesetz-ebung ging an Görings Exekutive über. n „Staatsratsgesetz" führte Globke die ischistische Diktatur ins Staatsrecht ein.

• Globke war Autor und Kommentator der unter dem Namen „Nürnberger esetze" bekannten Rassengesetzgebung er Nazis. Diese Gesetze und ihre Durch-ihrungsverordnungen waren die von lobke geschaffene juristische Grundlage ir die faschistischen Maßnahmen gegen e Juden — von der Diskriminierung oer die Beraubung bis zur Vernichtung.

• Globke war der juristische Wegbereiter der faschistischen „Germanisie-ungspolitik", von der Okkupation Öster-ichs angefangen bis zur Tötung von Mil-onen sowjetischer und polnischer Men-hen und zur geplanten Versklavung rankreichs.

Die Welt ist vertreten

Außer den bereits gestern genannten rozeßteilnehmern sind weitere promi-ente Persönlichkeiten in der Hauptstadt er DDR eingetroffen. Von den Juristen, e ebenfalls am Prozeß teilnehmen, ka-en aus Frankreich: Rechtsanwalt Joe ordmann, Anwalt am Appellations-richtshof, Anwalt Douchet, Gonzales de Gaspard, Anwalt am Appellationsgerichtshof, sowie Professor Lavergne, Professor Ducreux vom Institut für Angewandtes Recht und Prof. Boulier, Präsident der Internationalen Kommission Demokratischer Juristen zur Untersuchung der Wiederverwendung von Nazijuristen in der Bundesrepublik. Weiterer Gast aus Frankreich ist der Rechtsanwalt Prof. Michael Kaganski. Aus den Niederlanden: Professor Dr. Willem Nagel, Professor für Strafrechtssachen an der Universität Leiden. Aus Israel: Rechtsanwalt Michael Landau, der bereits am Eichmann-Prozeß teilnahm. Aus der ČSSR: Professor Dr. Jaroslav Martinic, Rektor der Hochschule für Ausländische Studenten. Aus Großbritannien: Kronanwalt Pritt. Aus Ungarn: Der Präsident des Obersten Gerichts der Volksrepublik Ungarn, Sallai, Dr. Janos Götz, Hauptstaatsanwalt von Budapest. Aus Norwegen: Sigurd Mortensen, Leiter der Statistischen Verwaltung in Oslo, Leif Michelsen, Rechtsanwalt. Aus Brasilien: Dr. Alfredo Tranjan, Rechtsanwalt und Abgeordneter, Anesio Frota Aguiar, Rechtsanwalt und Abgeordneter. Aus Dänemark: Carl Marins Madsen, Rechtsanwalt, Herluf Rasmussen, Vizepräsident des Folketing. Aus Volkspolen: Prof. Dr. Karl Pospieszalski, Professor an der Universität Poznań. Aus Belgien: Edith Buch, Rechtsanwalt.

Als Vertreter nationaler und internationaler Organisationen der Widerstandskämpfer und Friedenskämpfer sind weiter erschienen: Die Vertreterin der amerikanischen Friedensbewegung Eslanda Robeson; der Generalsekretär der FIR, Jean Toujas; Hendrik van Welgen, Mitglied des Hauptvorstandes des Verbandes der Widerstandskämpfer in Holland; Patriarch Novack, Mitglied des Präsidiums des tschechoslowakischen Friedenskomitees.

Weitere Gäste sind: Der Vertreter des Weltgewerkschaftsbundes Yusho Komoro; der Attaché des Ministeriums für Auswärtige Angelegenheiten der UdSSR, Juri Kysminych; Albert Tinden, Generalrat vom Kreis Saint Jussien.

Unter den deutschen Prozeßbeobachtern befinden sich: die Stellvertreter des Vorsitzenden des Staatsrates Volkskammerpräsident Prof. Dr. Johannes Dieckmann und Gerald Götting; der Minister der Justiz, Dr. Hilde Benjamin, und Landesrabbiner Dr. Martin Riesenburger.

Auslandspresse berichtet

Berlin (ND/ADN). Bereits kurz nach Beginn des Globke-Prozesses gaben große ausländische Presseagenturen ihre ersten Berichte. Der Berliner Reuter-Korrespondent nennt in seinem Bericht den Angeklagten „die rechte Hand Dr. Konrad Adenauers". Auch die amerikanische Agentur UPI bezeichnet Globke als die „rechte Hand Adenauers", die französische Agentur AFP als einen engen Mitarbeiter des Bonner Kanzlers. Die westdeutsche Nachrichtenagentur DPA weist in diesem Zusammenhang auf den Oberländer-Prozeß vor dem Obersten Gericht der DDR hin. Das spätere Ausscheiden des Massenmörders aus der Bonner Regierung sei als „Erfolg dieses Prozesses" gewertet worden. UPI und AFP heben hervor, daß die Anklage unter anderem auf der Grundlage des Artikels 6 des Statuts des Nürnberger Internationalen Militärtribunals erfolgt. (Siehe auch S. 2 und 5)

›b. 20. Aufmacher des „Neuen Deutschland" vom 9. Juli 1962

klärte der Berliner Propst Grüber, der tatsächlich viele Juden gerettet hatte: „Ausgemachter Quatsch".[44] Eine Sonderseite unter der Überschrift „Die Blutspur des Massenmörders" brachte Auszüge der Anklageschrift. Am 10. Juli 1963 hieß es auf die Titelseite: „Zweiter Tag des Weltgerichts über Wegbereiter Eichmanns". Globke war demnach nun sogar der „Wegbereiter" Eichmanns.

Vertreter aus Israel und Frankreich traten im Prozess als „gesellschaftliche Ankläger" auf. Die Echtheit der Beurteilung Globkes durch Frick wurde bestätigt.[45] Am 11. Juli 1963 hieß es im Zentralorgan der SED erneut: „Globke-Prozess ist die Fortsetzung des Eichmann-Prozesses". Das war schon deshalb falsch, weil es sich bei Israel um einen Rechtsstaat handelte – die DDR wollte das aber nicht einmal sein. Zehn Zeugen berichteten in ihren Vernehmungen vor Gericht detailliert, dass Globke Anträge für Eheschließungen und Adoptionen von Juden als Ministerialbeamter stets abgewiesen hatte.

Aus der „Süddeutschen Zeitung" wurde zitiert: „Wenn irgendetwas in dieser Sache der Bundesrepublik, ihrem Ansehen, ihrer Glaubwürdigkeit geschadet hat, so doch wohl, dass Globke allen Warnungen zum Trotz auf seinem Posten gehalten wurde." Das SED-Zentralorgan erklärte, Eichmann sei ein „Handlanger" Globkes gewesen, und am 12. Juli 1963 hieß es: „Menschliches Leid zeugt gegen Globke." Die Quintessenz

44 Heinrich Grüber (1891–1975) gehörte der „Bekennenden Kirche" an. 1938 gründete er das „Büro Gruber", das über 1000 verfolgten Christen jüdischer Herkunft zur Auswanderung verhalf. Er hatte auch direkten Kontakt zu Eichmann. Wegen seines Einsatzes wurde er Ende 1940 verhaftet und kam 1941 ins KZ Dachau. 1943 wurde er entlassen. 1945 wurde Grüber Propst der Berliner Marienkirche. Siehe Hans-Rainer Sandvoß, Widerstand in Friedrichshain und Lichtenberg, hrsg. von der Gedenkstätte Deutscher Widerstand, Berlin 1998, S. 241–251.

45 Die Beurteilung Fricks findet sich in einem Beförderungsvorschlag vom 25. April 1938, die im Faksimile wiedergegeben ist in: Ausschuss für Deutsche Einheit, Globke und die Ausrottung der Juden. In dem Vorschlag war inhaltlich die Behauptung unzutreffend, dass Globke an den Nürnberger Rassegesetzen von 1935 mitgewirkt hatte. Siehe S. 11 f. im Kapitel 1.1. dieses Bandes.

lautete: „Globkes Gesetze führten in Eichmanns Todeslager.“ Am 13. Juli war zu lesen: „Globke befahl kaltblütig die Ermordung von Soldaten der Anti-Hitlerkoalition.“ Das bezog sich auf britische Soldaten tschechischer Nationalität und deren Erschießung wegen „Landesverrats“.

Unter der Schlagzeile „Globke tritt für Judenmörder ein“ hieß es am 13. Juli: „Der Bonner Staatssekretär [...] ist am Freitag [...] in Wuppertal demonstrativ als Entlastungszeuge für vier SS-Banditen aufgetreten.“ Sie hätten „als Angehörige eines Einsatzkommandos in der Sowjetunion mehrere Tausend Juden ermordet“.[46] Globke unterstützte angeblich ihre Berufung auf den „Befehlsnotstand“.[47] Am 14. Juli 1963 lautete der Aufmacher: „Globke – Hitlers Bevollmächtigter bei Judenvernichtung [sic!]“. Ein litauischer Ex-Minister hatte ausgesagt, dass Globke im Juli 1939 bei der „Rückführung des Memelgebietes“ die Einführung der NS-Rassegesetze verlangte.

Unter der Schlagzeile „Erschossen, erschlagen, verbrannt, sterilisiert“ wurde über Mordaktionen berichtet. „Globke ist einer der Haupttäter“ hieß es am 15. Juli. Der polnische Vizepräsident Jan Izydorczyk hatte erklärt: „Polen sollte ausgerottet werden.“ Das Land verlor mit sechs Millionen Menschen 22 Prozent der Bevölkerung. Der niederländische Rechtsprofessor Willem Nagel konstatierte, das Beweismaterial sei für Globke und die Bonner Regierung vernichtend.[48] Am 16. Juli 1963

46 Das Urteil aus diesem Verfahren findet sich in: JuNSV Nr. 606, Bd. XXII, S. 501–542 (Urteile des LG Wuppertal vom 30.5.1965 und 24.5.1967).

47 Angeklagte in NS-Prozessen beriefen sich immer wieder auf einen „Befehlsnotstand“. Der lag nach § 47 Militärstrafgesetzbuch vor, wenn ein Strafgesetz auf Befehl verletzt wurde. War dem Betroffenen die Gesetzesverletzung klar, wurde er nur wegen Beihilfe verfolgt. Andernfalls konnte ein Befehl zu Straffreiheit führen. Ein strafbefreiender Notstand lag aber fast nie vor. Mithin blieben die Angeklagten auch nur selten straffrei.

48 Willem Hendrik Nagel (1910–1983) war im Widerstand gegen die deutsche Besatzung aktiv und gehörte von 1945 bis 1949 dem Gerichtshof zur Verfolgung der Verbrechen unter der Besatzung in Leeuwarden an. 1953 wurde er Professor für Strafrecht-, Strafprozessrecht und Kriminologie in Leiden. 1959 erhielt er auch die Lehrbefugnis für Soziologie. Im Mittelpunkt seiner

Abb. 21. Globke-Prozess am 12. Juli 1963: Vernehmung des Zeugen Gustav Kopal aus der ČSSR, rechts der Dolmetscher

machte das Blatt mit Ulbrichts „Neuem ökonomischen System der Planung und Leitung (NÖSPL)" auf. Dazu gab es zahlreiche Sonderseiten.[49] Am Rande wurde vermerkt: „Der Minister der Justiz, Dr. Hilde Benjamin, empfing [...] im Gästehaus der Regierung zahlreiche namhafte Juristen aus verschiedenen Ländern, die aus Anlaß des Globke-Prozesses in Berlin weilen."

Arbeit stand der Strafvollzug. Er unterrichtete bis 1976 und trat auch literarisch hervor. Nagel stand der sozialdemokratischen Partei nahe. Siehe Th. W. van Veen in: Biografisch Woordenboek van Nederland, Den Haag 1994, Bd. 4.

49 Das NÖSPL (Neues Ökonomisches System der Planung und Lenkung) war eine modifizierte Form der Planwirtschaft, das mit einer stärker dezentralen Ausrichtung sowie realen Leistungsanreizen marktwirtschaftliche Elemente aufnahm. Es wurde 1963 von Ulbricht gegen erhebliche Widerstände von SED-Funktionären eingeführt, musste aber 1967 wieder aufgegeben werden, weil es auch in Moskau auf Ablehnung gestoßen war. Siehe Wirtschaft: Nöspl hilf, in: Der Spiegel, Nr. 9 vom 26. 2. 1964, S. 34–36.

Die Aussage von Daniel Kloski wurde ausnahmsweise genau wiedergegeben: „Als der Krieg begann, war ich mit meinen Eltern in Grodno. [...] Wir [...] mußten gelbe Sterne tragen. Im November 1941 wurde die Bevölkerung im Ghetto eingeschlossen. [...] Ende 1942 begann die Vernichtung [...] Zu Beginn wurden als Einschüchterung fünf Menschen in der Hauptstraße des Ghettos erhängt. [...] Darunter war ein junges Mädchen. Sie mußte drei Tage hängenbleiben [...] Im März 1943 wurden wir ins Ghetto Bialystok gebracht, vermutlich, weil die Gaskammern von Treblinka überfüllt waren. Am 16. August wurde befohlen, mit kleinem Gepäck anzutreten. Das bedeutete Vernichtung."

Auf Nachfrage erklärte Klowski: „Damals war ich 13 Jahre alt. [...] Die Faschisten schossen über uns hinweg. Darunter waren Wehrmachtseinheiten. 150 Handwerker wurden eines Tages ausgesondert, darunter auch mein Vater. Die Mutter sagte: Bleibe beim Vater, vielleicht bleibst Du am Leben. Das war der letzte Tag, an dem ich Mutter, Schwester und die jüngeren Brüder sah. [...] Wahrscheinlich wurden sie in Majdanek ermordet." Die Wiedergabe dieser konkreten und nachvollziehbaren Aussage blieb eine Ausnahme in den Berichten des „Neuen Deutschland ".

Am 17. Juli hieß 1963 es in einem Kommentar: „[...] mit der Legende vom ‚heimlichen Widerstandskämpfer' [wurde] aufgeräumt. So hatte Globke es erdichtet: Er sei in Wirklichkeit nicht Nazi und Rassist gewesen, sondern habe ‚im Stillen vielen geholfen'. Vor Gericht indes hat das nicht einer bestätigen können [...]." Das traf durchaus zu. Auch die Exkulpationsbemühungen Adenauers und von Teilen der katholischen Kirche bis hin zu einer angeblichen Beteiligung am 20. Juli 1944 wurden widerlegt.[50] Zur Globke-Ausstellung hieß es: 13 000 Besucher sahen die Exponate. Die Wort- und Bilddokumente liegen „gegenwärtig dem Obersten Gericht der DDR als Beweismaterial" vor.

Am 19. Juli 1963 berichtete das „Neue Deutschland" über eine Anfrage zum Globke-Prozess des Labour-Abgeordneten Arthur Lewis im britischen Unterhaus. Mit Genugtuung wurde der SPD-nahe Berliner

50 Vgl. Bevers, Der Mann hinter Adenauer, S. 66–84.

Abb. 22. Globke-Prozess am 19. Juli 1963: Plädoyer von Generalstaatsanwalt Josef Streit

„Telegraph" zitiert: „Seit über 13 Jahren gellen dem Bundeskanzler die Ohren, er möge sich von seiner grauen (oder braunen) Eminenz trennen. Aber niemand vermag etwas gegen den unerklärlichen Starrsinn des ‚Alten' ausrichten. Stets hält er seine schützende Hand über diesen dunklen Fleck unserer Demokratie."

Der Aufmacher des „Neuen Deutschland" am 20. Juli lautete: „Generalstaatsanwalt der DDR […] beantragt im Namen der Welt: Lebenslanges Zuchthaus für Judenmörder Globke." Mit Foto wurde über Streits „leidenschaftliches und tiefgründiges" Plädoyer berichtet. Das DDR-Fernsehen strahlte den DEFA-Dokumentarfilm „Globke heute" aus. Der Film war am Ende der Beweisaufnahme dem Gericht gezeigt worden. Tags darauf wurde – wieder mit Foto – über die Plädoyers der Verteidigung referiert. Rechtsanwalt Wolf erklärte: Es „müssen auch alle Entlastungsmomente berücksichtigt werden. Hier ist niemand vogelfrei, hier wird keine Rache, kein Terror ausgeübt, sondern Recht gesprochen.“ Er kritisierte weitreichende Schlüsse der Anklage. Wolff beantragte, Globke nur „wegen Beihilfe zu verurteilen und auf eine zeitige Zuchthausstrafe zu erkennen“.[51]

Am 24. Juli 1963 folgte das Urteil. Das „Neue Deutschland“ machte auf der Titelseite mit der Schlagzeile auf: „Das Oberste Gericht der DDR fällte das Urteil über Globke: Lebenslänglich“, illustriert mit einem Bild von Präsident Toeplitz bei der Urteilsverkündung. Der Verhandlungssaal war wieder bis auf den letzten Platz besetzt. Zu den Anwesenden zählten Minister der Justiz Hilde Benjamin und Landesrabbiner Martin Riesenburger.[52] Die Urteilsbegründung zog sich stundenlang hin. Auszüge fanden sich auf einer Sonderseite.

Auf der Sonderseite mit den Urteilsgründen wurde zudem ein Bericht der westdeutschen Illustrierten „Revue“ als Faksimile wiedergegeben. Dort hieß es: „Der einflußreichste Beamte der Bundesrepublik ist […] Globke. Durch seine Hände geht, was vom Kanzler kommt und was für den Kanzler bestimmt ist: Personalakten, Nachrichten der Geheimdienste, Gesetzesentwürfe. Einst katholischer Couleurstudent, hat Globke im Hitlerstaat die schändlichen Nürnberger Rassegesetze für die Rechtsprechung erläutert.“

51 Vgl. auch Wolff, Verlorene Prozesse, S. 74 f.

52 Martin Riesenburger (1896–1965) war vor 1933 Kantor und Religionslehrer und ab 1933 Prediger und Seelsorger im Jüdischen Altersheim in Berlin. Daneben besuchte er ein Rabbinerseminar und betreute bis zu sieben Gemeinden. Ab 1943 war er Bestatter auf dem Jüdischen Friedhof in Weißensee. Nach 1945 baute er die Gemeinde wieder auf und rückte 1953 im Osten an deren Spitze. Gegenüber der DDR verhielt er sich absolut loyal; das galt auch für das MfS. 1961 wurde er Landesrabbiner, siehe Karin Hartewig, Riesenburger, Martin, in: Neue Deutsche Biographie, Bd. 23, Berlin 2003, S. 607 f.

Am 25. Juli 1963 publizierte das SED-Zentralorgan den Kommentar „Das Urteil“, der die DDR-Propaganda zum Globke-Prozess noch einmal zusammenfasste: „Adenauers rechte Hand ist rechtskräftig ein Zuchthäusler. [...] Hier [...] fanden [...] Nürnberg und Jerusalem ihre Fortsetzung. Alle Versuche [...], das Weltgericht [...] als ‚Schauprozeß‘ zu verleumden, scheiterten. [...] Eichmann und Globke, das sind [...] siamesische Zwillinge. [...] Das neue, das gute Deutschland liegt zwischen Elbe und Oder. Es ist das Deutschland entschiedener Antifaschisten, ein Staat des Friedens und des Sozialismus.“

Am selben Tag erschien auch die letzte Meldung zum Prozess im „Neuen Deutschland“. Da hieß es: „Der Bonner Pressechef von Hase wiederholte die dummdreiste Lüge, westdeutsche Gerichte hätten alle [...] vorgebrachten Beschuldigungen geprüft und festgestellt, ‚daß in keinem einzigen Fall Anlaß bestehe, ein gerichtliches Verfahren einzuleiten‘.“ Die Reaktion des Bonner Pressesprechers sprach für sich. Die Bundesregierung hielt an ihrer Ignoranz gegenüber der Beteiligung ihres höchsten Beamten an NS-Verbrechen fest.

Die „Berichterstattung“ des „Neuen Deutschland“ setzte vor allem auf Propaganda. Sie folgte der vom Agitator Norden vorgegebenen Linie. Die massive Vorverurteilung Globkes in den DDR-Medien erinnerte an frühere Schauprozesse. Vor allem aber trat das historische Geschehen hinter die stets gleichen Floskeln vom „Weltgericht“, der Zuarbeit Eichmanns für Globke, von Adenauers rechter Hand und dem „guten Deutschland“ zwischen Elbe und Oder zurück. Einzige Ausnahme blieb die Wiedergabe der Aussage Daniel Klowskis. Sie zeigte, was an Berichterstattung tatsächlich möglich gewesen wäre.

Das dokumentiert auch ein Bericht des mit der Vorbereitung des Globke-Verfahrens befassten DDR-Staatsanwalts Carlos Foth. Er beschrieb, was im Prozess alles zur Sprache kam, aber in der Berichterstattung des „Neuen Deutschland“ fehlte.[53] Die Propaganda erschlug die

53 Siehe Foth, Die Nürnberger Gesetze, S. 62–68.

wichtigen Aussagen Betroffener während des Prozesses. Der Fall Globke war ein Lehrstück, wurde aber zum Vehikel einer überzogenen Agitation. Deren Unwahrheit war leicht durchschaubar – in Ost und West. So blieben die Wirkungen sehr beschränkt.

Der Prozess hatte noch ein literarisches und filmisches Nachspiel. So erschien 1969 der Roman „Die Bilder des Zeugen Schattmann" von Peter Edel (ursprünglich: Peter Hirschweh), der den NS-Terror als Jude in verschiedenen Konzentrationslagern überlebt hatte. Er war Zeuge beim Globke-Prozess und arbeitete als freier Schriftsteller in der DDR.[54] 1972 verfilmte die DEFA den Roman als vierteilige Serie für das DDR-Fernsehen. Die erste Szene zeigte das Fahndungsplakat zu Globke an einer Litfaßsäule. Als Rahmenhandlung machte der Zeuge Schattmann im originalen Verhandlungssaal des Globke-Prozesses seine Aussage. In Episoden wurde das Schicksal einer Gemeinschaft Berliner Juden ab 1942 dokumentiert. Die Szenen waren zunächst sehr authentisch und historisch genauer als in der US-Serie „Holocaust" von 1978, doch das verflüchtigte sich. Insbesondere die weitere Verfolgung und das Mordgeschehen wurden in der Serie „Holocaust" weitaus treffender und packender geschildert.[55] Regisseur war Kurt Jung-Alsen (1915–1976), der auch das Drehbuch verfasst

54 Peter Edel, 1921 geboren, musste 1938 als Jude das Gymnasium verlassen und absolvierte eine Ausbildung zum Grafiker. 1940 als Zwangsarbeiter rekrutiert, leistete Edel aktiven Widerstand und wurde 1943 nach Auschwitz deportiert. Anfang 1944 kam er in das KZ Sachsenhausen, wo er dem „Fälscherkommando" zugeteilt wurde, und 1945 nach Mauthausen. Edel kehrte zurück, wurde SED-Mitglied und Kulturredakteur. Ab 1964 war er freier Schriftsteller. Seit 1978 gehörte er dem Vorstand des Schriftstellerverbandes an – und berichtete seither als „informeller Mitarbeiter" der Stasi. Er starb 1983. Angaben nach: Helmut Müller-Enbergs u. a. (Hrsg.), Wer war wer in der DDR? Ein Lexikon ostdeutscher Biographien, Bd. 1: A–L, 5. Aufl., Berlin 2010.

55 Zum Film siehe den Wikipedia-Eintrag „Die Bilder des Zeugen Schattmann", https://de.wikipedia.org/wiki/Die_Bilder_des_Zeugen-Schattmann [30. 11. 2017]. Der Film ist als Video im Handel erhältlich.

hatte, er gehörte zur zweiten Generation von DEFA-Regisseuren.[56] Unter den Mitwirkenden waren bekannte DDR-Schauspieler.[57] Der Film verzichtete auf die penetrante Propaganda zum Globke-Prozess, folgte aber der DDR-Geschichtsinterpretation. So bekannte der „bürgerliche" Medizinalrat Marcus am Abend vor seiner Deportation, Marx und Engels zwar gelesen, jedoch nicht die richtigen Schlüsse daraus gezogen zu haben. Widerstand erfolgte „selbstverständlich" unter Anleitung der Kommunisten, die Vernichtung der Juden wurde nicht als zentrales Ziel des NS-Terrors dargestellt.

4.3. Die Reaktionen auf den Globke-Prozess im Westen

Die Berichterstattung über das Globke-Verfahren in den westdeutschen Medien war vom Ost-West-Gegensatz geprägt. Das galt auch für den Rundfunk und besonders die West-Berliner Presse. Der „Tagesspiegel" brachte zwei Tage vor Prozessbeginn eine Meldung unter der Überschrift „Pankower Propagandaprozess". Die Bundesregierung habe sich hinter Globke gestellt, ihr Pressesprecher von Hase werde eine entsprechende Erklärung abgeben: „Die Anschuldigungen seien bereits von deutschen [gemeint: bundesdeutschen] Gerichten und Staatsanwaltschaften geprüft worden und hätten sich dabei als völlig unzutreffend erwiesen."[58] Doch das entsprach nicht den Tatsachen. Denn es hatte im Westen ja gerade keine gerichtliche Untersuchung gegen Globke stattgefunden, und das Ermittlungsverfahren Fritz Bauers war nach Bonn abgegeben und eingestellt worden. Die Bonner Staatsanwaltschaft hatte sich damals den Ruf erworben, der Bundesregierung nach Möglichkeit

56 Zu Kurt Jung-Alsen siehe die „Film-Zeit"-Biografie, http://www.film-zeit.de/Person/736/Kurt-JungAlsen/ [8.8.2018].

57 Mit Gunther Schoß als Hauptdarsteller. In weiteren Rollen: Martin Flörchinger, Walter Jupé, Helga Göring, Annekathrin Bürger.

58 Der Tagesspiegel vom 7. Juli 1963.

entgegenzukommen, von 1968 bis 1974 leitete sie sogar ein früherer NS-Führungsoffizier. Derselbe Werner Pfromm verhinderte als Kölner Generalstaatsanwalt nach dem Lischka-Prozess 1979/80[59] die Anklage gegen Hunderte in Frankreich abgeurteilter NS-Täter.[60] Die Behauptung, es sei gerichtlich festgestellt, dass gegen Globke nichts vorliege, war also falsch.

Vom ersten Prozesstag in Ost-Berlin berichtete Reporter Wolfgang Jäger im NDR: „Ankläger Streit [...] bemühte sich [...], dem abwesenden Angeklagten die Schuld oder zumindest die Mitschuld an den zahllosen, von den Nationalsozialisten begangenen Verbrechen zur Last zu legen."[61] Und auch die „Süddeutsche Zeitung" widmete sich unter der Schlagzeile „Ostberliner Schauprozess gegen Globke" der Anklage: „Mit monotoner Stimme verlas Generalstaatsanwalt Streit, gelernter Buchdrucker, Altkommunist und KZ-Häftling, die trocken formulierte Anklageschrift. Aus zahlreichen, genau zitierten Gesetzen, Anordnungen oder Richtlinien [...] zog der Generalstaatsanwalt immer wieder den Schluß, der Angeklagte sei [...] am Völkermord beteiligt gewesen."[62] Das

59 Am 29. Januar 1980 hatte das Kölner Landgericht Kurt Lischka, 1940 für kurze Zeit Gestapochef in Köln und danach in Frankreich Kommandeur der Sicherheitspolizei und des Sicherheitsdienstes der SS sowie Polizeichef von Paris, Herbert Hagen, unmittelbarer Vorgesetzter Adolf Eichmanns, ab 1940 Kommandeur der Sicherheitspolizei und des SD in Bordeaux, sowie Ernst Heinrichsohn, in Paris als Adjutant Lischkas mit Judendeportationen beschäftigt, wegen der Deportation von 75 000 Juden aus Frankreich in die nationalsozialistischen Vernichtungslager zu mehrjährigen Haftstrafen verurteilt.

60 Siehe Barbara Siebert, Ermittlungen gezielt ins Leere geleitet, in: die tageszeitung, 21. April 1998. Zu den Frankreich-Verfahren siehe Bernhard Brunner, Der Frankreich-Komplex. Die nationalsozialistischen Verbrechen in Frankreich und die Justiz der Bundesrepublik Deutschland, Göttingen 2004.

61 Zit. nach Mitschrift der Staatlichen Rundfunkkommission der DDR von der NDR-Sendung „Blickpunkt Berlin" vom 8. Juli 1963, 18.30 Uhr, BStU, MfS, HA IX/11, ZUV Nr. 83, Nr. 22628, Bl. 239.

62 Zit. nach Süddeutsche Zeitung vom 9. Juli 1963.

Fernsehen der DDR übertrug alles live, die „Frankfurter Allgemeine Zeitung“ brachte einen längeren Beitrag. Der „Tagesspiegel“ schrieb unter Hinweis auf Oberländer von einem „Schauprozeß vor leerer Anklagebank“.[63] Die B. Z. titelte im Boulevard-Stil: „Nicht Globke – uns wollen sie treffen!“ Es hieß: „In aller Welt soll sich die Pankower These, diese faustdicke Lüge durchsetzen: Weil in Bonn ein Globke in Amt und Würden sitzt, ist die Bundesrepublik [...] ein Dorado für Nazis [...]. Jedes Kind weiß, daß diese These Unsinn ist. Aber: [...] Da klammert sich der Kanzler an einen Mann, der die nationalsozialistischen Judengesetze kommentiert hat. [...] Für uns ist er untragbar, ist eine Belastung. Denn er hat sich mitschuldig gemacht.“[64]

Am 10. Juli brachte der „Tagesspiegel“ dann die Meldung „‚Gesellschaftliche Ankläger‘ im Globke-Schauprozeß“,[65] während sich die „Süddeutsche Zeitung“ in dem Kommentar „Globke und kein Ende“ mit der Bundesregierung auseinandersetzte: „Wenn irgendetwas in dieser Sache der Bundesrepublik, ihrem Ansehen, ihrer Glaubwürdigkeit geschadet hat, so doch wohl die Tatsache, daß Globke allen Warnungen zum Trotz auf seinem Posten gehalten wurde.“ Auch war es seitens der Bundesregierung „bestimmt nicht erforderlich [gewesen], über die früher erteilten ‚Persilscheine‘ noch hinauszugehen. [...] Jüngst bekannt gewordene Dokumente [...] seien geeignet, der summarischen Behauptung der Bundesregierung einiges von ihrer Berechtigung zu entziehen.“[66] Unter der Überschrift „Später Persilschein“ kritisierte auch die „Stuttgarter Zeitung“ Bonn mit deutlichen Worten: „Bedauerlich bleibt, daß die Bundesregierung der Zone diesen Angriffspunkt [des Globke-Prozesses] bot und sich nicht schon längst von Globke getrennt hat. [...] Die Erklärung der Bundesregierung [erscheint] als eine

63 Siehe Frankfurter Allgemeine Zeitung und Tagesspiegel vom 9. Juli 1963.

64 Zit. nach BZ vom 9. Juli 1963.

65 Tagesspiegel vom 10. Juli 1963.

66 Zit. nach Süddeutsche Zeitung vom 10. Juli 1963. Den ersten hier zitierten Satz brachte auch das Neue Deutschland. Siehe Kapitel 4.2. in diesem Band.

Abart jener Persilscheine, die vor Jahren bei uns zu höchst niedrigen Kursen gehandelt worden sind. […] Bleibt das Ärgernis, daß die Bundesrepublik sich einem Hagel von Propagandagranaten aussetzt, die sie selber nach Pankow geliefert hat."[67]

Für den NDR berichtete am 10. Juli 1963 wieder Wolfgang Jäger: „An den interessanten Stellen des Prozesses flammen die Scheinwerfer auf, dann treten Filmkameras in Aktion und die Beobachter und Berichterstatter mit dem SED-Parteiabzeichen auf dem Anschlag legen das ‚Neue Deutschland' aus der Hand." Dem Gericht bescheinigte er „kriminalistische Akribie", was „ganz offensichtlich auch westliche Korrespondenten nachdenklich gestimmt" habe. Alles „hätte vermieden werden können, wenn wir in der Bundesrepublik […] Beschuldigungen so genau überprüft hätten", dass Belastete nicht in Amt und Würden sein können.[68] Am 12. Juli 1963 berichtete die „Frankfurter Rundschau" uber „erschütternde Zeugen-Aussagen".[69] Auch der „Tagesspiegel" thematisierte eine Woche später die Zeugenaussagen.[70] Die der SPD nahestehende Berliner Tageszeitung „Telegraf" sorgte am 18. Juli 1963 für Aufsehen, als sie die Abberufung Globkes forderte. Wenn er selbst nicht einsehe, dass er untragbar sei, dann müsse ihm der Prozess gemacht werden. Und mit Blick auf Globkes Erklärungen zu seiner Tätigkeit im Dritten Reich bemerkte der „Telegraf" spitz, auch Hitler würde heute gewiss versichert haben, „er sei nur deshalb Führer geworden, um im ‚heimlichen Kampf gegen die bösen Nazis noch Schlimmeres zu verhindern'".[71]

67 ADN-Information über einen Kommentar der Stuttgarter Zeitung vom 10. Juli 1963, siehe BStU, MfS, HA IX/11, ZUV Nr. 83, Nr. 22628, Bl. 204.

68 Zit. nach Mitschrift der Staatlichen Rundfunkkommission der DDR von der NDR-Sendung „Blickpunkt Berlin" vom 10. Juli 1963, 18.30 Uhr, BStU, MfS, HA IX/11, ZUV Nr. 83, Nr. 22628, Bl. 201–203.

69 Frankfurter Rundschau vom 12. Juli 1963.

70 Siehe Der Tagesspiegel vom 19. Juli 1963.

71 Zit. nach West-Berliner „Telegraf" fordert Prozeß gegen Globke, in: Frankfurter Rundschau vom 19. Juli 1963.

Am 20. Juli 1963 meldete die „Welt“: „Lebenslänglich für Globke in Ostberlin gefordert.“[72] Die „Süddeutsche Zeitung“ zitierte DDR-Generalstaatsanwalt Streit: „Die Ministerialbürokratie war der eigentliche Apparat, um die verbrecherische Gesamtpolitik des NS-Staates durchsetzbar […] zu machen.“[73] In einem Kommentar befasste sich die FAZ am 22. Juli mit den Plädoyers: „Der Generalstaatsanwalt hatte eingeräumt, daß Globke an den Gräueln der Judenverfolgung nicht selbst beteiligt war, doch sei die Gesetzgebung, bei der Globke nicht ‚schlechthin Referent‘, sondern maßgeblicher Autor gewesen sei, zum Instrument des Mordes geworden.“[74] Beim Urteil im Globke-Prozess verfielen die West-Medien wieder in den Jargon des Kalten Krieges.

Neun Stunden lang trug Präsident Toeplitz am 22. Juli bei großer Hitze die Urteilsgründe vor. DPA-Korrespondent Felix P. Kittel vermeldete: Das „Zonengericht“ fand keine Beweise, „wieso ein Ministerialbeamter […] die Regierungspolitik des dritten Reiches maßgeblich hätte beeinflussen können“. Und: „Die ermüdende Prozeßführung, die durch die monotone Verlesung langer Dokumente belastet war, konnte das Interesse der […] herbeigeholten Beobachter und Zuhörer kaum wachhalten. […] So ließen schon die ersten Prozeßtage bei den Beobachtern keinen Zweifel […] aufkommen, daß das Gericht um jeden Preis einen Schuldspruch zu fällen gedachte.“[75]

In einem Kommentar des Senders Freies Berlin (SFB) erklärte Otto Reimer am 23. Juli: „Ein seltsamer Prozeß ist heute in Ost-Berlin beendet worden.“ Reimer sprach von dem Versuch, die „bestialischen Verbrechen des Nazismus für die Propaganda gegen die Bundesrepublik nutzbar zu machen. Ein sehr ähnlicher Versuch war der vor drei Jahren inszenierte Schauprozess gegen […] Oberländer.“ Gleichwohl hob Reimer auch her-

72 Die Welt vom 20. Juli 1963.

73 Zit. nach Süddeutsche Zeitung vom 20. Juli 1963.

74 Zit. nach Frankfurter Allgemeine Zeitung (FAZ) vom 22. Juli 1963.

75 Zit. nach ADN-Information über Westagenturen zur Urteilsverkündung vom 23. Juli 1963, BStU, MfS, HA IX/11, ZUV Nr. 83, Nr. 22628, Bl. 90 f.

vor: „Es war von Anfang an ein unseliger Gedanke, ausgerechnet diesen Mann [Globke] zu einem der höchsten Beamten des neuen deutschen Staates zu machen."[76] Schärfer, aber mit ähnlicher Tendenz äußerte sich Peter Hertz am 24. Juli 1963 um 6.00 Uhr morgens im RIAS: „Die Ostberliner Propagandisten in Richterroben [tatsächlich trugen Richter in der DDR keine Roben] haben gestern im Schauprozeß gegen Staatssekretär Globke ein Urteil gesprochen. Sie verhängten lebenslängliche Freiheitsstrafe." Doch auch er fügte hinzu: „Gewiß – das muß immer wieder gesagt werden –, die Entscheidung, Herrn Globke auf den Posten des Staatssekretärs im Bundeskanzleramt zu berufen, gehört nicht zu den glücklichsten."[77]

Der Politikwissenschaftler Arnulf Baring äußerte sich in einem Kommentar in der NDR-Sendung „Wir sprechen zur Zone“: Hier wurde „in Wahrheit der Bundesrepublik der Prozess gemacht“,[78] doch „ebenso lapidar, wie er im Osten angeklagt und verdammt wurde“, habe sich die Bundesregierung vor Globke gestellt. Nach Auffassung Barings handelte es sich bei Globke nur um „ein kleines Rädchen der inneren Verwaltung“. Aber, so Baring: „Allein die Tatsache, daß er einen bestimmten Posten innegehabt und eine anrüchige Funktion ausgeübt hat, schloß und schließt

76 Zit. nach Mitschrift der Staatlichen Rundfunkkommission der DDR des SFB-Kommentars vom 23. Juli 1963, 19.55 Uhr, BStU, MfS, HA IX/11, ZUV Nr. 83, Nr. 22628, Bl. 87 f.

77 Zit. nach Mitschrift der Staatlichen Rundfunkkommission der DDR des RIAS-Kommentars vom 24. Juli 1963, 6.00 Uhr, BStU, MfS, HA IX/11, ZUV Nr. 83, Nr. 22628, Bl. 77 f.

78 Arnulf Baring (geb. 1932) war später ein bekannter Politikwissenschaftler. Er studierte Jura sowie Politik und promovierte 1958 an der Freien Universität Berlin zum Dr. jur. Von 1962 bis 1964 war er Redakteur beim WDR. 1968 habilitierte er sich als Politologe an der FU mit einer Arbeit über Adenauers Außenpolitik, übernahm einen Lehrstuhl am Otto-Suhr-Institut und wechselte 1976 zu den Historikern ans Meinecke-Institut der FU. Unter Walter Scheel war er von 1976 bis 1979 im Bundespräsidialamt tätig. 1998 erfolgte die Emeritierung, siehe Wikipedia-Eintrag zu Arnulf Baring, https://de.wikipedia.org/wiki/Arnulf_Baring [8. 8. 2018].

ihn von der Ausübung eines hohen Amtes aus, wenn die Bundesrepublik ihre Abkehr von der Vergangenheit vor der Welt glaubhaft dokumentieren wollte und will."[79]

Der „Tagesspiegel" schrieb über das Urteil: „Zur Begründung wurde erklärt, es sei erwiesen, daß Globke durch seine Mitwirkung an Gesetzen, Verordnungen und Erlassen als Referent im früheren Reichsinnenministerium die Grundlagen für die Massenvernichtung der Juden und für die ‚Germanisierung' besetzter Länder geschaffen habe." Als „Vorbild" habe offenbar der Schauprozess gegen den früheren Bundesvertriebenenminister Oberländer gedient.[80] Die „Süddeutsche Zeitung" berichtete in ähnlicher Weise unter der Unterschrift „Urteil im Schauprozeß gegen Globke".[81]

Die Berichterstattung im Westen folgte also weitgehend den Schablonen des Kalten Krieges. Die Erfahrungen aus politischen Verfahren der SED-Justiz, der drei Jahre zurückliegende Oberländer-Prozess und die penetrante Propaganda machten einen anderen Umgang schwierig. Nur wer sich als Journalist auf das Prozessgeschehen einließ, konnte erkennen, dass das Gericht nicht nur einen Parteiauftrag erfüllte, sondern den Sachverhalt auch tatsächlich aufklärte. Aber die Abneigung, sich überhaupt mit der NS-Zeit zu befassen, war groß. Und das wirkte sich letztlich sogar zuungunsten Globkes aus. Nicht, weil seine Schuld erwiesen war, sondern weil ein Schlussstrich unter die NS-Zeit gezogen werden sollte, wurde überwiegend seine Entlassung gefordert.

79 Zit. nach Mitschrift der Staatlichen Rundfunkkommission der DDR der NDR-Sendung „Wir sprechen zur Zone" vom 24. Juli 1963, 7.05 Uhr, BStU, MfS, HA IX/11, ZUV Nr. 83, Nr. 22628, Bl. 73–75.

80 Zit. nach Der Tagesspiegel vom 24. Juli 1963.

81 Süddeutsche Zeitung vom 24. Juli 1963.

5. Das Globke-Urteil, seine Richter und falsche Geschichtsbilder

5.1. Das Urteil

Im Gegensatz zur DDR-Propaganda, die das Verfahren vorbereitete und begleitete, und den Reaktionen darauf in Westdeutschland war das Urteil des Obersten Gerichts der DDR gegen Hans Globke in seinen historischen Feststellungen kaum zu beanstanden. Problematisch erscheinen allenfalls die Darstellung der DDR als der „bessere“, weil „antifaschistische“ deutsche Staat sowie die Behauptung, in der Bundesrepublik herrschten „Militarismus und Imperialismus“ in ihrer schlimmsten Form, nämlich des „Faschismus“. Darin erschöpften sich dann aber auch schon die wirklich anfechtbaren Passagen des Urteils, denn ansonsten bediente sich das Oberste Gericht der DDR einer sachlichen und korrekten Sprache und Darstellungsweise.

Die Begründung des Urteils zählte über zweihundert Seiten. Veröffentlicht wurde es 1964 im Band 6 der „Entscheidungen des Obersten Gerichts der DDR in Strafsachen“, hier umfasste es 183 Seiten.[1] In der gestalterisch gedrängteren „Amsterdamer Sammlung“ hat das Urteil 124 Seiten.[2] Die Verurteilung stützte sich, wie bereits dargestellt, auf das Londoner Statut vom 8. August 1945 in Verbindung mit Artikel 5 der DDR-Verfassung und §§ 211, 47 StGB. Das Gericht wandte also das für den Nürnberger Prozess geschaffene Völkerstrafrecht an, das nach

1 Es handelte sich um die Seiten 7 bis 190.

2 Siehe Urteil des Obersten Gerichts vom 23.7.1963, in: DJuNSV Nr. 1068, Bd. III, S. 70–194.

Artikel 5 Abs. 1 der DDR-Verfassung auch innerstaatlich galt.[3] Zudem wurde der Mordparagraf des Reichsstrafgesetzbuches in der Fassung von 1941 herangezogen.

Der Tenor des Urteils wies die zugrunde liegenden Strafvorschriften korrekt aus.[4] Es wurde also internationales und deutsches Recht angewandt, was durchaus zulässig war. Es hieß, die DDR sei nicht nur legitimiert, sondern sogar verpflichtet, Globke den Prozess zu machen. Das Oberste Gericht hatte bei der Begründung der Zuständigkeit aus dem Eichmann-Prozess gelernt. So wurde auf die universelle Zuständigkeit für Menschheitsverbrechen nach Art. 6 des Londoner Statuts verwiesen. Zudem führte das Gericht die UNO-Konvention gegen Völkermord von 1948 an, die Strafverfahren am Tatort und vor internationalen Gerichten zuließ.[5] Und der Tatort Globkes war Berlin.[6]

Anschließend wurde Globkes Lebenslauf geschildert,[7] wobei das Gericht auf seine Personalakten aus der Zeit vor 1945 zurückgreifen konnte. Sodann erörterte es die strafbaren Handlungen des Angeklagten. Zunächst befasste sich das Gericht mit der Zerstörung der Verfassungsordnung in Preußen. Als „Verfassungsreferent“ hatte Globke am Preußischen Ermächtigungsgesetz vom 1. Juni 1933, am Gesetz über den Preußischen Staatsrat vom 10. Juli 1933 und am Preußischen Provinzialratsgesetz vom 15. Februar 1934 mitgewirkt. Damit wurde die demokratische Verfassung eliminiert, auf die Globke seinen Diensteid geleistet hatte – und das kommentierte er auch noch.[8] Göring pries das von Globke geschaffene Werk als neue „nationalsozialistische Staatsver-

3 Die Vorschrift der DDR-Verfassung lautete: „Die allgemein anerkannten Regeln des Völkerrechts binden die Staatsgewalt und jeden Bürger.“

4 DJuNSV Nr. 1068, Bd. III, S. 70–194, insbes. S. 75.

5 Siehe auch Foth, Die Nürnberger Gesetze, insbes. S. 44–48.

6 DJuNSV Nr. 1068, Bd. III, S. 70–194, insbes. S. 77 f.

7 Siehe hierzu vorstehend Kapitel 1.

8 Roland Freisler/Ludwig Gauert, Das neue Recht in Preußen, Berlin 1933 ff., II a.

fassung", die „hinausstrahlen [werde] in das ganze Reich".[9] Hier dokumentierte das Gericht seine Fähigkeit zur korrekten Einordnung der staatsrechtlichen Abläufe in der Zeit vor 1945.

Aufgrund seiner Zuständigkeit für das Namensrecht hatte Globke im Preußischen Innenministerium schon vor der NS-Machtübernahme antisemitische Vorschriften ausgearbeitet. In seinem Runderlass vom 24. November 1932 hieß es: „Bestrebungen, jüdischer Personen, ihre jüdische Abkunft durch Ablegung oder Änderung ihrer jüdischen Namen zu verschleiern, können [...] nicht unterstützt werden."[10] Das Urteil schilderte – was dem heutigen Forschungsstand entspricht – den zunehmenden Antisemitismus in der Weimarer Republik, dem sich manche durch Namensänderung entziehen wollten.[11] Dass Globke schon vor 1933 antijüdische Vorschriften verfasste, macht deutlich, dass er weniger aus Karrieregründen, sondern aufgrund seiner antisemitischen Überzeugung handelte. Ab 1933 galt dann: Namensänderungen von Juden „wird grundsätzlich nicht stattgegeben". Zudem wurde gefordert, Juden sollten „deutsche Namen" entzogen werden, was einen enormen Verwaltungsaufwand bedeutet hätte. Ein von Globke ausgearbeitetes Gesetz, das am 5. Januar 1938 erging, ermöglichte zwangsweise Namensänderungen. Doch viel effektiver war es, allen Juden die Führung der zusätzlichen Vornamen „Sara" und „Israel" aufzuerlegen, denn so waren sie jederzeit identifizierbar. Dies geschah durch Globkes „Zweite Verordnung zur Durchführung des Gesetzes über die Änderung von Familiennamen und Vornamen" vom 17. August 1938. Als einmal ein Jude seinen Familiennamen „Deutsch" nicht ändern wollte, schaltete Globke die Sicherheitspolizei ein,[12] was die Einlieferung in ein KZ zur Folge haben konnte.

9 DJuNSV Nr. 1068, Bd. III, S. 70–194, insbes. S. 84–91.

10 DJuNSV Nr. 1068, Bd. III, S. 70–194, insbes. S. 95.

11 Das oft ignorierte Ausmaß der antisemitischen Agitation und ihrer Wirkungen dokumentierte Christoph Jahr, Antisemitismus vor Gericht. Debatten über die juristische Ahndung judenfeindlicher Agitation in Deutschland (1879–1960), Frankfurt a. M. 2011.

12 Ebenda, S. 100 ff.

An den Vorarbeiten für die „Rassegesetze“ im Reichsinnenministerium muss Globke aufgrund seiner Position beteiligt gewesen sein. Am Erlass der „Nürnberger Gesetze“ wirkte er dann aber nicht unmittelbar mit, denn er war kein Mitglied der NSDAP und nahm daher auch nicht am Reichsparteitag teil, auf dem die Gesetze beschlossen wurden. Im Gegensatz zum „Rassereferenten“ Lösener und anderen wurde er nicht einmal nach Nürnberg gerufen.[13] Aber Globke verfasste die 1. Verordnung zum Reichsbürgergesetz vom 14. November 1935, die definierte, wer als Jude zu gelten hatte.[14] Damit machte er den nationalsozialistischen Rassenwahn zur Norm. Fortan entschied die zufällige Religionszugehörigkeit der Großeltern über das Schicksal der Betroffenen. Noch in den Deportationsbefehlen Eichmanns hieß es 1942: „Erfaßt werden können in dieser Evakuierungsaktion alle Juden (§ 5 der 1. Verordnung zum Reichsbürgergesetz vom 14. 11. 1935 – RGBl. I S. 1333).“[15] Darauf wies das Urteil zu Recht hin.

Globke publizierte zudem gemeinsam mit Wilhelm Stuckart den ersten Kommentar zu den „Nürnberger Gesetzen“.[16] Die Veröffentlichung galt als amtlich, da sie von Mitarbeitern des zuständigen Ministeriums erarbeitet worden war. Die Kommentierung nahm Globke faktisch allein vor, da Stuckart erkrankt war,[17] und legte die Bestimmungen dabei durchweg sehr weit aus. Das Oberste Gericht ging dem in allen Einzelheiten nach. So hieß es zu den vielfältigen Befreiungsmöglichkeiten von den

13 Siehe Gruchmann, „Blutschutzgesetz“ und Justiz.

14 Nach § 5 Abs. 1 der Verordnung galt: „Jude ist, wer von mindestens drei der Rasse nach volljüdischen Großeltern abstammt.“ Das wurde nach der Religionszugehörigkeit bestimmt, sodass die kirchlichen Unterlagen aus dem 19. Jahrhundert entscheidend waren. Für „Halbjuden“ usw. galten zahlreiche Sondervorschriften. Vgl. Klaus Bästlein (Hrsg.), Rassenwahn als Norm – die „Nürnberger Gesetze“ von 1935, Berlin 1996; siehe weiterführend vor allem: Essner, Die „Nürnberger Gesetze“.

15 DJuNSV Nr. 1068, Bd. III, S. 70–194, insbes. S. 107–109, Zitat S. 109.

16 Stuckart/Globke, Reichsbürgergesetz.

17 Siehe Bevers, Der Mann hinter Adenauer, S. 31 f.

Vorschriften der Rassegesetze in Globkes Kommentierung immer wieder, sie seien „nur in ganz besonders liegenden Ausnahmefällen“ möglich.[18] Auch Ehescheidungen von Juden und Nicht-Juden nach § 1333 BGB sollten selbst dann erfolgen, wenn die gesetzlichen Voraussetzungen nicht vorlagen.

Dem entsprach die Praxis. So bat sogar die NSDAP in Olmütz (Sudetengau), der Tochter eines Oberwachtmeisters, deren Mutter als Jüdin getauft worden war, ein Studium zu ermöglichen. Doch die Abteilung I des Reichsinnenministeriums lehnte dies für den „Mischling 1. Grades“ ab.[19] Ein anderer Fall betraf die geplante Eheschließung eines Juden in Cainsdorf (Sachsen). Hier war die „deutschblütige“ Verlobte vom kommissarischen Bürgermeister zur Abgabe einer Erklärung genötigt worden, von der Eheschließung Abstand zu nehmen. Vor diesem Hintergrund wurde der Heiratsantrag wie folgt beschieden: „Nach dem Ergebnis der angestellten Ermittlungen ist Ihr Vorwurf gegen den komm.[issarischen] Bürgermeister in Cainsdorf unbegründet. Ich habe daher keine Veranlassung, in Ihrer Ehegenehmigungsangelegenheit etwas zu unternehmen. Im Auftrag gez. Globke.“[20]

Auch den Tatbestand der „Rassenschande“ legte Globke extensiv aus. Hieß es in § 2 Blutschutzgesetz, dass „Geschlechtsverkehr“ strafbar sei, schrieb er: „Unter Geschlechtsverkehr ist [...] nicht nur der Beischlaf, das heißt die natürliche Vereinigung der Geschlechtsteile, zu verstehen, sondern auch beischlafähnliche Handlungen, z.B. gegenseitige Onanie.“[21] Das Reichsgericht folgte bald darauf dieser „Rechtsauffassung“. Globke schrieb dazu in einer Urteilsanmerkung: „Die Entscheidung ist zu begrüßen, zumal sie dazu dienen wird, unerwünschte sexuelle Beziehung zwischen Juden und Deutschen zu erschweren und Umgehungen des

18 DJuNSV Nr. 1068, Bd. III, S. 70–194, insbes. S. 112–114.
19 Ebenda, S. 117.
20 Ebenda.
21 Stuckart/Globke, Reichsbürgergesetz, S. 112 Ziff. 3.

Blutschutzgesetzes zu verhüten."[22] Das Reichsgericht hielt bald darauf selbst Küsse oder Zärtlichkeiten für tatbestandsmäßig.[23] Mit der vom Wortlaut nicht gedeckten Interpretation des Begriffs „Geschlechtsverkehr" hatte Globke das Tor für eine unbegrenzte Auslegung geöffnet. Auch die Rechtsprechung der Landgerichte in „Rasseschande"-Sachen war erschütternd.[24]

Globkes Kommentar versagte Betroffenen in „Rasseschandefällen" auch prozessual jeden Ausweg. Denn Frauen durften wegen „Rassenschande" nicht belangt werden und mussten daher ihre Sexualpartner belasten.[25] So kam es zu Verurteilungen wegen Meineids. Doch der NS-Justiz genügte das nicht. Auf „Rassenschande" standen „nur" bis zu fünf Jahre Zuchthaus. Als 1942 der letzte Vorsteher der Jüdischen Gemeinde in Nürnberg zu Tode gebracht werden sollte, zog das Sondergericht auch § 2 der Volksschädlingsverordnung heran, der bei „Ausnutzung der Kriegsverhältnisse", zu der die Verdunkelung zählte, die Verhängung der Todesstrafe ermöglichte. Und da der Jude eine „arische" Frau bei Dunkelheit besucht hatte, erging gegen ihn die Todesstrafe.[26]

Das Oberste Gericht der DDR schilderte in seinem Urteil auch, welcher Terror gegenüber „Rasseschändern" in den Konzentrationslagern praktiziert wurde. So bekundete ein Zeuge, der am 23. September 1938 in das KZ Sachsenhausen eingeliefert worden war, dass die

22 Urteilsanmerkung Globke in: Zeitschrift der Akademie für Deutsches Recht, Nr. 4/1937, 15. Januar 1937.

23 Siehe mit weiteren Nachweisen Alexandra Przyrembel, „Rassenschande". Reinheitsmythos und Vernichtungslegitimation im Nationalsozialismus, Göttingen 2003.

24 Für Hamburg wurde dies näher untersucht, wobei sich zeigte, dass alle Strafkammern bereit waren, die NS-Gesetze rücksichtslos anzuwenden. Siehe Hans Robinsohn, Justiz als politische Verfolgung. Die Rechtsprechung in „Rasseschandefällen" beim Landgericht Hamburg 1936–1943, Stuttgart 1977.

25 DJuNSV Nr. 1068, Bd. III, S. 70–194, insbes. S. 112–114.

26 Zu diesem „Fall Katzenberger" siehe vor allem Christiane Kohl, Der Jude und das Mädchen, Hamburg 1997.

76 „Rasseschänder" im Lager einen schwarzen Kreis um ihr Erkennungszeichen nähen mussten. In den Folgetagen hetzten SS-Angehörige die so Gebrandmarkten auf dem Appellplatz systematisch zu Tode. Wer liegen blieb, wurde mit kaltem Wasser begossen und mit fürchterlichen Fußtritten in die Weichteile malträtiert. Nach einer Woche waren 75 der „Rasseschänder" tot; der Letzte erlag einige Tage später im „Krankenrevier" seinen Verletzungen.[27]

Ein weiteres von Globke 1933 ausgearbeitetes Gesetz gegen angebliche Missbräuche bei der Eheschließung und Adoption wurde aufgrund eines Runderlasses vom 20. September 1938 vor allem gegen Juden angewandt. Insbesondere die Adoption „arischer" Kinder durch Juden sollte beendet werden. So hieß es in den herangezogenen Akten, Kinder dürften durch ihre Beziehung zu den Adoptiveltern keine „falschen Schlüsse hinsichtlich des Wertes der jüdischen Mischrasse" ziehen. Das Oberste Gericht dokumentierte eine ganze Reihe einschlägiger Vorgänge anhand der Originalakten.[28] Die Vernehmungen von Zeugen hatten ergeben, dass Globke in Verfahren, die an ihn herangetragen wurden, durchweg gegen die betroffenen Juden entschied und sie damit massiven Diskriminierungen preisgab. Auch diese Feststellungen wurden durchaus sorgfältig getroffen.

Als Referent für das Namensrecht spielte Globke für die Vorschriften zur Kennzeichnung der Pässe von Juden mit einem „J" ebenfalls eine wichtige Rolle. Den Anlass dazu lieferte die Schweiz: Als einige Tausend Juden nach dem „Anschluss" Österreichs Zuflucht in der Schweiz suchten, intervenierte der Chef der Schweizer Fremdenpolizei am 14. September 1938. Er verlangte, die Visumspflicht für Deutsche wiedereinzuführen, um eine „Überfremdung" abzuwehren. Juden sollten nicht mehr einreisen können, um Asyl zu beantragen.[29] Globke befand sich gerade

27 DJuNSV Nr. 1068, Bd. III, S. 70–194, insbes. S. 115.

28 Ebenda, S. 122 f.

29 Siehe Unabhängige Expertenkommission Schweiz – Zweiter Weltkrieg: Die Schweiz und Flüchtlinge zur Zeit des Nationalsozialismus, Bern 1999.

bei einer Konferenz in der Schweiz und wurde zu Rate gezogen. Statt der Visumspflicht schlug er zunächst vor, die Pässe von „Ariern" mit dem Vermerk „Gültig für die Schweiz" zu versehen. Der Aufwand wäre aber recht groß gewesen. Als einfacher erwies es sich, in die Pässe von Juden ein „J" zu stempeln. Damit konnten sie identifiziert und an der Einreise gehindert werden, ein unbemerkter Grenzübertritt war nicht mehr möglich. Globke hatte dafür die entscheidende Anregung geliefert.[30] Durch Verordnung wurden alle Reisepässe von Juden für ungültig erklärt, nur mit dem entsprechenden Stempel „J" konnten sie wieder in Kraft treten.[31]

1938 erarbeitete Globke einen Referentenentwurf für ein Gesetz über Erwerb und Verlust der deutschen Staatsbürgerschaft. Darin waren bereits die Grundgedanken der 11. und 12. Verordnung zum Reichsbürgergesetz enthalten.[32] Für die Deportation und Vernichtung der Juden war insbesondere die 11. Verordnung zum Reichsbürgergesetz vom 25. November 1941 von entscheidender Bedeutung. Denn in § 2 hieß es dort, dass Juden die deutsche Staatsangehörigkeit verlieren, wenn sie ihren „gewöhnlichen Aufenthalt im Ausland" haben, was dann gegeben sei, so § 1, „wenn sich ein Jude unter Umständen im Ausland aufhält, die erkennen lassen, daß er dort nicht nur vorübergehend verweilt", und in § 3 wurde geregelt, dass ihr Vermögen in diesem Fall dem Reich „verfiel". So konnten die Justiz- und Finanzbehörden die Folgen der „Evakuierungen" ohne große Probleme bewältigen. Das jüdische Vermögen wurde eingezogen, Mobiliar und Hausrat gingen bei Versteigerungen meist an „deutsche Volksgenossen". Die Finanzämter verwerteten Grundstücke, Lebensversicherungen, Wertpapiere, Bausparverträge etc.[33]

30 Vgl. DJuNSV Nr. 1068, Bd. III, S. 121–123. Siehe auch Bevers, Der Mann hinter Adenauer, S. 39

31 Verordnung über die Reisepässe von Juden vom 5. 10. 1938, in: RGBl. I, S. 1342.

32 DJuNSV Nr. 1068, Bd. III, S. 70–194, S. 124.

33 Ebenda, S. 124f. Zur Verwertung jüdischen Eigentums siehe vor allem Katharina Stengel (Hrsg.), Vor der Vernichtung. Die staatliche Enteignung der Juden im Nationalsozialismus, Frankfurt a. M. 2007.

Es bestanden jedoch noch Unklarheiten hinsichtlich der Deportationen in von Deutschland besetzte Gebiete. Zur Klarstellung erging am 3. Dezember 1941 eine „Anordnung zur Durchführung der 11. Verordnung". Danach traten der Verlust der Staatsbürgerschaft und der Vermögensverfall auch „in den von den deutschen Truppen besetzten oder in deutsche Verwaltung genommenen Gebieten" ein, „insbesondere auch im Generalgouvernement und in den Reichskommissariaten Ostland und Ukraine". Weiter hieß es: „Von einer Veröffentlichung dieser Anordnung ist abzusehen."[34] Das Urteil stellte diese Zusammenhänge trefflich dar. Das Muster der Ausbürgerung und Ausplünderung mit der Deportation wurde auch in den besetzten Ländern – mit Ausnahme Dänemarks – übernommen.[35]

Die 11. Verordnung zum Reichsbürgergesetz vom 25. November 1941 erging ziemlich genau zu dem Zeitpunkt, als die Deportationen der Juden aus dem Reichsgebiet in den Osten einsetzten. Zu dieser Zeit muss Hitler die vollständige Vernichtung der Juden angeordnet haben, wobei ein entsprechendes schriftliches Dokument dazu bekanntlich nicht vorliegt.[36] Aber Hitlers Einverständnis war eine unbedingte Voraussetzung für die Deportationen und den systematischen Judenmord. Dabei war der Zweck der Deportationen, also die Judenvernichtung, in der Abteilung I des Reichsinnenministeriums durchaus bekannt, und das galt auch für Globke. Das Oberste Gericht zitierte als Nachweis das Urteil des US-Militärgerichts im sogenannten Wilhelmstraßen-Prozess: „Innerhalb des Reichsinnenministeriums war die Ausrottung der Juden kein Geheimnis. Der Zeuge Globke, einer von Stuckarts Ministerialräten, hat als Zeuge des Angeklagten folgendes ausgesagt: ‚Ich wusste, dass die Juden massenweise umgebracht wurden […].'" Als der

34 DJuNSV Nr. 1068, Bd. III, S. 70–194, insbes. S. 126.

35 Siehe Cesarani, Eichmann, insbes. S. 183–186.

36 Vgl. Peter Longerich, Der ungeschriebene Befehl. Hitler und der Weg zur „Endlösung", München 2001; Christopher R. Browning, Der Weg zur „Endlösung". Entscheidung und Täter, Reinbek 2002.

Verteidiger fragte, ob er gemeint habe, dass es sich um Exzesse oder eine systematische Ausrottung handelte, antwortete Globke: „‚[...] ich habe es gewusst, dass diese Ausrottung der Juden systematisch vorgenommen worden ist, aber ich wusste nicht, dass sie sich auf alle Juden bezog.‘“[37]

Am 20. Januar 1942 fand die „Wannseekonferenz" statt, auf der Heydrich die wichtigsten Ministerien und Verwaltungen über das Programm zum Judenmord unterrichtete und in die weitere Umsetzung einband. Aus dem Reichsinnenministerium nahm der Leiter der Abteilung I Wilhelm Stuckart teil. Am 30. Januar 1942 führte das Reichsministerium für die besetzten Ostgebiete eine Nachfolgekonferenz durch, auf der die Bestimmungen der 1. Verordnung zum Reichsbürgergesetz noch gelockert wurden. Es hieß nun: „Jude ist, wer sich zur jüdischen Religionsgemeinschaft oder sonst als Jude bekennt oder bekannt hat oder dessen Zugehörigkeit zum Judentum sich aus sonstigen Umständen ergibt."[38] Das galt allerdings nur für die Gebiete unter deutscher Verwaltung im Osten, also insbesondere die Reichskommissariate Ostland und Ukraine sowie das rückwärtige Heeresgebiet. Zudem fand am 6. März 1942 eine Besprechung zum „Mischlingsproblem" statt.

Die 12. Verordnung zum Reichsbürgergesetz vom 25. April 1943 setzte die Entrechtung fort. Nun galt: „Juden und Zigeuner können nicht Staatsangehörige werden."[39] Globke war zudem mit der 13. Verordnung zum Reichsbürgergesetz vom 1. Juli 1943 befasst. Deren § 2 erklärte: „Nach dem Tode eines Juden verfällt sein Vermögen dem Reich." Das galt damit nicht mehr nur für deportierte, sondern auch für in Deutschland verstorbene Juden. Noch am 25. November 1944 wies Globke die Standesämter an, beim Tod von Juden die Finanzbehörden zu benachrichtigen, damit ihr Vermögen eingezogen werden konnte. Den Erlass

37 DJuNSV Nr. 1068, Bd. III, S. 127.

38 Zit. nach ebenda, S. 130.

39 Ebenda, S. 131 f.

zeichnete er persönlich.[40] § 1 Abs. 1 der 13. Verordnung zum Reichsbürgergesetz lautete: „Strafbare Handlungen von Juden werden durch die Polizei geahndet."[41] Globke hatte auch diese Regelung erdacht. Damit unterlagen Juden fortan nur noch polizeilichen Maßnahmen und waren diesen in jeder Hinsicht ausgeliefert; der Rechtsweg war für sie ausgeschlossen. In geradezu jubilierendem Ton hieß es dazu in dem von Hans Pfundtner und Reinhard Neubert herausgegebenen Kommentar zum Öffentlichen Recht: „Kein deutsches Strafgericht wird sich künftig mehr mit der Kriminalität der Juden zu befassen brauchen."[42]

Diese Zusammenhänge wurden in Deutschland erstmals im Globke-Urteil umfassend dokumentiert. Das Oberste Gericht nahm dabei durchweg richtige historische Einordnungen vor, und diese übertrafen das damals herrschende Niveau bei Weitem. Es wurde nur von Wolfgang Schefflers 1960 erschienener Schrift „Judenverfolgung im Dritten Reich" erreicht, aus der die Anklage seitenweise zitierte.[43] Das Gericht setzte sich mit den vorliegenden Dokumenten und der Literatur auseinander, wozu insbesondere die alliierten Prozesse und das Eichmann-Urteil zählten. Die juristischen Ableitungen und Einordnungen der von Globke entworfenen NS-Normativakte waren fehlerfrei; die deutsche Geschichtswissenschaft erreichte dieses Niveau erst mehr als 40 Jahre später.[44] Aber auch die juristischen Ausführungen waren korrekt. Insbesondere gelang die Einordnung der Normativakte in die historischen Abläufe, was angesichts der Standards der DDR-Rechtswissenschaft in den 1950er-

40 Ebenda, S. 125–132.

41 Ebenda, S. 132. Siehe Verordnung vom 1. Juli 1943, in: RGBl. I 1943, S. 372. Vgl. zur Entstehung der VO Jasch, Staatssekretär Wilhelm Stuckart, S. 312–316.

42 Zit. nach DJuNSV Nr. 1068, Bd. III, S. 132.

43 Siehe Wolfgang Scheffler, Judenverfolgung im Dritten Reich, Berlin 1960. Vgl. Bästlein, Zur Historiografie des Völkermords, S. 303–330.

44 Siehe nur Cornelia Essner, Die „Nürnberger Gesetze", und Peter Longerich (Hrsg.), Die Ermordung der europäischen Juden. Eine umfassende Dokumentation des Holocaust, 2. Aufl., München 1989.

Jahren hervorzuheben ist.[45] Bei der Schilderung von Globkes Handlungen wurde darüber hinaus auf propagandistische Übertreibungen verzichtet.

Das Oberste Gericht hatte zudem eine Reihe von Zeugen gehört, die über die Vernichtung der europäischen Juden berichteten. Dazu gehörten auch die bewegenden Ausführungen von Daniel Klowski, auf die bereits hingewiesen wurde.[46] Das Gericht beschrieb die Rolle Globkes dabei wie folgt: „Das elementare Handwerkszeug, das den ausziehenden Mordhorden der Gestapo, des SD und der Waffen-SS in die Aktentaschen und die Tornister gelegt wurde, waren die juristisch fixierten Machwerke der Unmenschlichkeit, wie der ganze Komplex der Rassengesetzgebung im weitesten Sinne, ihre Ausführungsbestimmungen und die – oft als geheim oder vertraulich – dazu gegebenen [...] verwaltungsmässigen Anweisungen zu ihrer praktischen Handhabung. In diesem Gesamtsystem sog. Gesetzgebung hielt das R. u. Pr. MdI [Reichs- und Preußische Innenministerium] mit seiner Abteilung I, und in dieser wiederum massgeblich der Angeklagte Globke, von Anbeginn die Feder fest in der Hand."[47]

Zu Recht stellte das Gericht weiter fest, dass Globke bei der Germanisierung okkupierter Gebiete zu Rate gezogen worden war. Es galt folgender Grundsatz, den Globke bereits am 27. März 1939 im Entwurf einer Verordnung für den Reichsprotektor in Prag niedergelegt hatte: „Juden, Zigeuner sowie Angehörige der aussereuropäischen Rassen sind niemals deutsche Volkszugehörige. Auch Mischlinge sind regelmässig kein erwünschter Bevölkerungszuwachs."[48] „Protektoratsangehörige" hatten den Status von Juden im Reich.

45 Zur Qualität der politischen Strafurteile in der DDR während der 1950er-Jahre siehe insbes. Falco Werkentin, Politische Strafjustiz in der Ära Ulbricht, Berlin 1995. Vgl. aber auch die Fallbeispiele in Kapitel 5.2. dieses Bandes.

46 Siehe Kapitel 4.2. in diesem Band.

47 DJuNSV Nr. 1068, Bd. III, S. 133.

48 Ebenda S. 143 f.

Definitionen Globkes wurden zudem bei der Germanisierung in Polen angewandt. Er schuf die Verordnung über die „Deutsche Volksliste“ vom 4. März 1941, die Frick, Bormann und Himmler unterzeichneten. „Deutsche Volkszugehörige“ waren nach Bekenntnis, Abstammung und Rasse zu kategorisieren, was ihren Status bestimmte. Globke schrieb im Kommentar von Hans Pfundtner und Reinhard Neubert: Eine „Assimilierung“ von Polen sei falsch, denn „das deutsche Volk würde durch das damit verbundene Eindringen fremden Blutes nicht gestärkt, sondern in seiner Eigenart geschwächt werden“.[49]

Auch an den Ausführungsbestimmungen für die antipolnischen Verordnungen wirkte Globke mit. Das gilt sogar für die Polenstrafrechtverordnung vom 4. Dezember 1941, die den Tiefpunkt strafrechtlicher Normsetzung markierte. Sie ließ für das Abreißen deutscher Plakate ebenso die Todesstrafe zu wie für die „Betätigung einer deutschfeindlichen Gesinnung“.[50] Globke nahm an einschlägigen Besprechungen mit den beteiligten SS-Dienststellen teil.[51] In der Praxis schlug die Normierung aber fehl. Der deutsche Besatzungsterror in Polen blieb willkürlich, wie die Forschung gezeigt hat.[52] Deutsche Volkslisten wurden sogar in den besetzten Gebieten der Sowjetunion angelegt, woran Globke ebenfalls mitwirkte.[53]

Globke gehörte auch der deutschen Kommission für die Vorbereitung eines Friedensvertrages mit Frankreich an. Nach deren Plänen sollten weite Teile Nord- und Westfrankreichs mit 7,1 Millionen Einwohnern an Deutschland fallen. Frankreich sollte auferlegt werden, „das Einsickern farbigen Bluts nach Europa in Zukunft nicht mehr zu dul-

49 Zit. nach ebenda, S. 154.

50 RGBl. I 1941, S. 759 f.

51 DJuNSV Nr. 1068, Bd. III, S. 70–194, insbes. S. 154–162.

52 Vgl. hierzu Wolfgang Schumann/Ludwig Nestler (Hrsg.), Nacht über Europa: Die Okkupationspolitik des deutschen Faschismus (1938–1945). Achtbändige Dokumentenedition, Bd. 2: Die faschistische Okkupationspolitik in Polen (1939–1945), Köln 1989.

53 DJuNSV Nr. 1068, Bd. III, S. 70–194, insbes. S. 163 f.

den", der „Aussiedelung" der Juden zuzustimmen und die „Rheinlandbastarde" ins Land zu übernehmen.[54] Imperialistische und rassistische Zielsetzungen gingen hier eine Symbiose ein, wie das Gericht zutreffend bemerkte.

Darauf folgte im Urteilstext die Beweiswürdigung. Im Mittelpunkt standen dabei Personal- und Sachakten der Justiz- und Innenverwaltung. Hinzu traten Kommentare aus der juristischen Literatur. Auch Unterlagen vom Internationalen Militärtribunal, aus dem Wilhelmstraßen-Prozess und dem Eichmann-Verfahren fanden Berücksichtigung. Das Gericht hörte 59 Zeugen aus der UdSSR, Polen, Frankreich, den Niederlanden, Israel, der ČSSR und der DDR sowie sieben Sachverständige aus der UdSSR, Polen, der ČSSR und der DDR. Auch gegen die Bewertung dieser Beweise durch das Oberste Gericht war nichts einzuwenden.

Sodann befasste sich das Gericht mit der inneren Einstellung des Angeklagten. Der Umdeutung seiner Taten „in wohlgemeinte Handlungen für die Opfer" durch die Verteidigung wurde überzeugend widersprochen. Globke war kein Befehlsempfänger, sondern entfaltete bei der legislativen Arbeit gegen die Juden Eigeninitiative, wie das Gericht zutreffend feststellte und Globke als „verbissenen Antisemiten" bezeichnete. Er war nicht ohne Grund Korreferent für Rassenfragen geworden.[55] Diese Funktion bedeutete eine ständige Beteiligung an den Geschäften des Referats.[56]

Das galt auch für die „Rassegesetze". Dass Globke daran mitgearbeitet hatte, um Schlimmeres zu verhüten, war eine Schutzbehauptung. Das Oberste Gericht erklärte zu Recht, sein Kommentar zeuge vielmehr „von der bösartigen Sucht, die Rassengesetze [...] zu noch unmenschlicheren Ergebnissen zu führen". Er habe eine „Einteilung der Menschen in Herrenrassen und ihre Sklaven" vorgenommen. Der Kommentar habe der „ideologischen Verseuchung" gedient. Als Nachweis führte das

54 Ebenda, S. 167–170, Zitat S. 170.

55 Ebenda, S. 176–179, Zitate S. 176 und 177.

56 Ebenda, S. 175 f.

Gericht die 11. Verordnung zum Reichsbürgergesetz an, die Globke verfasst hatte und die für die planmäßige Vernichtung der Juden unabdingbar gewesen war.[57]

Darauf folgte die rechtliche Einordnung. Das Gericht stellte fest, dass „die Tatbestände über Verbrechen gegen den Frieden, über Kriegsverbrechen und Verbrechen gegen die Menschlichkeit, wie sie in Art. 6a, b und c des Londoner Statuts für den Internationalen Militärgerichtshof (IMT-Statut) definiert worden sind, als geltendes Recht unmittelbar anwendbar" waren. Denn damit wurden, so das Gericht, „keine neuen Tatbestände geschaffen, sondern lediglich erstmalig die völkerrechtlichen Verbrechen in einem internationalen Vertrag definiert". Das war durchaus zutreffend. Und auf dieser Grundlage erging auch das Kontrollratsgesetz Nr. 10.[58]

Dann subsumierte das Gericht die Handlungen des Angeklagten unter diese Normen. Dabei wurde auf die DDR Doktrin zurückgegriffen, dass die „Ursachen der faschistischen Massenverbrechen [...] in der Herrschaft des deutschen Imperialismus und Militarismus" lagen. Es hieß: „Diese Massenverbrechen mussten ihrem Wesen nach staatlich gelenkt und durch den gesamten Mechanismus der faschistischen Diktatur verwirklicht werden." Der Judenmord wurde als arbeitsteilig durchgeführter Gesamtprozess gewertet, bei dem verschiedene Aktivitäten unter staatlicher Leitung ineinandergegriffen hätten. Das war eine absolut zutreffende Feststellung, die aber die bundesdeutsche Justiz noch jahrzehntelang leugnen sollte.[59]

In Hinblick auf den Angeklagten stellte das Oberste Gericht fest: „[...] die Tätigkeit der Ministerialbürokratie [spielte] eine bedeutsame Rolle. Ohne ihre [...] Tätigkeit hätten diese Verbrechen nicht begangen

57 Ebenda, S. 179–183, Zitate S. 180, 181 und 182. Vgl. Hilberg, Die Vernichtung der europäischen Juden.

58 DJuNSV Nr. 1068, Bd. III, S. 182 f., Zitate ebenda.

59 Ebenda, S. 183 f., Zitate ebenda. Zur Auffassung der bundesdeutschen Justiz zu dieser Frage vgl. Jasch/Kaiser, Der Holocaust vor deutschen Gerichten.

werden können. [...] Die [...] Ministerialbürokratie verarbeitete gegebene Weisungen oder Anregungen, stimmte die Einzelfragen aufeinander ab und produzierte und konkretisierte so oftmals erst den ‚Führerwillen' und setzte ihn dann bis in die letzte Konsequenz durch. Die Verantwortung von Vorgesetzten [...] kann deshalb deren Untergebene aus dieser Ministerialbürokratie [...] nicht von ihrer eigenen persönlichen Verantwortung befreien."[60] Diese Einordnung war zutreffend und wurde von der Geschichtswissenschaft und Justiz der Bundesrepublik erst Jahrzehnte später nachvollzogen.[61]

Sodann stellte das Oberste Gericht fest, dass Globke sich 1. an der Errichtung der NS-Diktatur und der Durchsetzung des „Führerprinzips" beteiligt habe, 2. eine zentrale Rolle bei der Vernichtung der Juden durch den Erlass entsprechender Normativakte und deren unbegrenzter Auslegung gespielt habe und 3. an der Germanisierungspolitik vor allem in Ost-, aber auch in Westeuropa beteiligt gewesen sei.[62] Bezüglich Punkt 1 konnte das Gericht aber keinen Verstoß gegen internationale oder unverjährte deutsche Strafbestimmungen feststellen. Insofern war der objektive Tatbestand – wie das Gericht richtig darlegte – nicht erfüllt.

Für Punkt 2 kam das Gericht zu folgendem Ergebnis. Es hob die Urheberschaft des Angeklagten an der 1. und 11. Verordnung zum Reichsbürgergesetz hervor, denn damit wurde der Rassenwahn normiert und der bürgerliche Tod der Deportierten dekretiert. Hinzu kam der Kommentar zum Reichsbürgergesetz, der eine unbegrenzte Auslegung der Vorschriften ermöglichte. Die Normativakte und die Kommentierung wurden als Verbrechen gegen die Menschlichkeit gewertet, da Globke sich so „an der Verfolgung, Deportation, Versklavung, Ausrottung und

60 Zit. nach DJuNSV Nr. 1068, Bd. III, S. 184f.

61 Vgl. als ein frühes Beispiel nur Dieter Rebentisch, Führerstaat und Verwaltung im Zweiten Weltkrieg: Verfassungsentwicklung und Verwaltungspolitik 1939–1945, Wiesbaden 1989.

62 DJuNSV Nr. 1068, Bd. III, S. 70–194, insbes. S. 185.

der Ermordung von Menschen aus politischen und rassischen Gründen“ beteiligt habe.[63] Dies erfüllte den objektiven Tatbestand des Mordes.

Anders lauteten die Feststellungen zu Punkt 3, also der Mitwirkung des Angeklagten an der Germanisierungspolitik. Hier wurde auf die Staatsangehörigkeitsgesetze, die Bestimmungen zur „Deutschen Volksliste“, die „Polenstrafrechtsverordnung“ sowie die Planungen für einen Friedensvertrag mit Frankreich verwiesen. Das Gericht hielt zudem den objektiven Tatbestand des Mordes nach § 211 StGB für erfüllt.[64] Die Argumentation war insoweit durchaus differenziert und nachvollziehbar, allerdings fehlten Ausführungen zur Subsumtion der Taten unter die Tatbestände des Verbrechens gegen die Menschlichkeit und des Mordes.

Im Weiteren wandte sich das Gericht der subjektiven Tatseite zu. Diesbezüglich war nachzuweisen, dass der Angeklagte die Verbrechen gekannt und gewollt hatte, wenn er verurteilt werden sollte. Das Gericht charakterisierte Globke – durchaus trefflich als „dienstbeflissenen und übereifrigen Beamten der […] Ministerialbürokratie“,[65] was aber nicht zur Feststellung der Schuld reichte. So hieß es: „Das Völkermorden, an dem der Angeklagte mitwirkte, […] ist […] ein Verbrechen, in das […] einerseits eine ganze Mordmaschinerie eingespannt war und das sich andererseits stufenweise entwickelte. […] Der Völkermord war […] ein Verbrechen, das sich […] dynamisch steigerte, bis es im Inferno der Abschlachtung riesiger Menschenmassen endete.“ Diese Einschätzung entspricht den Ergebnissen der aktuellen zeitgeschichtlichen Forschung.[66]

Das Gericht hielt damit auch den Mordvorsatz für gegeben. Das war durchaus zutreffend, denn die Richter rekurrierten auf Globkes menschenverachtende Gesinnung.[67] So hatte Globke 1936 in seinem

63 Ebenda, S. 185–187, Zitat S. 186.

64 Ebenda, S. 187 f.

65 Zitat ebenda, S. 189.

66 Zit. nach ebenda, S. 189. Siehe zur aktuellen Forschung vor allem Longerich (Hrsg.), Die Ermordung der europäischen Juden; Saul Friedländer, Das Dritte Reich und die Juden, 2 Bde., Stuttgart 2008.

67 DJuNSV Nr. 1068, Bd. III, S. 190.

Kommentar geschrieben, es gebe „ausserhalb der faschistischen Gemeinschaft [...] kein Leben im Rechtssinne", sondern nur „biologisch vegetatives Leben". Der Nachweis, dass der Angeklagte schon 1932/33 einen Mordvorsatz hatte, war nicht erforderlich. Das Gericht erklärte: „Der Mord wurde zuerst durch das Gesetz begangen, ehe es in diesem Ausmass physisch vollzogen wurde." Weiter hieß es: „Um den Völkermord perfekt zu machen, mussten sie [die Machthaber] das Verbrechen auch juristisch perfekt machen."[68]

Das Gericht legte weiter dar, dass die Normativakte Globkes auch „die juristische Ausgangsbasis für das zum Morden führende Tätigwerden des faschistischen Staatsapparates und der faschistischen Organisationen, wie z. B. der SS [war]. Sie deckten je nach dem erreichten Stadium des Völkermordes die unmittelbaren terroristischen Aktionen, gaben ihnen den Anschein der Legalität und bezeichneten die Opfer des Verbrechens. Sie waren die Weisungen zum Mord, auch wenn in ihnen nicht direkt vom Morden gesprochen wurde."[69]

Auch die Mordmerkmale des § 211 StGB erachtete das Gericht für gegeben – und zwar durch die Art der Durchführung des Judenmordes und die Motive dafür. Die qualvolle Tötung der Menschen in den Gaskammern oder bei Massakern war eine „Grausamkeit in fast unvorstellbarer Weise". Als „niedrigste Motive" kamen der Rassen- und Völkerhass hinzu.[70] Abschließend führte das Gericht aus: „Der Angeklagte hat sich dadurch der Mittäterschaft an der Verwirklichung von Kriegsverbrechen, Verbrechen gegen die Menschlichkeit und Verbrechen des Mordes schuldig gemacht."[71]

Auch dass Globke an zentraler Stelle mit großem Engagement und viel Kreativität an der Ausarbeitung sowie Kommentierung antijüdischer Vorschriften mitgewirkt hat, hielt das Oberste Gericht fest: „Die

68 Ebenda, S. 191.
69 Ebenda.
70 Ebenda.
71 Ebenda, S. 192.

verbrecherischen Gesetze, Normativakte und Verwaltungsentscheidungen, an deren Bearbeitung oder Erlass der Angeklagte massgeblich beteiligt war, waren notwendige Organisationsformen zur Durchführung der zur Aburteilung stehenden Verbrechen. Von ihrem Funktionieren hingen weitgehend die Verbrechen und ihre furchtbaren Ausmasse ab."[72] Auch diese Darstellung entsprach den historischen Tatsachen. Globke handelte dabei, so das Gericht, mit gemeinschaftlichem Vorsatz im Sinne des damaligen § 47 StGB.

Globke wusste um die Judenverfolgung und lehnte sie nicht ab. Seine Kenntnis bestritt er nach 1945 nur insoweit, als er behauptete, nichts von der Ermordung aller Juden geahnt zu haben. Den Einwand der Verteidigung, Globke sei ein „kleines Licht" gewesen und habe lediglich eine „Hilfstätigkeit" ausgeübt, wies das Gericht mit guten Argumenten zurück, denn der Einwand beruhe „auf einer Verkennung der gesamten Struktur" der Verbrechen.[73] Hinzu kam zudem, dass Globkes Position im Reichsinnenministerium durch die enge Zusammenarbeit mit Abteilungsleiter Stuckart, der ab 1943 in Vertretung Himmlers quasi als Reichsinnenminister fungierte, deutlich herausgehoben war. Denn faktisch nahm Globke im Verlauf des Krieges die Rolle eines Unterabteilungsleiters im Innenministerium ein.

Das Gericht legte die Abläufe der Verbrechen allerdings nicht völlig offen. Gerade beim Mordtatbestand fehlte im Hinblick auf die Kausalität der Handlungen des Angeklagten für deren tatbestandlichen Erfolg eine genaue Schilderung des Tathergangs. Die Behauptung der direkten Kooperation mit Eichmann in der den Prozess begleitenden Propaganda wurde im Urteil nicht übernommen. Unklar blieb, wie Globkes Beiträge in die antijüdischen Aktivitäten bis hin zum Völkermord eingebunden wurden. Denn er nahm weder an den einschlägigen Konferenzen und Besprechungen teil, noch hatte er je Kontakt zu Eichmann. Wie erfuhr Globke also, wann er welche Normen für antisemitische Maßnahmen erarbeiten sollte?

72 Ebenda.
73 Ebenda.

Hier besteht eine Lücke in der Beweisführung. Sie war und ist aber leicht zu schließen und hätte auch im Urteil geschlossen werden können. Denn dem Gericht war die enge Zusammenarbeit Globkes mit seinem Vorgesetzten, dem Staatssekretär Wilhelm Stuckart, bekannt. Abgesehen davon, dass die Einbindung Globkes in den Prozess der Diskriminierung und Vernichtung der Juden offenblieb, wurden die historischen Abläufe im Urteil plausibel geschildert. Globke erhielt seine Anweisungen von Stuckart, denn dieser nahm als SS-Obergruppenführer und Vertrauter Himmlers an allen einschlägigen Besprechungen teil.[74]

Zum Strafmaß führte das Gericht im Urteil gegen Globke aus, es sei – auch für die völkerrechtlichen Normen – dem deutschen Strafgesetzbuch zu entnehmen. Denn die schwerste Strafe drohte der Mordparagraf an, der nur die Todesstrafe oder lebenslanges Zuchthaus vorsah. Die Todesstrafe wäre aber in Westeuropa auf Ablehnung gestoßen und hätte so die Wirkung des Urteils verringert. So hieß es: „Im vorliegenden Fall konnte trotz der aussergewöhnlichen Schwere der zur Aburteilung stehenden Verbrechen nicht gänzlich unberücksichtigt bleiben, dass die Ursachen der verbrecherischen Betätigung des Angeklagten der deutsche Imperialismus in seiner extremsten Gestalt, dem Faschismus, gesetzt hat."[75] Globke „profitierte" so ironischerweise von der marxistisch-leninistischen Faschismus-Theorie.

Widersprüchlich wirkt, dass nach einem zum Teil rechtsstaatswidrigen Verfahren ein treffliches Urteil erging. Für Fehlurteile lassen sich meist Ursachen finden, die in einer unzureichenden Beweisaufnahme oder richterlichen Bewertung liegen. Im Globke-Prozess ist es genau umgekehrt: Obwohl es im Vorverfahren zu massiven Rechtsverstößen kam (Absprachen zwischen Politik, Stasi, Staatsanwaltschaft und Gericht; Auswahl der Zeugen; Vorverurteilung), erging ein in seinem historischen und juristischen Gehalt kaum zu beanstandendes Urteil. In einem Rechtsstaat hätte die Entscheidung wegen der vorangegangenen

74 Zur Biografie Stuckarts siehe Kapitel 1.2., S. 24–26, in diesem Band.

75 Zit. nach DJuNSV Nr. 1068, Bd. III, S. 70–194, insbes. S. 194.

Verfahrensverstöße allerdings keinen Bestand gehabt, was aber nichts daran ändert, dass das Urteil für sich juristisch und historisch Beachtung beanspruchen darf.

5.2. Globkes Richter – keine Lichtgestalten

Die DDR-Propaganda präsentierte die mit dem Globke-Verfahren befassten Richter Heinrich Toeplitz, Hans Reinwarth und Friedrich Mühlberger als vorbildliche Juristen mit einer sauberen antifaschistischen Vita. Tatsächlich wurde Toeplitz unter der NS-Herrschaft als „Halbjude" diskriminiert. Und Reinwarth war von 1938 bis 1940 im KZ Dachau inhaftiert. Über Mühlberger ist Derartiges nicht bekannt. Die drei Richter waren dennoch keine Vorzeige-Juristen: Toeplitz und Reinwarth verübten Rechtsbeugung gegenüber Gegnern des SED-Regimes und DDR-Flüchtlingen. Dabei ist der Fall Toeplitz für die Kaderpolitik der DDR durchaus bezeichnend. Und der Fall Reinwarth führte sogar bis zur strafrechtlichen Ahndung von DDR-Unrecht nach 1990. Über den Beisitzer Mühlberger ist dagegen nur vergleichsweise wenig bekannt.

Als Verfasser des Urteils gegen Globke kommt vor allem der am 5. Juni 1914 geborene Heinrich Theodor Toeplitz in Betracht, da er dafür aufgrund seiner gediegenen Ausbildung über die besten Voraussetzungen verfügte. Toeplitz erblickte in Breslau das Licht der Welt. Der Vater war jüdischer Herkunft, promovierter Jurist und Gerichtsassessor.[76] Er kam als Soldat im Ersten Weltkrieg um. Die materiellen Verhältnisse der Familie Toeplitz waren aber gesichert. Heinrich Toeplitz

76 Zur Biografie von Toeplitz siehe Hermann Wentker, Justiz in der SBZ/DDR 1945–1953. Transformation und Rolle ihrer zentralen Institutionen, München 2001, S. 278 f. Die folgenden Angaben stützen sich zudem auf ein 64 Seiten zählendes Manuskript von Rudi Beckert im Besitz des Verfassers, das u. a. auf den Stasi-Unterlagen über Toeplitz beruht. Zu Rudi Beckert (1932–2016) siehe ders., Glücklicher Sklave. Eine Justizkarriere in der DDR, Berlin 2011.

machte 1932 Abitur und studierte danach Jura in Breslau. 1934/35 leistete er Wehrdienst, wurde aber als „Halbjude" vorzeitig entlassen. 1936 legte er das Erste Staatsexamen ab. Zum juristischen Vorbereitungsdienst wurde er aufgrund seiner nach NS-Auffassung halbjüdischen Herkunft nicht zugelassen. 1937/38 promovierte Toeplitz mit einer Dissertation zum Aktiengesetz vom 30. Januar 1937. Danach versuchte er, in Österreich oder Jugoslawien als Jurist beruflich Fuß zu fassen, was misslang. In Deutschland hatte er von 1939 bis 1944 nur die Möglichkeit, als juristischer Hilfsarbeiter bei Anwälten und in der Industrie zu arbeiten. Im April 1944 wurde Toeplitz als „jüdischer Mischling" von der Organisation Todt rekrutiert, die ihn als Zwangsarbeiter bei militärischen Bauvorhaben in Frankreich und den Niederlanden einsetzte. Dieser Arbeitseinsatz zielte nicht unmittelbar auf Vernichtung der Betroffenen, gleichwohl war deren Mortalität deutlich erhöht.[77]

Im August 1945 kehrte Toeplitz nach Berlin zurück. Von 1945 bis 1947 war er Referendar in der Berliner Justiz und wurde gleichzeitig als Hilfsrichter eingesetzt, was in der frühen Nachkriegszeit durchaus möglich war. 1946 heiratete er die 1921 geborene Stenotypistin Ruth Gaudlitz. Aus der Ehe gingen ein Sohn und zwei Töchter hervor. Nach dem zweiten Examen wurde Toeplitz 1947 Mitarbeiter der Rechtsabteilung des Berliner Magistrats. Auch gehörte er der Vereinigung der Verfolgten des Naziregimes (VVN) an. Nach deren Auflösung zählte Toeplitz zu den Mitbegründern des Komitees der Antifaschistischen Widerstandskämpfer, wo er bis 1990 leitende Funktionen wahrnahm.

1949 trat Toeplitz der CDU bei. 1950 wechselte er von der Berliner Stadtverwaltung, dem Magistrat, zur Hauptgeschäftsstelle der CDU, ab 1951 gehörte er auch der Volkskammer an. Bereits kurz zuvor war der entscheidende Karrieresprung erfolgt. Denn Toeplitz wurde am 16. November 1950 zum Staatssekretär im Justizministerium der DDR ernannt. Sein Vorgänger Helmut Brandt, der ebenfalls der CDU ange-

77 Siehe hierzu Beate Meyer, „Jüdische Mischlinge". Rassenpolitik und Verfolgungserfahrung 1933–1945, Hamburg 1999.

hörte, war zwei Monate zuvor verhaftet worden, weil er die rechtsstaatswidrigen „Waldheimer Prozesse“ kritisiert hatte. Brandt wurde deshalb knapp vier Jahre später zu zehn Jahren Zuchthaus verurteilt. Toeplitz verdankte seinen Aufstieg mithin der offenen Justizwillkür des SED-Regimes.[78]

Erster DDR-Justizminister war Max Fechner (SED) – ein Nicht-Jurist. Nach Anfangsschwierigkeiten arbeiteten er und sein Staatssekretär gut zusammen,[79] doch es gab Probleme mit den übrigen Mitarbeitern im Ministerium. Denn Toeplitz galt – auch aufgrund seines bürgerlichen Habitus – als „arrogant“. Die SED-Parteileitung im Ministerium schätze ihn wie folgt ein: „Auf Grund seines hohen Intellekts besitzt er ein starkes Geltungsbedürfnis.“ Er sei von hoher Intelligenz, aber unnahbar, von sich selbst eingenommen und „immer bemüht, seine eigene Funktion ins rechte Licht zu setzen“.[80]

Nach dem Sturz Fechners arbeitete Toeplitz ab 1953 unter Hilde Benjamin, der ersten Frau an der Spitze eines deutschen Justizministeriums.[81] Der Umgang mit der „roten Hilde“, deren Mann die Nazis ermordet hatten, war schwierig, dennoch respektierten Toeplitz und sie sich aber wohl als gute Juristen. Der Staatssekretär galt als derart linientreu, dass er im Ministerium sogar für die Kernbereiche Gesetzgebung, Haushalt und Allgemeine Verwaltung zuständig war.[82] 1954 stieg

78 Brandt wurde 1958 entlassen und beim Versuch, nach West-Berlin zu flüchten, verhaftet und erneut abgeurteilt. Schließlich wurde er 1964 von der Bundesrepublik freigekauft. Zu seiner Biografie siehe Hermann Wentker, Ein deutsch-deutsches Schicksal. Der CDU-Politiker Helmut Brandt zwischen Anpassung und Widerstand, in: Vierteljahrshefte für Zeitgeschichte 49 (2001), S. 465–506.

79 Zu Fechner siehe Rudi Beckert, Lieber Genosse Max. Aufstieg und Fall des ersten Justizministers der DDR Max Fechner, Berlin 2003.

80 Zit. nach Beckert, Toeplitz-Manuskript, S. 11.

81 Zu Benjamin siehe vor allem: Andrea Feth, Hilde Benjamin – Eine Biographie, Berlin 1997; Marianne Brentzel, Die Machtfrau. Hilde Benjamin 1902–1989, Berlin 1997.

82 Siehe Wentker, Justiz in der SBZ/DDR 1945–1953, S. 279.

Abb. 23.
Der Präsident des Obersten Gerichts Dr. Heinrich Toeplitz, 4. Oktober 1960

Toeplitz zum Mitglied im Präsidium des CDU-Hauptvorstands auf und avancierte 1966 zum stellvertretenden Vorsitzenden der CDU, was er bis 1989 blieb.

Im April 1960 erfolgte seine „Wahl" zum Präsidenten des Obersten Gerichts. Der Amtsvorgänger Kurt Schumann war ein früheres NSDAP-Mitglied und Kriegsgerichtsrat. Er musste ausscheiden, weil die DDR vor dem Hintergrund des Eichmann-Prozesses fürchtete, seine Rolle als NS-Jurist könnte von westlicher Seite thematisiert werden. Bei Schauprozessen gegen NS-Täter konnte Schumann jedenfalls nicht mehr eingesetzt werden.[83] Heinrich Toeplitz hingegen war „rassisch" Verfolgter. Die Position des Präsidenten entsprach seinem Naturell. Am Obersten Gericht konnte er repräsentieren und sich ins rechte Licht rücken. Den

83 Schumann war seit 1937 Mitglied der NSDAP und ab 1942 als Kriegsgerichtsrat tätig. Siehe Falco Werkentin, Politische Strafjustiz in der Ära Ulbricht, S. 19, Anm. 3.

SED-Machthabern blieb er stets treu ergeben, er war 26 Jahre im Amt. Erst mit 72 Jahren musste er 1986 ausscheiden.

Toeplitz beteiligte sich auch an der Rechtsprechung des Obersten Gerichts. So verurteilte er am 29. Dezember 1962 den früheren DDR-Meister im Radsport Harry Seidel als Fluchthelfer zu lebenslangem Zuchthaus. Seidel war Anfang 1961 nach West-Berlin gegangen und holte nach dem Mauerbau Frau und Kind nach. Darauf betätigte er sich als Fluchthelfer und war am Bau von mehreren Tunneln unter den Grenzanlagen beteiligt. Das nach einem Schauprozess gegen ihn durch Toeplitz gesprochene Urteil fiel Letzterem aber auf die Füße, denn die Internationale Juristenkommission in Genf griff den Fall auf. Seidel wurde nämlich aufgrund des DDR-„Gesetzes zum Schutz des Friedens“ aus dem Jahr 1950 abgeurteilt.[84] Dazu stellte die Genfer Kommission im Oktober 1963 fest: „Das Oberste Gericht der DDR [hat es] fertiggebracht, die von Seidel geleistete Fluchthilfe in Handlungen der Kriegsvorbereitungen und Aggression zu pervertieren.“ Toeplitz nannte Seidel einen „republikflüchtigen Gewaltverbrecher“ und zieh ihn „staatsgefährdender Gemeingefährlichkeit“. Willy Brandt äußerte kurz nach dem Urteil gegen Seidel seine „Empörung über dieses Schandurteil der modernen Inquisition eines Unrechtsstaates“.[85] Seidel wurde nach viereinhalb Jahren von der Bundesrepublik freigekauft.

An Toeplitz ging diese Kritik nicht spurlos vorbei. Im sechseinhalb Monate später stattfindenden Globke-Prozess wollte er es offenbar besser machen. Er war mit den Akten bestens vertraut, führte den Prozess zielstrebig und strahlte als Vorsitzender bei der Verhandlungsleitung Ruhe und Souveränität aus. Vor allem aber verzichtete er auf juristisch unhaltbare Konstruktionen wie im Fall Seidel. Denn das

84 Gesetz vom 15. Dezember 1950, in: Gesetzblatt der Deutschen Demokratischen Republik 1950, S. 1199.

85 Vorstehende Zitate nach: Gerhard Mauz, „Sensibler Bereich“, in: Spiegel-Spezial „162 Tage Deutsche Geschichte. Das halbe Jahr der gewaltlosen Revolution“ vom 1. 2. 1990.

Friedensschutz-Gesetz hätte nicht angewandt werden dürfen. Im Prozess gegen Hans Globke war Toeplitz zwar in rechtsstaatswidrige Absprachen eingebunden, verhielt sich aber während des Prozesses korrekt. Dabei mag es eine Rolle gespielt haben, dass Globkes 1. Verordnung zum Reichsbürgergesetz Toeplitz zum „Halbjuden" gestempelt und ihm 1937 die weitere Ausbildung abgeschnitten hatte. Er musste sich als juristischer Hilfsarbeiter durchschlagen und wurde zu harter Zwangsarbeit verpflichtet. Das dürfte er kaum vergessen haben. Es machte ihn aber noch nicht befangen, da sich Globkes Vorschrift ja nicht gezielt gegen ihn gerichtet hatte.[86] Gleichwohl imponiert die Argumentation im Urteil.

1966 leitete Toeplitz einen weiteren NS-Prozess gegen den SS-Arzt Horst Fischer, der in Auschwitz unter anderem an Selektionen auf der Rampe mitgewirkt hatte, vor allem aber in Monowitz beim Buna-Werk tätig gewesen war. In der DDR praktizierte er als Landarzt. In diesem Schauprozess sollte nach dem Frankfurter Auschwitz-Prozess die Verantwortlichkeit „der Monopole" am Beispiel des Betriebs der Buna-Werke durch die IG Farben demonstriert werden.[87] Fischer belastete sich vor Gericht selbst. Verteidiger war Rechtsanwalt Vogel.[88] Am 10. März 1966 erging die Todesstrafe, die auch vollstreckt wurde. Das Urteil ist zwar

86 Befangenheit besteht dann, wenn ein Grund vorliegt, der geeignet ist, Misstrauen gegen die Unparteilichkeit eines Richters zu rechtfertigen (§ 24 Abs. 2 StPO). Das gilt aber nicht für jeden beliebigen Grund. Vielmehr muss der Ablehnende bei verständiger Würdigung der Annahme sein, der Richter nehme ihm gegenüber eine innere Haltung ein, die die gebotene Unparteilichkeit und Unvoreingenommenheit störend beeinflussen kann (siehe Beschluss des Bundesgerichtshofes vom 3. Dezember 2015 zum Aktenzeichen 1 StR 169/15). Dies ist aber nicht schon dann der Fall, wenn der Abgelehnte von einer legislativen Bestimmung betroffen war, an der der Ablehnende mitgewirkt hatte.

87 Siehe Komitee der antifaschistischen Widerstandskämpfer der DDR (Hrsg.), I.G. Farben – Auschwitz – Massenmord. Über die Blutschuld der IG Farben. Dokumente zum Auschwitz-Prozess, Berlin (Ost) 1964.

88 Dirks, Die Verbrechen der anderen.

juristisch nicht zu beanstanden, steht aber in seinem historischen Gehalt weit hinter dem Globke-Urteil zurück.[89]

1989 trat Toeplitz noch einmal als Vorsitzender eines Volkskammer-Ausschusses zur „Überprüfung von Fällen des Amtsmißbrauches, der Korruption, der persönlichen Bereicherung und anderer Handlungen“ hervor. Doch das Ergebnis war dürftig. Sein Zwischenbericht am 1. Dezember 1989 wurde laut Protokoll der Volkskammer-Sitzung mit „Heiterkeit“ und „Unruhe“ aufgenommen.[90] Gerhard Mauz schrieb wegen des Seidel-Urteils über ihn: „Mitunter überkommt einen die Frage, ob nicht vielleicht alle Juristen furchtbare Juristen sind; ob sie nicht alle der Versuchung zur Charakterlosigkeit unterliegen, die ihrem Beruf innezuwohnen scheint.“[91] Der frei gewählten Volkskammer gehörte Toeplitz nicht mehr an. Er starb 1998.

Einer der beiden Beisitzer im Globke-Prozess war der 1920 geborene Hans Reinwarth. Er wuchs im Sudetenland auf und war von Beruf Strumpfwirker.[92] Als Mitglied eines antifaschistischen Jugendbundes kam er beim „Anschluss“ des Sudetenlandes 1938 ins KZ Dachau. 1940 wurde er entlassen, musste sich aber in einem Minensuchkommando der Marine „bewähren“. Beim Kampf um Stettin wurde Reinwarth 1945 verletzt. Die Kriegsgefangenschaft blieb ihm erspart. Stattdessen baute er die FDJ in Parchim auf. 1948/49 absolvierte er einen Jahreskurs zur Ausbildung als „Volksrichter“,[93] unter den Kursanten galt er als „Spitzen-

89 Siehe DJuNSV Nr. 1060, Bd. II, S. 693–718 (Urteil des OG vom 25.3.1966).

90 Volkskammer, Protokolle, 9. Wahlperiode, Bd. 25, S. 343–346.

91 Gerhard Mauz, Sensibler Bereich, in: Spiegel Spezial, Nr. 2/1990: 162 Tage Deutsche Geschichte. Das halbe Jahr der gewaltlosen Revolution, 1.2.1990.

92 Biografische Angaben nach dem Urteil des Landgerichts Berlin gegen Hans Reinwarth vom 17. Juni 1994 zum Az. (528) 29/2 Js 283/92 Ks (1/94), in: Klaus Marxen/Gerhard Werle (Hrsg.), Strafjustiz und DDR-Unrecht. Dokumentation, Bd. 5/1, Berlin 2007, S. 353–452, insbes. S. 353–365.

93 Zur Volksrichterausbildung siehe Hermann Wentker (Hrsg.), Volksrichter in der SBZ/DDR 1945 bis 1952. Eine Dokumentation, München 1997.

kandidat“ und wurde 1949 Amtsrichter in Parchim.[94] Ab Anfang 1950 gehörte Reinwarth daneben einer großen Strafkammer des Landgerichts Schwerin an. Er sollte auch bei den „Waldheimer Prozessen“ eingesetzt werden, erkannte aber deren rechtsstaatswidrigen Charakter und lehnte dies ab, woraus ihm keine Nachteile erwuchsen. Vielmehr wurde Reinwarth im September 1952 sogar zum ersten Direktor des neuen Bezirksgerichts Schwerin ernannt.[95] Reinwarth war ein Gegner der Todesstrafe und machte daraus keinen Hehl. Als er gegen einen Doppelmörder nicht auf die beantragte Todesstrafe erkannte, gab es heftige öffentliche Kritik, doch auch das schadete Reinwarth nicht. Vielmehr wurde er im März 1954 Hilfsrichter am Obersten Gericht der DDR. Häufig wurde er im (politischen) 1a-Strafsenat eingesetzt.[96] Noch 1954 avancierte er zum Parteisekretär des Gerichts. Als solcher sollte er die persönlichen Verhältnisse der Richter kennen und gegebenenfalls „parteilich“ auf sie einwirken. Dazu hielt er Kontakt zur Abteilung Staats- und Rechtspflege beim ZK der SED. Damit spielte der Parteisekretär bei der Anleitung und Ausrichtung der Richter im Sinne der SED bis in die persönlichen Verhältnisse hinein eine wichtige Rolle.[97]

Wiederholt setzte Reinwarth sich auch in politischen Verfahren erfolgreich für Betroffene ein, indem er die Todesstrafe abwendete oder sogar einzelne Freisprüche herbeiführte. 1958 verlor er seine Funktion als Parteisekretär. Im selben Jahr wurde er an die Akademie für Staats-

94 Zum Rechtsalltag in der SBZ/DDR an Amts- und Kreisgerichten siehe vor allem Inga Markovits, Gerechtigkeit in Lüritz. Eine ostdeutsche Rechtsgeschichte, München 2006.

95 Zur Umstrukturierung der DDR-Justiz im Jahre 1952 siehe Werkentin, Politische Strafjustiz in der Ära Ulbricht; Wentker, Justiz in der SBZ/DDR 1945–1953.

96 Zur Rechtspraxis am Obersten Gerichts in politischen Verfahren siehe vor allem Rudi Beckert, Die erste und letzte Instanz. Schau- und Geheimprozesse vor dem Obersten Gericht der DDR, Goldbach 1995.

97 Zit. nach Urteil des Landgerichts Berlin gegen Hans Reinwarth vom 17. Juni 1994, S. 355.

und Rechtswissenshaft nach Potsdam-Babelsberg abgeordnet, wo er den Grad eines Diplomjuristen erwarb. Ende 1959 wurde er Oberrichter und Vorsitzender des 2. Strafsenats (für Rechtsmittel der allgemeinen Kriminalität) des Obersten Gerichts der DDR. 1965 avancierte er zum Vizepräsidenten für Zivilsachen. Im gleichen Jahr promovierte er, wurde 1968 Dozent und 1973 Professor an der Akademie in Babelsberg. 1980 schied er aus.[98]

1994 musste Reinwarth sich wegen Rechtsbeugung vor dem Landgericht Berlin verantworten. Ihm wurden drei Urteile zur Last gelegt, in denen das Oberste Gericht die Todesstrafe in der Berufung bestätigte oder selbst verhängt hatte. Das erste Urteil fällte des Bezirksgericht Cottbus am 3. März 1955 gegen den Kaufmann Karl-Albrecht Tiemann.[99] Der hatte für den britischen Geheimdienst ein Spionagenetz aufgebaut, dessen Mitglieder Berichte fertigten, militärische Fahrzeuge beobachteten und Flugblätter verteilten. Das Niveau der Spionage war zwar niedrig, gleichwohl erklärte das Bezirksgericht, Tiemann habe dazu beigetragen, „einen neuen Weltkrieg vorzubereiten". Am Obersten Gericht war Reinwarth der Berichterstatter im zuständigen Senat. Den Vorsitz hatte Oberrichter Möbius. Im Berufungsurteil vom 1. April 1955 hieß es, dass die Tat „einen beispiellosen Grad an Gesellschaftsgefährlichkeit" aufwies. Und weiter: „Vor Elementen wie dem Angeklagten kann sich die friedliebende Menschheit nur durch Austilgung schützen."[100] Das habe Möbius hineingeschrieben, so Reinwarth 1994. Er stimmte der Bestätigung des Todesurteils entgegen seiner Überzeugung zu. Das Politbüro bestätigte die Entscheidung am 21. Juni 1955. Die Hinrichtung erfolgte am 26. Juli 1955 in Dresden.[101]

98 Siehe ebenda S. 356.
99 Das Urteil des Bezirksgerichts Cottbus vom 3. März 1955 zum Az. I 33/55 – 1 Ks 23/55 wurde ebenda vollständig wiedergegeben, S. S. 372–381. Mitangeklagt war ein Voigt, der zu fünf Jahren Zuchthaus verurteilt wurde.
100 Zit. nach ebenda, S. 389 und 391
101 Siehe ebenda, S. 391.

Der zweite Fall betraf den Bauingenieur Heinz Friedemann, den das Bezirksgericht Cottbus am 4. November 1955 zum Tode verurteilt hatte.[102] Friedemann hatte für den britischen Geheimdienst sowjetische Kasernen in Karlshorst beobachtet und Kurierfahrten unternommen. Im Urteil hieß es, er habe sich damit als „verbissener und verschworener Feind des deutschen Volkes zu erkennen gegeben".[103] Der Fall war noch harmloser als der Fall Tiemann. Reinwarth war wieder Berichterstatter und Möbius Vorsitzender. Letzterer meinte, hier hätte es auch eine Zuchthausstrafe getan, aber wenn Cottbus die Todesstrafe wolle, sei das in Ordnung. Die Berufung wurde am 2. Dezember 1955 verworfen. Reinwarth stimmte zu, weil er wiederum angab, er hätte sich ohnehin nicht durchsetzen können.[104]

Vom 24. bis 27. Januar 1956 fand ein erstinstanzlicher Prozess gegen Max Held, Werner Rudert, Eva Halm und Joachim Sachße vor dem 1. Strafsenat statt.[105] Das Politbüro hatte vorgegeben, gegen Held und Rudert die Todesstrafe zu verhängen.[106] Es kam zu einem Schauprozess mit mehreren Hundert Zuschauern, bei dem der „Augenzeuge", die Wochenschau der DDR, filmte. Held hatte für den US-Geheimdienst Konstruktionspläne aus der Industrie beschafft, einen sowjetischen Flugplatz ausgespäht und Wissenschaftler – vor allem Flugspezialisten – „abgeworben", indem er zur Übersiedlung in den Westen riet. Rudert lieferte Unterlagen

102 Das Urteil des Bezirksgerichts Cottbus vom 4. November 1955 zum Az. 1 Ks 317/55 – I 42/551 S 1 wurde ebenfalls im Urteil des Landgerichts Berlin gegen Hans Reinwarth vom 17. Juni 1994 vollständig wiedergegeben: Siehe ebenda, S. 395–398.

103 Zit. nach ebenda S. 398.

104 Das Todesurteil wurde am 22. Dezember 1955 in der Untersuchungshaftanstalt Dresden vollstreckt. Siehe ebenda, S. 405.

105 Das Urteil des Obersten Gerichts vom 27. Januar 1956 zum Az. 1 Zst (1) 1/36 ist ebenfalls im Urteil des Landgerichts Berlin gegen Hans Reinwarth vom 17. Juni 1994 vollständig wiedergegeben: Siehe ebenda, S. 408–417.

106 Siehe ebenda, S. 406. Gegen Halm wurde lebenslanges Zuchthaus und gegen Sachße eine Strafe von acht Jahren Zuchthaus verhängt.

aus dem RFT-Werk Erfurt. Gegen beide erging die vorgegebene Todesstrafe.[107] Reinwarth hielt die Strafhöhe zwar für unangemessen, schloss sich aber gleichwohl seinen Kollegen an. In diesem Fall begnadigte der Präsident der DDR die Verurteilten zu lebenslanger Haft.[108] Beide kamen 1964 frei.

Das Landgericht Berlin stellte fest, dass alle drei Verurteilungen auf Rechtsverstößen beruhten, bei denen es sich um schwere offensichtliche Menschenrechtsverletzungen handelte, die Reinwarth bekannt waren. Eine Verurteilung allein aus Art. 6 der Verfassung der DDR wegen „Kriegshetze" hielt das Gericht aber nicht für ausreichend, um Rechtsbeugung anzunehmen. Denn nach DDR-Auffassung stellte Art. 6 eine unmittelbar anwendbare Strafvorschrift dar.[109]

So kam es in drei weiteren Fällen, die ebenfalls angeklagt worden waren, nicht zur Verurteilung. Das galt auch in Hinblick auf Karl Wilhelm Fricke, der 1955 nach Ost-Berlin entführt und am 11. Juli 1956 vom Obersten Gericht zu vier Jahren Zuchthaus verurteilt worden war.[110] Fricke wurde nach seiner Freilassung zum Doyen der DDR-Forschung. Strafmildernd berücksichtigte das Landgericht Berlin im Fall Reinwarth, dass er sein Verhalten 1955/56 offen eingeräumt hatte. Als junger Richter unterlag er einem hohen Arbeits- und Anpassungsdruck und wollte keinen sinnlosen Streit. Das gut begründete und milde Urteil

107 Siehe ebenda, S. 409.

108 Siehe ebenda, S. 418.

109 Art. 6 Satz 2 der DDR-Verfassung lautete: „Boykotthetze gegen demokratische Einrichtungen und Organisationen, Mordhetze gegen demokratische Politiker, Bekundung von Glaubens-, Rassen-, Völkerhass, militaristische Propaganda sowie Kriegshetze und alle sonstigen Handlungen, die sich gegen die Gleichberechtigung richten, sind Verbrechen im Sinne des Strafgesetzbuches." Nach heutiger Rechtsauffassung war dies keine anwendbare Strafvorschrift, denn sie verstieß gegen den Bestimmtheitsgrundsatz.

110 Das DDR-Urteil gegen Fricke findet sich bei Marxen/Werle (Hrsg.), Strafjustiz und DDR-Unrecht, Bd. 5/1, S. 449–452. Zum Verfahren siehe auch Karl Wilhelm Fricke, Akten-Einsicht. Rekonstruktion einer politischen Verfolgung, 4. durchges. und aktual. Aufl., Berlin 1997.

des Landgerichts lautete auf drei Jahre und neun Monate Freiheitsstrafe.[111] Es wurde in der Revision bestätigt.

Über Dr. Friedrich Mühlberger war nicht viel zu erfahren. Er wurde am 18. Januar 1922 geboren, brachte es zum Volksrichter und amtierte 1953 als Präsident des Bezirksgerichts Karl-Marx-Stadt (Chemnitz).[112] Mühlberger publizierte fragwürdige Aufsätze zum politischen Strafrecht – etwa „Zum Tatbestand der staatsfeindlichen Hetze".[113] 1967 wirkte er an einem zweifelhaften Prozess gegen Westdeutsche mit.[114] 1970 erschien sein 594 Seiten zählendes Werk „Die grundsätzlichen Anforderungen an das Strafurteil erster Instanz zur Erreichung seiner optimalen gesellschaftlichen Wirksamkeit". 1982 war Mühlberger Vorsitzender des 1. Strafsenats. 1994 wurde er wegen Rechtsbeugung angeklagt, dann aber wegen Verhandlungsunfähigkeit außer Verfolgung gesetzt.[115]

Bei den Richtern im Globke-Verfahren handelte es sich – anders als es die DDR-Propaganda Glauben machen wollte– also nicht um Juristen, die wirklich unabhängig und nur dem Recht verpflichtet waren, sondern sie passten sich in der Regel dem Regime an. Das galt vor allem wegen der Rechtsbeugungs-Taten, die der Vorsitzende Toeplitz (Fall Seidel) und der Beisitzer Reinwarth (Spionage-Fälle) verübt hatten. Mühlberger verfasste höchst fragwürdige Ausführungen zum politischen Strafrecht. Die Richterbank im Globke-Prozess war also mit zweifelhaften Personen besetzt,

111 Siehe Marxen/Werle (Hrsg.), Strafjustiz und DDR-Unrecht, Bd. 5/1, S. 353–452, insbes. S. 430 f.

112 Siehe Wentker, Justiz in der SBZ/DDR 1945–1953, S. 566.

113 In: Neue Justiz 23 (1969), S. 276–280. Darüber hinaus erschienen von Mühlberger u. a. folgende Aufsätze: Sozialistische Gesetzlichkeit im Strafverfahren, in: Neue Justiz 10 (1956), S. 388–391; Die Voraussetzungen für die Anwendung der Tatbestände der staatsgefährdenden Propaganda und Hetze und der Staatsverleumdung sorgfältig prüfen!, in: Neue Justiz 17 (1963) 6, S. 181–164; Der Schutz der gesellschaftlichen und staatlichen Grundlagen der DDR im neuen Strafrecht, in: Neue Justiz 21 (1967), S. 269–275.

114 Siehe Der Spiegel Nr. 12 vom 22. März 1971, S. 99 f.

115 Siehe Klaus Marxen/Gerhard Werle (Hrsg.), Strafjustiz und DDR-Unrecht. Dokumentation, Bd. 5/2, Berlin 2007, S. 1086.

die besser keine Urteile mehr gesprochen hätten. Das aber galt ebenso für zahlreiche Richter aus der NS-Zeit in der bundesdeutschen Justiz, die bis in die 1980er-Jahre gerade an Obergerichten Entscheidungen fällten, die noch heute Beachtung finden. NS- oder SED-Belastungen von Richtern machen ihre Urteile nämlich nicht von vornherein ungültig. Dafür hätte vielmehr ihre Befangenheit festgestellt werden müssen.

Exkurs: Der NS-Terror vor dem Bundesgerichtshof

Der Fall Reinwarth erregte nach der Verurteilung wegen Rechtsbeugung 1994 einiges Aufsehen. Es wurde heftig kritisiert, dass zwar DDR-Richter belangt wurden, NS-Juristen in der Bundesrepublik aber fast durchweg straffrei blieben.[116] Von zentraler Bedeutung war dabei das sogenannte Rehse-Urteil, das der 5. Strafsenat des Bundesgerichtshofes 1968 in Berlin gesprochen hatte. Es betraf den 1902 als Sohn eines Pfarrers geborenen Hans-Joachim Rehse, der Richter wurde. Er brachte es zum Kammergerichtsrat, arbeitete am Volksgerichtshof und wurde der juristische Beisitzer Roland Freislers im 1. Senat des NS-Tribunals.[117] Als solcher war Rehse an mindestens 231 Todesurteilen beteiligt.[118]

Nach 1945 setzte Rehse sich – wie viele NS-Täter – nach Schleswig-Holstein ab. Dort wurde er Richter am Verwaltungsgericht in der kleinen Beamtenstadt Schleswig. Er führte ein ruhiges Leben und blieb unbehelligt. Das Oberlandesgericht München lehnte es noch 1963 ab,

116 Siehe hierzu Jörg Friedrich, Freispruch für die Nazi-Justiz. Die Urteile gegen NS-Richter seit 1948. Eine Dokumentation, Reinbek 1983; Günter Spendel, Rechtsbeugung durch Rechtsprechung. Sechs strafrechtliche Studien, Heidelberg 1984; Ingo Müller, Die Verwendung des Rechtsbeugungstatbestands zu politischen Zwecken, in: Kritische Justiz 17 (1984) 2, S. 119–141.

117 Zur „Rechtspraxis" des Volksgerichtshofes siehe vor allem Holger Schlüter, Die Urteilspraxis des nationalsozialistischen Volksgerichtshofs, Berlin 1995.

118 Zur Biografie Hans-Joachim Rehses siehe Robert Pausch, Freislers rechte Hand, in: Die Zeit, Nr. 26 vom 22. Juni 2017, S. 23.

Abb. 24. Der Volksgerichtshof bei einer Sitzung im Kammergericht, August 1944: Roland Freisler (Mitte), Hans-Joachim Rehse (rechts) und Laienrichter General Hermann Reinecke (links) beim Hitler-Gruß

Rehse wegen Rechtsbeugung zu belangen. Doch dann erging in Berlin Anklage gegen ihn. Rehses Überstellung verlief seltsam. Weil die schleswig-holsteinische Polizei NS-Täter oft entkommen ließ, wurden zwei Peterwagen aus Hamburg auf den Weg gebracht. Die Festnahme gelang, und Rehse kam nach Fuhlsbüttel, wo ein Flugkapitän der „Pan Am" bis zur Landung in Tegel die Verantwortung für ihn übernahm.[119]

Rehse wurde dann in einem Pilot-Prozess wegen seiner Tätigkeit am Volksgerichtshof angeklagt, dem zunächst nur sieben der unter seiner Mitwirkung ergangenen Todesurteile zugrunde lagen. Vor Gericht gab Rehse an, Freisler habe meist gefordert: „Die Rübe muss runter!"

119 Aufgrund des besonderen Status von Berlin wurde der Luftverkehr mit Westdeutschland bis 1990 ausschließlich von Luftfahrtgesellschaften der West-Alliierten durchgeführt. An Bord hatten deren Flugkapitäne die ausschließliche Kommandogewalt.

Am 3. Juli 1967 verurteilte ihn das Landgericht Berlin zu fünf Jahren Zuchthaus wegen Beihilfe zur Rechtsbeugung. In der Revision hob der 5. Strafsenat des Bundesgerichtshofes, auf den noch zurückzukommen sein wird, die Verurteilung am 30. April 1968 auf, denn der Senat betrachtete Rehse nicht als Beihelfer, sondern Mittäter. Vor allem aber erhöhte der 5. Strafsenat die Anforderungen an den subjektiven Tatbestand der Rechtsbeugung. Bloße „Rechtsblindheit", die das Landgericht konstatiert hatte, reiche nicht aus. Es hätte noch größeren Einsatzes bedurft.[120] Kritiker prägten die Formel: „Je fanatischer, desto strafloser."

Am 6. Dezember 1968 erfolgte der vom Bundesgerichtshof intendierte Freispruch durch eine andere Kammer des Landgerichts Berlin. Den Vorsitz hatte Kammergerichtsrat Ernst-Jürgen Oske,[121] Berichterstatter war der damalige Landgerichtsrat Egbert Weiß. Das Urteil löste Empörung aus. Die Presse sprach von einem „Freispruch für Freisler" und einer „Rechtsperversion". Lea Rosh kündigte die Übergabe eines „Roland-Freisler-Wanderpokals" an den Vorsitzenden Oske an.[122] Über die Revision gegen das Urteil war noch nicht entschieden, als Rehse Mitte 1969 starb. Zwar erlangte der Freispruch damit keine Rechtskraft, aber die Ermittlungen wegen seines Wirkens am Volksgerichtshof wurden eingestellt. Das „Rehse"-Urteil bedeutete das faktische Ende der Strafverfolgung von NS-Juristen in der Bundesrepublik.[123]

21 Jahre später gab es ein Nachspiel zum freisprechenden Urteil von 1968. So wurde 1989 eine Tafel vor dem Eingang des früheren Reichskriegsgerichts an der Witzlebenstraße in Berlin-Charlottenburg ange-

120 Urteil des 5. Strafsenats des Bundesgerichtshofs vom 30. April 1968 zum Aktenzeichen 5 StR 670/67, in: Neue Juristische Wochenschrift (NJW) (1968), S. 1339–1343.

121 Zur Prozessgeschichte siehe Ingo Müller, Furchtbare Juristen. Die unbewältigte Vergangenheit unserer Justiz, München 1987, S. 281–285.

122 Eine entsprechende Annonce erschien in mehreren Berliner Tageszeitungen.

123 Siehe Bernhard Jahntz/Volker Kähne, Der Volksgerichtshof. Darstellung der Ermittlungen der Staatsanwaltschaft bei dem Landgericht Berlin gegen ehemalige Richter und Staatsanwälte am Volksgerichtshof, Berlin 1992.

bracht, die an die dort verhängten über 260 Todesurteile gegen Kriegsdienstverweigerer erinnerte. Das Gebäude diente Ende der 1980er-Jahre als Sitz des Kammergerichts, und der Kammerrichter Egbert Weiß, 1968 Berichterstatter im Rehse-Verfahren, ließ die Tafel entfernen. Eine erneut angebrachte Tafel zerschlug er kurz darauf persönlich auf den Treppenstufen zum Gericht. Nun folgte die Einleitung eines Disziplinarverfahrens gegen Weiß, das eingestellt werden musste. Am Ende wurde eine fest verankerte Metalltafel auf öffentlichem Straßenland vor dem Gebäude aufgestellt.[124]

Um der 1994 durch das Reinwarth-Urteil ausgelösten Kritik an der Strafverfolgung von SED-Juristen bei gleichzeitiger Straffreiheit für den NS-Justizterror die Spitze zu brechen, erklärte der 5. Strafsenat des Bundesgerichtshofes in der Revisions-Entscheidung: „[…] keiner der am Volksgerichtshof tätigen Berufsrichter und Staatsanwälte wurde wegen Rechtsbeugung verurteilt; ebensowenig Richter der Sondergerichte und der Kriegsgerichte. Einen wesentlichen Anteil an dieser Entwicklung hatte nicht zuletzt die Rechtsprechung des Bundesgerichtshofes […]. Diese Rechtsprechung ist auf erhebliche Kritik gestoßen, die der Senat als berechtigt erachtet."[125] Dabei überging der 5. Strafsenat allerdings geflissentlich, dass er selber mit der Rehse-Entscheidung den wohl größten Anteil an der nun kritisierten Rechtsprechung zugunsten von NS-Juristen hatte.

Mit seiner Nebenaussage („Obiter Dictum") meinte der 5. Strafsenat, die Lage beruhigen zu können. Doch das Gegenteil war der Fall. Denn das späte „Schuldeingeständnis" wirkte wohlfeil – gab es doch altersbedingt keine NS-Richter und Staatsanwälte mehr, die noch hätten angeklagt werden können. Der Augsburger Strafrechtsprofessor Arnd

124 Siehe hierzu die Angaben zur Gedenkstafel in der Witzlebenstrasse auf der Internet-Präsentation zu den Gedenktafeln, https://www.gedenktafeln-in-berlin.de/nc/gedenktafeln/strasse/alph/W/strasse/Witzlebenstraße/ [10.8.2018].

125 Das Urteil vom 14. und 16. November 1995 zum Az. 5 StR 747/94 ist wiedergegeben bei Marxen/Werle (Hrsg.), Strafjustiz und DDR-Unrecht, Bd. 5/1, S. 456–481, Zitat S. 473.

Koch konstatierte: „Rechtspolitisch fand der Bundesgerichtshof nach 1989 eine passgenaue Lösung."[126] Und der niederländische Strafrechtsexperte Christiaan Frederik Rüter, der Herausgeber der Amsterdamer Sammlung und international beste Kenner der Materie, nannte die Ausführungen des Bundesgerichtshofes schlicht „scheinheilig".[127]

Wie recht Rüter hatte, sollte sich nur wenige Jahre später zeigen. Denn derselbe 5. Strafsenat hatte im „Fall Engel" zu entscheiden,[128] der den 1909 geborenen Dr. Friedrich Engel betraf. Der promovierte Philologe war 1943 Befehlshaber der Sicherheitspolizei und des SD in Genua geworden, wo es am 15. Mai 1944 zu einem Anschlag auf ein deutsches Soldatenkino gekommen war. Fünf oder sechs Tote und 15 Verletzte waren zu beklagen. Darauf hatte Engel 59 italienische Zivilisten erschießen lassen. Marinesoldaten führten die Aktion am 19. Mai 1944 am Turchino-Pass aus. Je sechs Delinquenten mussten sich zur Erschießungen vor eine Grube stellen. Dort blickten sie auf die Leichen ihrer Kameraden.

Engel wurde nach 1945 Prokurist einer Holzimportfirma in Hamburg und brachte es zu einigem Wohlstand. Ermittlungen der italienischen Militärstaatsanwaltschaft wurden 1960 abgebrochen und 1994 wieder aufgenommen. Ein italienisches Militärgericht verurteilte Engel dann 1999 in Abwesenheit zu lebenslanger Haft. Die Bundesrepublik lehnte seine Auslieferung ab. Doch 2002 musste er sich vor dem Landgericht Hamburg verantworten. Das hielt die Tötungen für „grausam" im Sinne von Mord. Denn der Anblick der getöteten Kameraden durchbrach die „Humanitätsschranke". Engel wurde daher zu sieben Jahren Freiheitsstrafe verurteilt und ging in Revision.[129]

126 Siehe Arnd Koch, Strafbare Rechtsanwendung. Zur Auslegung des Rechtsbeugungstatbestandes nach Systemwechseln, in: Zeitschrift für Internationale Strafrechtsdogmatik (ZIS) 6 (2011) 6, S. 470–474, Zitat S. 474.

127 Zu Rüter siehe Dick de Mildt (Hrsg.), Staatsverbrechen vor Gericht. Festschrift für Christiaan Frederik Rüter zum 65. Geburtstag, Amsterdam 2003.

128 Bundesgerichtshof in Strafsachen (BGHSt), Bd. 49, S. 189–201.

129 Ebenda.

Der zuständige 5. Strafsenat hob das Urteil gegen ihn auf. Wie im „Rehse-Urteil" hielt er die Ausführungen des Landgerichts zum subjektiven Tatbestand nicht für ausreichend. Das Landgericht war zwar durchaus darauf eingegangen, doch der 5. Strafsenat suchte offenbar etwas, um das Urteil aufheben zu können. Dann stellte er das Verfahren kurzerhand ein. Zur Begründung hieß es: „Das hohe Alter des Angeklagten [93 Jahre] lässt in absehbarer Zeit eine beträchtliche Minderung seiner Verhandlungsfähigkeit erwarten."[130] Damit wurde ein neuer Einstellungsgrund erfunden. Das Gericht ging damit weit über den zulässigen Rahmen einer Rechtsfortbildung hinaus.

Aber die Bundesrichter sahen in dem promovierten Philologen und Hamburger Holzkaufmann Engel einen der ihren, der vor Strafe bewahrt werden sollte. Das war nicht nur akademische Klassensolidarität, sondern bezeichnend für die bundesdeutsche Verfolgung von NS-Verbrechen.[131] Nach der Engel-Entscheidung hätte keiner der seit 2011 durchgeführten NS-Prozesse – gegen Demjanjuk, Gröning oder Hanning – stattfinden dürfen. Denn die Angeklagten waren alle im Alter von Engel. Doch keines der beteiligten Gerichte ging darauf ein.[132] Der Fall Reinwarth zeigte so, wie sehr die Rechtsprechung in der Bundesrepublik von politisch-medialen Implikationen geprägt wurde.

5.3. Falsche Geschichtsbilder in Ost und West

Unter den personifizierten DDR-Kampagnen gegen westdeutsche Politiker kam derjenigen gegen Globke die größte Bedeutung zu, denn mit ihr konnte Adenauer direkt getroffen werden. Auf die Kampagne gegen

130 Zit. nach ebenda, S. 199.

131 Siehe Falco Kruse, Zweierlei Maß für NS-Täter? Über die Tendenz schichtenspezifischer Privilegierungen in Urteilen gegen nationalsozialistische Gewaltverbrecher, in: Kritische Justiz 11 (1978) 3, S. 236–253.

132 Siehe hierzu Kapitel 4.1. in diesem Band.

Globke folgte die gegen Bundespräsident Heinrich Lübke. Auch er wies NS-Belastungen auf,[133] sie waren aber im Vergleich zu denjenigen von Globke gering. Dennoch wurde Lübke in einer Art „nachhinkender Kampagne" in den Jahren 1965/66 international als „KZ-Baumeister" vorgeführt. Albert Norden nannte den Bundespräsidenten sogar die „Schlüsselfigur bei der Planung und Durchführung der geheimsten kriegswichtigen Rüstungsvorhaben der faschistischen Führung".[134] Den Beweis blieb Norden auch in diesem Fall schuldig. Entgegen landläufigen Annahmen fälschte die Stasi zwar keine Unterschriften Lübkes unter Bauzeichnungen für KZ-Baracken – das MfS versah solche Pläne nur mit Deckblättern, die die von Lübke stammenden Zeichnungen in den Kontext der NS-Rüstung einordneten –,[135] dennoch war der spätere Bundespräsident kein Unschuldslamm, sondern als Bauleiter am Arbeitseinsatz von KZ-Häftlingen beteiligt. Aber er war kein „KZ-Baumeister". Selbst die Staatssicherheit schreckte insoweit vor Dokumentenfälschungen zurück. Lübke erklärte zum 30. Juni 1969 vorzeitig seinen Amtsverzicht.[136]

Damit endeten die Personen-Kampagnen der DDR. Die Vorwürfe gegen Globke blieben durchaus haften, hatten aber nach seiner Pensionierung keine große Bedeutung mehr. Der älteren Generation im Osten ist Globke nach wie vor präsent. Im Westen scheiden sich an ihm die Geister. Der außenpolitische Schaden für die Bundesrepublik blieb geringer als der durch die „Braunbuch"-Kampagnen, weil die überzogene Agitation dem fundierten Urteil seine Wirkung nahm. Dass in Justiz, Verwaltung und Politik Westdeutschlands überall Parteigänger

133 Siehe Jens-Christian Wagner, Der Fall Lübke, in: Die Zeit vom 19. Juli 2007.

134 Zit. nach Lemke, Instrumentalisierter Antifaschismus, S. 75.

135 Angaben nach den Aussagen von Jens Gieseke in der Radiosendung von Thomas Krug, Das Braunbuch. Albert Norden und die Kampagne zur Entlarvung von Kriegsverbrechern in Westdeutschland, in: Deutschlandfunk Kultur, 19. 8. 2015, S. 13 f., http://www.deutschlandfunkkultur.de/das-braunbuch.media.0802e11dc473a444f26f259a1a6decb4.pdf [7. 8. 2018].

136 Siehe Wagner, Der Fall Lübke.

Hitlers saßen, beunruhigte die Öffentlichkeit Westeuropas und der USA viel mehr.

Und die DDR-Angaben zur Renazifizierung im Westen waren sogar noch untertrieben. Das zeigen die seit 2000 entstandenen Studien zu Ministerien und Behörden der Bundesrepublik. Das Ausmaß der NS-Kontinuitäten war größer, als Norden es sich hatte träumen lassen. Von den 9000 Richtern und Staatsanwälten in Westdeutschland hatten 1953 zwei Drittel bereits Hitler gedient. Am Bundesgerichtshof stieg die Zahl der vor 1945 Tätigen von 1950 bis 1962 von 68 auf 77 Prozent.[137] Bis 1970 waren 53 Prozent der leitenden Mitarbeiter (ab Referatsleiter) im Bundesjustizministerium im Besitz eines NSDAP-Parteibuchs gewesen.[138] Das Personal des Auswärtigen Amtes wurde quasi komplett aus der NS-Zeit übernommen.[139] Bis 1970 waren im Bundesinnenministerium 54 Prozent der leitenden Beamten (ab Referatsleiter) einst Mitglied der NSDAP gewesen. Ihr Anteil stieg sogar von 50 Prozent 1950 auf 66 Prozent Mitte 1956 und blieb bis Mitte 1965 auf diesem hohen Niveau.[140] Beim Bundesnachrichtendienst hatten über die Hälfte der Mitarbeiter eine NS-Vergangenheit.[141] Noch schlimmer sah es im Bundeskriminalamt aus. Ende der 1950er-Jahre kamen zwei Drittel der Mitarbeiter im höheren Dienst aus der SS und gegen die Hälfte von

137 Siehe Hubert Rottleuthner, Karrieren und Kontinuitäten deutscher Justizjuristen vor und nach 1945, Berlin 2010, S. 58, S. 84f.

138 Siehe Görtemaker/Safferling, Die Akte Rosenburg, S. 263.

139 Siehe Hans-Jürgen Döscher, Seilschaften. Die verdrängte Vergangenheit des Auswärtigen Amts, Berlin 2005; Eckart Conze/Norbert Frei/Peter Hayes/Moshe Zimmermann, Das Amt und die Vergangenheit. Deutsche Diplomaten im Dritten Reich und in der Bundesrepublik, München 2010.

140 Frank Bösch/Andreas Wirsching, Abschlussbericht der Vorstudie zum Thema Die Nachkriegsgeschichte des Bundesministeriums des Innern (BMI) und des Ministeriums des Innern der DDR (MdI) hinsichtlich möglicher personeller und sachlicher Kontinuitäten zur Zeit des Nationalsozialismus, o.O. 2015, S. 24 und S. 35.

141 Siehe Christoph Rass, Das Sozialprofil des Bundesnachrichtendienstes. Von den Anfängen bis 1968, Berlin 2016.

ihnen wurde wegen NS-Verbrechen ermittelt.[142] In der Polizei waren NS-Aktivisten auch allgemein noch stärker vertreten als in der Justiz.[143]. Für das Bundeskanzleramt oder das Bundesgesundheitsministerium stehen Studien noch aus. Die bisher vorliegenden Erkenntnisse sind jedoch eindeutig.[144]

Für die Legislative liegen nur einzelne Untersuchungen vor. Sie dokumentieren ein hohes Maß an NS-Belastungen. Uwe Danker und Sebastian Lehmann-Himmel legten für Schleswig-Holstein eine fundierte Studie vor.[145] Das Land war bekanntlich vor und nach 1945 eine ausgeprägte Nazi-Hochburg. SS-General Heinz Reinefarth, der 1944 Warschau zerstört hatte und Zehntauende Polen ermorden ließ, brachte es in Kiel sogar zum Landtagsabgeordneten.[146] Dem Chef der „Euthanasie"-Aktion Professor Werner Heyde wurde nach 1945 eine erneute Karriere als „Dr. Sawade" in Flensburg ermöglicht, was in Justiz und Verwaltung allgemein bekannt war. Als Fritz Bauer die Situation im „echten Norden" – Eigenwerbung des Landes Schleswig-Holstein –

142 Siehe Imanuel Baumann/Herbert Reinke/Andrej Stephan/Patrick Wagner, Schatten der Vergangenheit. Das BKA und seine Gründungsgeneration, Köln 2011.

143 Bislang fehlt es an Überblicksdarstellungen zur Renazifizierung der westdeutschen Polizei nach 1945. Siehe daher als Einzelstudien Stefan Noethen, Alte Kameraden und neue Kollegen. Polizei in Nordrhein-Westfalen 1945–1953, Essen 2003; Klaus Weinhauer, Schutzpolizei in der Bundesrepublik. Zwischen Bürgerkrieg und Innerer Sicherheit: Die turbulenten sechziger Jahre, Paderborn 2003, S. 102–116.

144 Vgl. Christian Mentel/Niels Weise, Die zentralen deutschen Behörden und der Nationalsozialismus – Stand und Perspektiven der Forschung, München/Potsdam 2016.

145 Siehe Uwe Danker/Sebastian Lehmann-Himmel, Landespolitik mit Vergangenheit. Geschichtswissenschaftliche Aufarbeitung der personellen und strukturellen Kontinuität in der schleswig-holsteinischen Legislative und Exekutive nach 1945, Husum 2017.

146 Philipp Marti, Der Fall Reinefarth. Eine biografische Studie zum öffentlichen und juristischen Umgang mit der NS-Vergangenheit, Neumünster 2014.

Abb. 25. Karikatur zur Renazifizierung in Schleswig-Holstein, Stuttgarter Zeitung vom 18. Januar 1961

durchschaut hatte, meinte er nur: „Wissen Sie, da oben hängen die Hitler-Bilder immer noch in der Küche!“[147]

Die politischen und habituellen Folgen sind in Schleswig-Holstein bis heute spürbar. Rechtsextreme Auffassungen zählen zur Folklore.[148] Selbst die Justiz- und Kulturministerin der von 2012 bis 2017 regierenden „Küstenkoalition“ war nicht bereit, die Aus- und Fortbildung der Juristen im Hinblick auf den Nationalsozialismus und seine Folgen auch nur zu diskutieren oder bereits beschlossene Pläne für KZ-Gedenkstätten umzusetzen.[149] So ist der „echte Norden“ bis heute frei von professionell arbeitenden NS-Gedenkstätten.

In der Studie zum Kieler Landtag wird hinsichtlich der politischen Motive der Abgeordneten zu Recht differenziert. Es findet sich aber nichts dazu, welche Spuren die früheren NS-Aktivisten im Land hinterließen. Kollektivbiografien sind vorsichtig zu genießen. Das gilt auch für die gesellschaftlichen Folgen der Renazifizierung. Darüber aber einfach hinwegzugehen bleibt unzureichend. Vielmehr ist es endlich an der Zeit, die NS-Prägungen offenzulegen, die das Land noch Jahrzehnte nach 1945 bestimmten.

Das Verbot der Kommunistischen Partei und eine oft rechtsstaatswidrige Verfolgung ihrer Sympathisanten gab es nur in Westdeutschland.[150] Die Bekämpfung von Homosexuellen setzte sich mit NS-Stereo-

147 Zit. nach Foth, Günther Wieland und die internationale Abteilung, S. 410. Zu Heyde/Sawade siehe Godau-Schüttke, Die Heyde/Sawade-Affäre.

148 Siehe Klaus Bästlein, Friedrich Christiansen. Vom Friesenjungen auf Föhr zum Wehrmachtsbefehlshaber und NS-Täter in den Niederlanden und gefeierten Ehrenbürger in Schleswig-Holstein, in: Demokratische Geschichte, Bd. 27 (2016), S. 213–246.

149 Vgl. Klaus Bästlein/Perke Heldt/Jörn-Peter Leppien, Konzeption für die KZ-Gedenkstätte Husum-Schwesing und die weitere Entwicklung der Gedenkstätten zum Nationalsozialismus in Nordfriesland, Berlin/Flensburg/Husum 2013.

150 Siehe von Brüneck, Politische Justiz gegen Kommunisten.

typen fort.[151] Das galt auch für Sinti und Roma, denen der BGH noch 1956 bescheinigte: „Sie neigen [...] zur Kriminalität, insbesondere zu Diebstählen und Betrügereien, es fehlen ihnen vielfach die sittlichen Antriebe der Achtung vor fremden Eigentum, weil ihnen wie primitiven Urmenschen ein ungehemmter Okkupationstrieb eigen ist."[152] Die Geheimdienste nahmen die SPD und mit ihr die demokratische Linke ins Visier. Das Bundesverfassungsgericht galt der Globke-Administration als „Fremdkörper". Proteste gegen die Remilitarisierung wurden niedergeschlagen, die „Spiegel"-Affäre stellte die Pressefreiheit infrage, die Polizeigewalt gegen Studenten war 1967/68 exorbitant, Berufsverbote unterminierten die Verfassung, und noch 1976/77 wurden Bürger in Brokdorf Opfer polizeilicher Notstandsübungen.[153]

Die Strafverfolgung von NS-Verbrechen blieb Camouflage. Die Schreibtischtäter wurden nicht belangt. Nur einige Verantwortliche der mittleren Ebene standen vor Gericht – und kamen mit „Streichelstrafen für Nazimörder" (Ernst Bloch) davon. Hunderttausende „kleiner Befehlsempfänger" wurden nur verfolgt, wenn sie Exzesse verübt hatten. Wer befehlsgemäß gemordet hatte, blieb straflos – das wurde zur perversen

151 Siehe Hans-Georg Stümke/Rudi Finkler, Rosa Winkel, Rosa Listen. Homosexuelle und „Gesundes Volksempfinden" von Auschwitz bis heute, Reinbek b. Hamburg 1981; Katharina Stengel, Tradierte Feindbilder. Die Entschädigung der Sinti und Roma in den fünfziger und sechziger Jahren, Frankfurt 2004.

152 Urteil des 4. Zivilsenats des Bundesgerichtshofes vom 7. 1. 1956 zum Az. IV ZR 211/55.

153 Zur Polizeigewalt gegen Remilitarisierungs-Gegner siehe Wolfgang Buschfort, Philipp Müller und der „Essener Blutsonntag" 1952, in: Deutschland Archiv 2002, S. 253–58. Zur Spiegel-Affäre vgl. Doerry/Janssen (Hrsg.), Die Spiegel-Affäre. Zur Polizeigewalt 1967 siehe Eckard Michels, Schahbesuch 1967. Fanal für die Studentenbewegung, Berlin 2017. Zu Berufsverboten vgl. Dominik Rigoll, Staatsschutz in Westdeutschland. Von der Entnazifizierung zur Extremistenabwehr, Göttingen 2013. Zu Brokdorf siehe Eva Nowottny/Michael Dahl mit Marina Bock und Janina Roettger, Symbol Brokdorf. Die Geschichte eines Konflikts. Dokumentation einer Ausstellung, in: Demokratische Geschichte 14 (2001), S. 257–319.

Botschaft der Ahndung.[154] Selbst Richter, die politische Todesurteile gesprochen, Ärzte, die behinderte Kinder ermordet, und Lehrer, die zum Rassenwahn aufgestachelt hatten, amtierten weiter. Sie prägten Westdeutschland in den 1950er- und 1960er-Jahren und blieben bis in die 1980er-Jahre dominant. In den Schulbüchern ist dazu nichts zu finden.

Die Tendenz von zehn als Stichprobe durchgesehenen Bänden für den Geschichtsunterricht ist eindeutig: Eine Renazifizierung oder autoritäre Strukturen in der frühen Bundesrepublik werden nicht thematisiert. Nur ein Buch problematisiert die „Restauration" und die „Kontinuitäten der Eliten".[155] In fünf Büchern werden die „Vergangenheitsbewältigung" als Generationenproblem und die juristische Aufarbeitung am Rande benannt, die Renazifizierung dagegen nicht.[156] Drei Bücher gehen auf die Entnazifizierung, die „Nürnberger Prozesse" und am Rande auf die Strafverfolgung ein.[157] Ein Band erwähnt nur

154 Siehe Bästlein, Zeitgeist und Justiz. Daneben gab es auch eine Reihe gut begründeter Urteile aus NS-Prozessen, die auf durchaus professionellen Verermittlungen der Zentrale Stelle beruhten. Sie stehen aber hinter der Gesamtentwicklung und ihren fatalen Botschaften auch in Hinblick auf die Zukunft absolut zurück.

155 Siehe Joachim Rohlfes, Historisch-politische Weltkunde. Deutschland nach 1945, Stuttgart 2008.

156 Siehe Florian Osburg/Dagmar Klose (Hrsg.), Expedition Geschichte: Von der Nachkriegszeit zur Gegenwart, Frankfurt a.M. 2003; Björn Opfer/Gabriele Möhring (Red.), Geschichte und Geschichten: Neuzeit, Leipzig 2005; Christoph Meyer/Dorle Bennöhr (Red.), Anno 11/12. Geschichte Gymnasium Sachsen, Braunschweig 2008; Gabriele Möhrung (Red.), Geschichte, Geschehen. Sekundarstufe I, Stuttgart/Leipzig 2009, Ulrich Baumgärtner, Klaus Fieberg (Hrsg.), Anno 9/10. Geschichte Gymnasium Brandenburg, Braunschweig 2009.

157 Vgl. Christoph Meyer (Red.), Horizonte II: Geschichte für die Oberstufe, Braunschweig 2003: Dieter Brückner/Harald Focke (Hrsg.). Das waren Zeiten 2: Deutschland und die Welt nach 1871, Bamberg 2007; Bernhard Pfändtner/Jürgen Weber (Bearb.), Buchners Kolleg Geschichte Ausgabe C: Deutschland zwischen Diktatur und Demokratie – Weltpolitik im 20. Jahrhundert, Bamberg 2009.

die „Entnazifizierung", der weitere Umgang mit der NS-Zeit fehlt aber völlig.[158]

Die aktuellen Schulbücher hinterlassen den Eindruck, das deutsche Volk sei mit der Kapitulation am 8. Mai 1945 ausgetauscht worden und habe seit der Verkündung des Grundgesetzes am 23. Mai 1949 nur noch aus Demokraten bestanden. Die NS-Prägungen von Millionen Deutschen sollen damit vorbei, überwunden und „bewältigt" worden sein. Dass es sich in Westdeutschland um eine „postfaschistische Gesellschaft" handelte, dass eine praktisch grenzenlose Renazifizierung vor sich ging und dass eine autoritäre, von NS-Auffassungen mitbestimmte Atmosphäre in Schulen, Verwaltungen und in der Justiz herrschte, wird im heutigen Geschichtsunterricht einfach nicht thematisiert.

Die DDR war allerdings nicht das „bessere Deutschland". Es gab systembedingte Unterschiede, aber auch die Gesellschaft zwischen Elbe und Oder war „postfaschistisch". Studien, die z. T. im Rahmen der „Behördenforschung" erfolgten, zeigen, dass auch in der DDR-Bürokratie frühere Nationalsozialisten weiter tätig waren – wenn auch nicht in westdeutschen Dimensionen. So hatten 20 Prozent der leitenden Mitarbeiter des Innenministeriums der DDR im Bereich Verwaltung vor 1970 der NSDAP angehört. Im Bereich Innere Sicherheit waren es allerdings nur 7 Prozent.[159] Er umfasste die Staatssicherheit sowie die Volkspolizei und den Kommandosektor im Innenministerium. Auch in der DDR konnten viele Nazis ihre Karrieren fortsetzen.

In der Volksarmee machten Hitlers Generäle und Offiziere ebenso glänzende Karrieren wie in der Bundeswehr. Die „National-Demokratische Partei Deutschlands" wurde im Osten 1949 von SED-Kadern

158 Siehe Elke Fleiter (Red.), Zeitreise 3, Leipzig 2006.

159 Siehe Bösch/Wirsching, Abschlussbericht der Vorstudie zum Thema Die Nachkriegsgeschichte des BMI und des MdI der DDR, S. 116. Vgl. Jens Gieseke, Die hauptamtlichen Mitarbeiter der Staatssicherheit. Personalstruktur und Lebenswelt 1950–1989/90, Berlin 2000. Vgl. auch Mentel/Weise, Die zentralen deutschen Behörden, S. 70 f.

eigens zur politischen Integration ehemaliger Nazis gegründet. Selbst im Funktionärsapparat der SED fanden sich viele frühere Parteigänger der NSDAP.[160] Angehörige von SS-Mörderbanden bewährten sich als „verdiente Kräfte des Volkes“.[161] Ein NS-Jurist, der mehr als zehn Todesurteile beantragt hatte, stieg gar zum sozialistischen Strafrechtsprofessor auf. Als seine Vergangenheit öffentlich wurde, erfolgte allerdings die Aburteilung.[162] Die DDR hatte einen systembedingten Vorteil gegenüber dem Westen. Denn die SED konnte man zwar wählen, aber nicht abwählen. So war es möglich, unter der SED-Diktatur Justizpolitik auch gegen die Bevölkerung zu machen – und daher wurden NS-Verbrechen intensiver verfolgt und bestraft als im Westen.

Einerseits prägten die NS-Belastungen die DDR nicht so extrem wie die Bundesrepublik. Denn jedenfalls die führenden SED-Kader waren anders als Globke und manche seiner Bonner Spießgesellen keine NS-Schreibtischtäter gewesen. Andererseits fand in der DDR jener gesellschaftliche Prozess der kritischen Auseinandersetzung mit der NS-Zeit nicht statt, der in Westdeutschland in den 1960er-Jahren einsetzte und für ein anderes Deutschland konstitutiv wurde. Ironischerweise trugen dazu die Propaganda-Kampagnen Nordens viel bei, da sie die Auseinandersetzung in der Bundesrepublik anstießen und voranbrachten. Dialektisch gesehen ist der DDR also durchaus dafür zu danken,

160 Siehe Rüdiger Bergien, Das Schweigen der Kader. Ehemalige Nationalsozialisten im zentralen SED-Parteiapparat –eine Erkundung, in: Birthe Kundrus/Sybille Steinbacher (Hrsg.), Kontinuitäten und Diskontinuitäten. Der Nationalsozialismus in der Geschichte des 20. Jahrhunderts, Göttingen 2013, S. 134–153.

161 Das gilt etwa für den Oradour-Täter Heinz Barth, der nach 1945 zum beliebten Mitarbeiter des Konsums in einer Landstadt wurde. Vgl. Brunner, Der Frankreich-Komplex. Das Urteil des Bezirksgerichts Rostock vom 7. Juni 1983 findet sich in DJuNSV, Nr. 1009, Bd. I, S. 275–297.

162 Peter Riegel. Der tiefe Fall des Professors Pchalek. Herausgegeben von der Landesbeauftragten des Freistaates Thüringen für die Unterlagen des Staatssicherheitsdienstes der ehemaligen DDR, Erfurt 2007.

dass sie die Demokratisierung in der Bundesrepublik anschob und nachhaltig förderte.

Mit dem Generationswechsel wurden in den 1970er- und 1980er-Jahren autoritäre und postfaschistische Strukturen im Westen langsam überwunden. Das heißt aber nicht, dass damit antisemitische, rassistische oder antidemokratische Einstellungen völlig verschwunden wären. Sie sind vielmehr bis heute in Teilen der Bevölkerung fest verankert. Die langsame Wandlung der „postfaschistischen Gesellschaft" in die aufgeklärten Verhältnisse der heutigen Bundesrepublik ist ein spannendes Lehrstück. Aber die aktuelle Schulbuch-Propaganda von der seit ihrer Gründung makellos demokratischen und rechtsstaatlichen Bundesrepublik legt das ebenso wenig offen, wie es die SED-Agitation hinsichtlich des NS-Terrors getan hat.[163]

Autoritäre und undemokratische Strukturen der frühen Bundesrepublik sind in der offiziellen Geschichtsschreibung kein Thema. Westdeutschland wird lieber gefeiert. Kritik ist unerwünscht – es sei denn, sie betrifft die DDR. Die vorherrschenden Geschichtserzählungen legen nahe, dass dort vor allem Unrecht geschah. Deshalb hat sich auch kein deutscher Historiker oder Jurist je ernsthaft mit dem Globke-Urteil befasst. Vorurteile können aber auf ihre Rezipienten zurückfallen. Das zeigt die Geschichte der Ahndung von NS-Verbrechen. Der Mainstream ersetzte die eigene Analyse.[164] Dabei wird auch deutlich, dass Historikern oft die nötigen juristischen Kenntnisse fehlen. Insoweit bleibt das Globke-Urteil des Obersten Gerichts der DDR ebenfalls ein Lehrstück.

163 Siehe vorstehende Angaben zu den aktuellen Schulbüchern.

164 Siehe insbes. die Arbeiten von Knabe, Die unterwanderte Republik; Weinke, Die Verfolgung von NS-Tätern; Dirks, Die Verbrechen der anderen; Leide, NS-Verbrecher und Staatssicherheit.

Resümee

Peter Weber, ehemaliger Richter am Berliner Kammergericht, hat erklärt: „Leute wie Globke, Stuckart, Lösener waren als Juristen ungeheuer wichtig. Für jedes System sind Juristen wichtig, weil sie, insbesondere wenn in Unrechtssystemen wie dem ‚Dritten Reich' Unrecht kodifiziert wird, dem den Schein des Rechts geben und damit eine zusätzliche Legitimität des Unrechts schaffen. Globke gehört zu den Haupttätern in diesem Bereich, so dass es überhaupt keine Rolle spielte, ob er einen inneren Vorbehalt hatte oder nicht. Ein Kommentar, der authentisch den Willen des Gesetzgebers auslegt, ist die ideologische Grundlage für alles weitere Handeln. Insofern muss man Globke als Schreibtischtäter bezeichnen."[1] Das galt noch mehr für die Normativakte Globkes, die den Judenmord erst ermöglicht hatten.

Dabei ist es bemerkenswert, dass ein gerichtliches Verfahren, das zu propagandistischen Zwecken durchgeführt und rechtsstaatswidrig vorbereitet wurde, zu einem juristisch einwandfreien und in seiner historischen Substanz beachtlichen Urteil führte. In einem Rechtsstaat hätte das Urteil wegen der Verfahrensverstöße keinen Bestand gehabt, sondern wäre aufgehoben worden. Das Urteil als „reine Propaganda" abzutun, wie es die bundesdeutschen Historiker fast ausnahmslos unternommen haben, ist aber ebenso falsch. Denn die Projektion des in jeder Hinsicht problematischen Oberländer-Urteils auf das Globke-Verfahren geht fehl. Viele derjenigen, die das Urteil einfach abtun, haben es offenbar nie gelesen. Eine wirkliche Auseinandersetzung mit der Globke-Entscheidung blieb in der Bundesrepublik aus. Auf die juristische und zeitgeschichtliche Qualität des Urteils des Obersten Gerichts der DDR

1 Zit. nach Bevers, Der Mann hinter Adenauer, S. 36.

machte allein der Amsterdamer Strafrechtsprofessor Christiaan Frederik Rüter aufmerksam.[2]

Auf die meisten bundesdeutschen Strafrechtler – seien sie als Anwälte, Staatsanwälte, Richter oder Wissenschaftler tätig – wirkt das ausführliche Globke-Urteil verstörend. Denn es entspricht nicht den Schemata üblicher strafrechtlicher Entscheidungen. Scheinbar fehlen zentrale Punkte – wie der Beschluss zur Durchführung der „Endlösung“, die Kenntnis des Angeklagten davon und sein aktiver Betrag zum Tatgeschehen. Das internationale Strafrecht lässt aber eine freiere Beweiswürdigung und einen anderen Urteilsaufbau zu als die üblichen deutschen Strafurteile. Und nach Artikel 6 des Londoner Statuts für den Internationalen Gerichtshof reicht für Mittäterschaft die bewusste Tatbeteiligung aus.[3]

Doch die Anwendung internationalen Strafrechts gegen NS-Täter ist in der Bundesrepublik bis heute verpönt. Der Gesetzgeber hat von den Alliierten dazu geschaffene Vorschriften außer Kraft gesetzt. Keine andere Nation teilt die Ablehnung der Bundesrepublik Deutschland gegen die Strafverfolgung von NS-Verbrechen nach internationalem Recht. Aber die deutschen Justizministerinnen und -minister halten daran ebenso eisern fest wie der Bundestag. Niemand will das Kontrollratsgesetz Nr. 10 mit dem Tatbestand der Verbrechen gegen die Menschlichkeit wieder in Kraft setzen. Dabei begünstigt der deutsche Sonderweg nicht nur NS-Verbrecher, sondern trägt auch den Keim künftiger Fehlentwicklungen in sich. An den schlechtesten Traditionen aus den Anfängen der Bundesrepublik wird festgehalten. Rechtspraxis und -wissenschaft sind dagegen aufgerufen, die nie perfekte, aber im Gegensatz zur westdeutschen doch recht gute Praxis der Anwendung internationalen Strafrechts gegen NS-Verbrecher mehr zu beachten.[4]

2 So stellte Rüter eine Einzelausfertigung des Urteils gegen Globke ins Internet (DJuNSV, Nr. 1068, Bd. III, S. 70–194), die separat abrufbar ist.

3 Das Statut wurde durch die UN-Entschließungen vom 11. Dezember 1946 und 21. November 1947 bestätigt.

4 Siehe hierzu Kapitel 3.3. in diesem Band.

Abb. 26. Hans Globke 1963

Hans Globke war ein NS-Schreibtischtäter. Er hat keinen Menschen eigenhändig getötet. Das tat auch Adolf Eichmann nicht.[5] Doch Globke schuf die juristischen Voraussetzungen für die Vernichtung der europäischen Juden. Ohne die Definition, wer als Jude zu gelten hatte, und ohne Regelungen über die Auslöschung ihrer bürgerlichen Existenz samt Vermögenseinziehung wären die Deportationen und damit der Massenmord nicht möglich gewesen. Das galt für Deutschland und die besetzten Länder Europas, die bis auf Dänemark Globkes Vorgaben adaptierten. Hinzu kam seine juristische Pornografie bei der Auslegung

5 Der Versuch, Eichmann beim Prozess in Jerusalem eine solche Tat in Budapest 1944 nachzuweisen, misslang, siehe Cesarani, Eichmann, insbesondere S. 380.

der „Nürnberger Gesetze“ und insbesondere der „Rassenschande“. Wegen dieser Taten ist Globke nach Völkerstrafrecht mit Recht wegen Verbrechen gegen die Menschlichkeit verurteilt worden.

Globke hätte niemals eine leitende Position in der Bundesrepublik einnehmen dürfen. Seine Tätigkeit wirft einen Schatten auf Adenauers Verdienste als Bundeskanzler. Globke stellt nämlich nicht nur ein moralisches Problem dar, sondern die von ihm betriebene Renazifizierung prägte die junge Bundesrepublik so nachhaltig, dass für ihre Überwindung Jahrzehnte erforderlich waren. Das ist ein im doppelten Sinne dunkles Kapitel westdeutscher Geschichte. Seine Aufklärung steht nach wie vor am Anfang. Es darf aber im öffentlichen Bewusstsein, d. h. auch an den Schulen und in der politischen Bildung, nicht länger geradezu systematisch ausgeblendet werden, nur weil die Befassung damit auch der heutigen politischen Klasse unangenehm ist.

Danksagung

Die Entstehung dieser Studie ist dem niederländischen Strafrechtsexperten Christiaan Frederik Rüter zu verdanken. Er hat schon vor geraumer Zeit das Globke-Urteil ins Internet gestellt und wiederholt auf dessen Bedeutung hingewiesen.[1] Die vorliegende Arbeit hat er zudem durch viele Hinweise und umfangreiche Hilfe gefördert. Damit aber ist die überragende Rolle Rüters für die Erforschung der NS-Gewaltkriminalität nur unzureichend gewürdigt. Denn ohne seine Amsterdamer Sammlung, die seit 1965 auf über 50000 Seiten sämtliche Urteile deutscher Gerichte wegen NS-Tötungsverbrechen präsentiert, wäre eine qualifizierte Auseinandersetzung mit der Strafverfolgung von NS-Verbrechen gar nicht möglich.[2] Rüter hat überhaupt erst die Voraussetzung dafür geschaffen. Doch damit nicht genug: Rüter legte zudem die Muster der Ahndung offen. Er hat als Erster erkannt, was die westdeutsche Justizpolitik mit der Zentralen Stelle in Ludwigsburg betrieb, nämlich eine simulierte Strafverfolgung für das Ausland bei weitgehender Verschonung der Täter im Inland. Die grundlegenden Analysen der Strafverfolgung von NS-Verbrechen stammen von Rüter.[3] Als Niederländer ist

1 Das Urteil gegen Hans Josef Maria Globke. Einzelausfertigung des Urteils des OG vom 23.7.1963, 1 Zst (I) 1/63, DDR-Justiz und NS-Verbrechen, Bd. III, Lfd. Nr. 1068, www1.jur.uva.nl/junsv/pdf/globke.pdf.

2 C.F. Rüter/Dick de Mildt (Bearb.), Justiz und NS-Verbrechen (JuNSV). Sammlung deutscher Strafurteile wegen nationalsozialistischer Tötungsverbrechen, 43 Bde., Amsterdam 1965–2015, sowie dies. (Bearb.), DDR-Justiz und NS-Verbrechen. Sammlung ostdeutscher Strafurteile wegen nationalsozialistischen Tötungsverbrechen (DJuNSV), 10 Bde., Amsterdam 2002–2005.

3 Siehe Rüter, Die strafrechtliche Aufarbeitung der NS-Verbrechen in der Bundesrepublik Deutschland und der DDR – eine Bilanz, und darauf beruhend: Bästlein, Zeitgeist und Justiz.

er frei von den Konventionen und politischen Vorgaben im deutschen Wissenschaftsbetrieb.

Gefördert wurde dieser Band überdies von Hans Hermann Lochen, einem deutschen Ausnahmejuristen, der trotz Tätigkeit als Ministerialrat im Bundesjustizministerium Freigeist geblieben ist. Er hat das Manuskript einer kritischen Durchsicht unterzogen – und zwar nicht nur in Hinblick auf Fehler und Mängel, sondern auch auf den Empfängerhorizont in Deutschland.

Ein besonderer Dank gilt dem Soziologen Dr. Falco Werkentin, der sich insbesondere mit der Polizeigeschichte der Bundesrepublik und der politischen Strafjustiz in der DDR befasst hat. Werkentin hat eine Reihe wichtiger Hinweise zu zentralen Aspekten der Studie beigesteuert und zudem unzählige Verbesserungsvorschläge gemacht, die dankbar aufgegriffen werden konnten.

Aus dem Urteil des Obersten Gerichts der DDR vom 23. Juli 1963 zum Aktenzeichen 1 Zst (I) 1/63 gegen Hans Globke

Gliederung des Urteils

A. Das Strafverfahren gegen den Angeklagten Globke

I. Untätigkeit der BRD. Legitimation der DDR; stellvertretende Strafrechtspflege

II. Zuständigkeit des Obersten Gerichts der DDR

B. Die persönlichen Verhältnisse des Angeklagten

C. Die Teilnahme des Angeklagten an der Beseitigung des Parlamentarismus in Preussen

I. Mitwirkung am preussischen Ermächtigungsgesetz

II. Mitwirkung am preussischen Staatsratsgesetz

III. Mitwirkung an dem preussischen Provinzialratsgesetz

D. Die Teilnahme des Angeklagten an der Kennzeichnung, Verfolgung und Ausrottung der jüdischen Bürger in Deutschland und in den von den Faschisten zeitweilig besetzten Gebieten

I. Die Mitwirkung des Angeklagten an der Kennzeichnung der Juden durch Neuregelung des Verfahrens bei Namensänderungen

II. Die Mitwirkung des Angeklagten bei der Schaffung und Durchsetzung der faschistischen Rassengesetzgebung

III. Die Mitwirkung des Angeklagten an der „Endlösung der Judenfrage“

E. Die Teilnahme des Angeklagten an der Germanisierung der von den Faschisten okkupierten Länder

I. Die Mitwirkung des Angeklagten bei der Regelung des Staatsangehörigkeitsrechts der okkupierten Länder als juristischer Ausdruck der Germanisierungspolitik

II. Die Mitwirkung des Angeklagten an der Germanisierung der Tschechoslowakei

III. Die Mitwirkung des Angeklagten an der Germanisierung Litauens

IV. Die Mitwirkung des Angeklagten an der Germanisierung Polens

V. Die Mitwirkung des Angeklagten an der Germanisierung der zeitweilig besetzten Gebiete der Sowjetunion

VI. Die Mitwirkung des Angeklagten an der Germanisierung in Jugoslawien und seine Tätigkeit in Rumänien

VII. Die Mitwirkung des Angeklagten an der Germanisierung Frankreichs, Belgiens und Luxemburgs

VIII. Die Mitwirkung des Angeklagten an der Errichtung eines Okkupationsregimes in Italien

F. Beweiswürdigung

I. Allgemeines

II. Die Einstellung des Angeklagten zur Judenpolitik des Dritten Reiches

G. Die rechtliche Beurteilung der Handlungen des Angeklagten

I. Zur Anwendung des Artikels 6 des Londoner IMT-Statuts

II. Der Tatbeitrag des Angeklagten im Komplex der faschistischen Massenverbrechen

III. Die objektiven Merkmale der Verbrechen des Angeklagten im einzelnen

IV. Die subjektive Seite der Verbrechen des Angeklagten im einzelnen

V. Strafzumessung

Im Folgenden werden der Tenor, das Kapitel D (nur Abschnitte II. und III.) zur Beteiligung des Angeklagten an der Judenverfolgung sowie das Kapitel G des Urteils zur Beurteilung der Handlung des Angeklagten wiedergegeben:[1]

1 Zst (I) 1/63

Im Namen des Volkes

In der Strafsache gegen

Hans Josef Maria Globke, Staatssekretär im Bundeskanzleramt der deutschen Bundesrepublik, geb. am 10. September 1898 in Düsseldorf, wohnhaft in Bonn,

wegen Verbrechen im Sinne der allgemein anerkannten und von den Vereinten Nationen bestätigten Nürnberger Prinzipien, Artikel 6 des Londoner Statuts für das Internationale Militärtribunal vom 8. August 1945 in Verbindung mit Artikel 5 Abs. 1 der Verfassung der Deutschen Demokratischen Republik, Verbrechen nach §§ 211, 47 StGB,

hat der 1. Strafsenat des Obersten Gerichts der Deutschen Demokratischen Republik in den Sitzungen vom 8.–13., 15.-16., 19.–20. und am 23. Juli 1963 in Berlin für Recht erkannt:

> Der Angeklagte wird wegen in Mittäterschaft begangenen fortgesetzten Kriegsverbrechens und Verbrechens gegen die Menschlichkeit in teilweiser Tateinheit mit Mord gemäss Artikel 6 des Statutes

1 Gliederung und Urteilsauszug sind der von Christiaan Frederik Rüter besorgten Einzelausfertigung des Urteils gegen Globke entnommen (DJuNSV, Nr. 1068, Bd. III, S. 70–194).

für den Internationalen Militärgerichtshof, §§211, 47, 73 StGB zu lebenslangem Zuchthaus verurteilt.
Die bürgerlichen Ehrenrechte werden ihm auf Lebenszeit aberkannt.
Die Auslagen des Verfahrens werden dem Angeklagten auferlegt.

[...]

D. Die Teilnahme des Angeklagten an der Kennzeichnung, Verfolgung und Ausrottung der jüdischen Bürger in Deutschland und in den von den Faschisten zeitweilig besetzten Gebieten

Der Antisemitismus ist von den herrschenden Klassen im deutschen Volke seit Jahrhunderten bewusst zur Ablenkung von den wirklichen Urhebern der Nöte der unterdrückten Volksschichten ausgenutzt worden. Die falschen Vorstellungen, die den unwissenden Menschen von Generation zu Generation von der geschichtlichen Rolle, den religiösen Bräuchen und sonstigen Lebensgewohnheiten des jüdischen Volkes vermittelt wurden, ermöglichten es immer wieder, bei der Zuspitzung der durch die Ausbeuterklassen hervorgerufenen gesellschaftlichen Missstände den Zorn der verelendeten Massen gegen die Juden zu lenken. So kam es in der Vergangenheit oft zu Pogromen, bei denen Tausende jüdischer Menschen getötet, ihre Wohn- und Arbeitsstätten geplündert und gebrandschatzt wurden. Die bürgerlichen Revolutionen überwanden in den meisten europäischen Ländern den Antisemitismus und brachten den Juden die rechtliche und soziale Gleichstellung. Die verspätete und unvollendet gebliebene bürgerliche Revolution in Deutschland beschränkte die jüdische Emanzipation auf die Gleichstellung der Juden vor dem Gesetz. Im deutschen Volksdenken wurde der Antisemitismus jedoch erhalten. Sein Wesen veränderte sich lediglich insofern, als die vorwiegend religiöse Ursache des Antisemitismus im Mittelalter zugunsten des Vorwandes des antagonistischen Völker- und Rassengegensatzes zurücktrat.

Am stärksten veränderte sich die Funktion des Antisemitismus mit der Anmeldung des Anspruches auf Weltherrschaft durch den aggressiven junkerlich-bourgeoisen deutschen Imperialismus, dem der „Rassismus" die Rechtfertigung für die imperialistische Aggression und die Unterdrückung fremder Völker gab.

Die Propagandisten des „Alldeutschen Verbandes" brachten vor dem ersten Weltkrieg die Losung auf, die Deutschen seien ein „Volk ohne Raum", deshalb habe ihnen das Schicksal die schwachbesiedelten Gebiete Osteuropas zugedacht; die „völkische Hochzucht" des deutschen Volkes berufe es, über „Völker niederer Rasse" zu herrschen.

Houston Stewart Chamberlain entwickelte in seinem Buch „Die Grundlagen des XIX. Jahrhunderts" eine „Geschichtsphilosophie", nach der die Menschheit fast alle bedeutenden Kulturschöpfungen den „Ariern" (Indogermanen) und unter diesen hauptsächlich den Germanen verdanke. Diese Ideen übten auf die deutschen Chauvinisten von Wilhelm II. bis zu Hitler starken Einfluss aus. Ein weiterer „Rassentheoretiker", Otto Ammon, versuchte statistisch nachzuweisen, dass der Anteil der germanischen Rasse unter den Angehörigen der „höheren Stände" besser erhalten sei als in den niederen Schichten, womit die Herrschaft der ersteren infolge ihrer besseren Blutzusammensetzung notwendig sei.

Politische Abenteurer wie Hitler und seine engsten Gefolgsmänner erkannten schon bald nach dem verlorenen ersten Weltkrieg, dass dessen Ausgang die deutschen Imperialisten nicht von ihrer Zielsetzung nach Erlangung der Weltherrschaft abgebracht hatte. Sie stellten sich in den Dienst des deutschen Imperialismus.

Im Jahre 1919 wurde die NSDAP gegründet. Sie stellte sich als Ziel eine antikommunistische Massenbewegung. Unter Ausnutzung der Unwissenheit breiter Bevölkerungsschichten wurde der Friedensvertrag von Versailles, der Sieg der Bolschewiki über den Zarismus in Russland und das internationale Judentum in einen Zusammenhang gebracht. Nicht in dem volksfeindlichen Imperialismus, sondern in den Juden sollte das deutsche Volk seinen Feind sehen. Immer wieder betonten in der Folgezeit die faschistischen Führer, dass der Antisemitismus ihre Hauptwaffe sei. Hitler sagte, wenn es keinen Juden gäbe, so müsse man ihn ausdenken. Man müsse einen sichtbaren Feind haben und nicht nur einen unsichtbaren. Und Robert Ley erklärte in der Zeitung „Der Angriff" am 15. Mai 1944:

> „Die zweite deutsche Geheimwaffe ist der Antisemitismus, weil er, wenn er von Deutschland konsequent durchgehalten wird, eine Weltfrage werden wird, mit der sich alle Völker werden auseinandersetzen müssen."

Die antisemitischen Gedanken und Forderungen, die der Führer des „Alldeutschen Verbandes", Justizrat Class, unter dem Pseudonym Daniel Frymann vor dem ersten Weltkrieg in seinem Buch „Wenn ich der Kaiser wär' – Politische Wahrheiten und Notwendigkeiten" niedergelegt hatte, fanden im Prinzip Aufnahme in das am 25. Februar 1920 im Hofbräuhaus-Festsaal in München verkündete Programm der NSDAP. Darin heisst es

> „(4) Staatsbürger kann nur sein, wer Volksgenosse ist. Volksgenosse kann nur sein, wer deutschen Blutes ist, ohne Rücksicht auf Konfession. Kein Jude kann daher Volksgenosse sein.
> (5) Wer nicht Staatsbürger ist, soll nur als Gast in Deutschland leben können und muss unter Fremdengesetzgebung stehen.
> (6) Das Recht, über Führung und Gesetze des Staates zu bestimmen, darf nur dem Staatsbürger zustehen. Daher fordern wir, dass jedes öffentliche Amt, gleichgültig welcher Art, gleich ob in Reich, Land oder Gemeinde, nur durch Staatsbürger bekleidet werden darf.
> (8) Jede weitere Einwanderung Nicht-Deutscher ist zu verhindern. Wir fordern, dass alle Nicht-Deutschen, die seit dem 2. August 1914 in Deutschland eingewandert sind, sofort zum Verlassen des Reiches gezwungen werden."

In dem Masse, wie die NSDAP ihren Einfluss im politischen Leben vergrössern konnte, steigerte sich die Propagierung des integralen

Bestandteiles der faschistischen Rassentheorie, des Antisemitismus. Es verblieb aber nicht bei antisemitischen Äusserungen in Wort und Schrift, sondern zunehmend begannen die judenfeindlichen Kundgebungen sich in tätlichen Ausschreitungen gegen jüdische Friedhöfe, Synagogen und auch schon gegen jüdische Bürger unmittelbar zu zeigen. Die jüdischen Vereinigungen wandten sich schutzsuchend an die staatlichen Organe, insbesondere an das Preussische Innenministerium. So wies der Central-Verein Deutscher Staatsbürger jüdischen Glaubens den preussischen Innenminister am 4. Oktober 1928 darauf hin, dass seit seiner Eingabe vom 30. Mai 1927, womit auf die systematische Heimsuchung jüdischer Friedhöfe aufmerksam gemacht worden war, weitere Schändungen an dreizehn jüdischen Friedhöfen und fünf Synagogen vorgekommen seien.

Der preussische Innenminister wies zwar die Regierungspräsidenten auf die antisemitischen Ausschreitungen hin. Als jedoch der preussische Minister für Wissenschaft, Kunst und Volksbildung bei ihm anfragte, ob er zur Verhütung solcher Vorfälle besondere Weisungen für erforderlich halte, wurde ihm mitgeteilt, dass weitere Weisungen seitens des Preussischen Innenministeriums zunächst nicht beabsichtigt seien. In einem weiteren Schreiben vom 19. November 1928 teilte der preussische Innenminister dem preussischen Minister für Wissenschaft, Kunst und Volksbildung mit, dass er durch polizeiliche Massnahmen derartige Ausschreitungen niemals gänzlich verhindern könne, weshalb er auch dem bei ihm vorstellig gewordenen Verein eine Nachprüfung anheimgestellt habe, inwieweit die Synagogengemeinden eigene Schutzvorkehrungen durch Bewachung ihrer Gebäude und Anlagen treffen könnten.

Eine dem Preussischen Innenministerium gleiche passive Haltung gegenüber den von den Faschisten inszenierten und stetig zunehmenden antisemitischen Ausschreitungen nahmen Polizeibehörden, Staatsanwaltschaften und Gerichte ein. Hierfür lag dem Obersten Gericht umfangreiches Beweismaterial vor.

Zwar wurden bei derartigen Vorfällen strafrechtliche Ermittlungsverfahren eingeleitet, aber meistens wurden infolge des offensichtlichen Nichtinteresses der Strafverfolgungsbehörden die Täter nicht ermittelt. Wurden sie bekannt, weil sie im Laufe der Zeit kaum noch Wert darauf legten, unerkannt zu bleiben, wurden staatlicherseits alle möglichen Rechtfertigungsgründe gesucht. Handelte es sich um jüngere Menschen, wurde konstatiert, dass ihrer Tat jugendliche Unreife und keinerlei politische Motive zugrunde gelegen hätten. In anderen Fällen wurde den faschistischen Terroristen, wenn sie im Anschluss an eine nazistische Zusammenkunft ihre Ausschreitungen begingen, mangelnde Zurechnungsfähigkeit infolge Alkoholgenusses zugute gehalten. Sahen die Gerichte aber keine andere Möglichkeit, als zu einer Verurteilung solcher Täter zu kommen, dann wurden die denkbar mildesten Strafen ausgesprochen, deren Höchstmass sechs Monate Gefängnis betrug, und diese Strafen dann oft noch nicht vollstreckt, sondern auf Bewährung ausgesprochen.

Die ideologische Haltung der Beamten des Preussischen Innenministeriums zu den antisemitischen Ausschreitungen der immer dreister werdenden Faschisten kennzeichnete eine Veröffentlichung der „Zeitnotizen" vom 21. September 1928 mit der Überschrift „Kein Einschreiten gegen Friedhofsschänder". Sie lautete:

> „Anlässlich der immer wiederholten Verwüstungen von Judenkirchen durch Völkische – allein aus Westfalen wurde am 19. September der sechzigste (!) Fall gemeldet – erhebt sich die Frage, ob sich die zuständige Stelle genügend um die Verhinderung solcher Taten bemüht. Zwar laufen die Berichte im Preussischen Innenministerium ein, aber sie werden dort nur im Pulte des Ministerialrats Herrn Schönner gesammelt, ohne dass dieser Beamte aus den sich häufenden Akten die Veranlassung zu irgendeinem Einschreiten nähme, während es bei der Eigenart dieser Verbrechen wahrscheinlich ist, dass die Aussetzung einer Belohnung für Anzeigen Erfolge bringen würde. Die Abneigung des Herrn Schönner, gegen die in

> Betracht kommenden Kreise etwas zu unternehmen, ist auch in seinem Ressort zu sehr bekannt, als dass die ihm nachgeordneten Beamten den Mut zu irgendwelchen Vorschlägen in dieser Richtung aufbrächten."

In einer dienstlichen Stellungnahme vom 22. September 1928 an den preussischen Innenminister bestreitet der genannte Ministerialrat Schönner die Berechtigung der ihm gemachten Vorwürfe mit folgenden Argumenten:

> „Die ‚Zeitnotizen' werden von dem Schriftsteller Martin Sander herausgegeben. Dieser ist Strohmann für den in weiten Kreisen bekannten demokratisch-pazifistischen Schriftsteller Jakob Salomon, der unter dem Pseudonym Jakob schreibt. Seine Aufsätze zeigen starke Tendenzen zur kommunistischen Auffassung. Früher war er auch Mitarbeiter an der ‚Menschheit' und der ‚Weltbühne'. Wegen eines Artikels in der ‚Weltbühne' gegen die Reichswehr ist er, wie noch bekannt sein dürfte, im Frühjahr 1928 zu längerer Freiheitsstrafe verurteilt, neuerdings aber amnestiert worden."

Auf diese Weise wurden durch betonte Zurückhaltung seitens der zuständigen Staatsorgane die judenfeindlichen Aktionen der Nazis unmittelbar gefördert. Das Ergebnis dieser Haltung war, wie die Zeitung „Germania" am 21. Januar 1929 berichtet, die siebzigste Schändung jüdischer Friedhöfe.

Wie unpolitisch diese Taten waren, zeigt die „Kölnische Volkszeitung" vom 4. Februar 1929, wonach die beiden festgestellten Schänder jüdischer Grabstätten freimütig bekannten, durch Lektüre nationalsozialistischer Schriften dazu angeregt worden zu sein.

Am 13. November 1928 zertrümmerten zwei Jugendliche in Berlin-Köpenick auf dem jüdischen Friedhof mit Steinwürfen eine Anzahl von Grabtafeln und stiessen Grabsteine um.

Das Verfahren wurde eingestellt, weil sich die Jugendlichen der Tragweite ihres Handelns nicht bewusst gewesen seien.

In der Nacht vom 15. zum 16. Februar 1930 wurden mit festhaftender Anilinfarbe von fünf SA-Männern an der Synagoge in Berlin,

Kottbusser Ufer 45/50, Nazi-Embleme und Losungen wie „Juda verrecke“, „Juda den Tod“, „Die Rache naht“ angeschmiert. Sie wurden deswegen am 23. Juni 1930 vom Schöffengericht Berlin-Mitte zu je fünf Monaten Gefängnis verurteilt. Die Angeklagten legten Berufung ein, auf die das Landgericht I Berlin die Strafen auf drei Monate Gefängnis herabsetzte und es dem Richter der ersten Instanz überliess, den Verurteilten auch noch Bewährungsfrist zuzubilligen.

Am 5. Oktober 1930 drangen in Essen fünf Faschisten während des Gottesdienstes in die Synagoge, unterbrachen durch Radau den Gottesdienst, schlugen die beiden Vorbeter blutig und setzten sich dann auf die Steinstufen, an denen sie ihre Taschenmesser wetzten und Drohungen wie „Juda verrecke“ und andere ausstiessen. Der Polizeipräsident von Essen berichtete zu diesem Vorfall am 24. Oktober 1930 an den Regierungspräsidenten, dass die Täter auf freien Fuss gesetzt worden seien und das Verfahren nicht vom politischen Dezernenten der Staatsanwaltschaft durchgeführt werde, dass der Tat nicht vorwiegend politische Motive unterstellt würden.

Die Unterstützung, die den hasserfüllten Aktionen der Faschisten gegen die jüdischen Bürger Deutschlands durch das Preussische Innenministerium zuteil wurde, beschränkte sich aber nicht auf die Duldung und Verdeckung des zu gefährlicher Kriminalität ausgewachsenen Antisemitismus. Vielmehr wurde dieses Kernstück der faschistischen Rassenlehre, hinter dem sich die politischen Ziele des deutschen Imperialismus verbargen, dort, wo es unauffällig möglich war, noch vor der Erlangung der politischen Macht durch die Faschisten auf eine der Verfassung der Weimarer Republik entsprechende legale Grundlage zu stellen versucht. An diesen Bestrebungen war auch der Angeklagte Globke beteiligt.

Eine dieser Massnahmen, die die faschistische Judenverfolgung unmittelbar förderten, war die Neuregelung des Verfahrens bei Namensänderungen.

[...]

II. Die Mitwirkung des Angeklagten bei der Schaffung und Durchsetzung der faschistischen Rassengesetzgebung

Historiker bezeichnen allgemein den Erlass der sogenannten Nürnberger Gesetze als den Beginn der den Zeitraum von 1935 bis 1938 umfassenden zweiten Etappe der Judenverfolgung durch die deutschen Faschisten. Diese Zeitspanne war neben dem Erlass der „Nürnberger Gesetze" gekennzeichnet durch die Durchsetzung des sogenannten Arierparagraphen bei nahezu allen Berufsgruppen, die Entlassung aller Juden aus dem öffentlichen Dienst und die im Jahre 1937 einsetzende, unter Drohungen und Erpressungen betriebene Zwangsarisierung der Wirtschaft.

Der Behauptung des Angeklagten im westdeutschen Fernsehen am 28. April 1961, er habe von der Vorbereitung der „Nürnberger Gesetze" nichts gewusst und habe ihren Erlass überraschend aus Presse und Rundfunk erfahren, stehen eine Reihe von Tatsachen entgegen.

Es wurde bereits bei der Darlegung der beruflichen Entwicklung des Angeklagten auf das Schreiben des höchsten Vorgesetzten des Angeklagten, Reichsinnenministers Frick, hingewiesen, mit dem er am 25. April 1938 dem Stellvertreter des Führers vorschlug, der Beförderung des Angeklagten zum Ministerialrat zuzustimmen. An erster Stelle der Gesetze, an deren Zustandekommen der Angeklagte „in ganz hervorragendem Masse" beteiligt gewesen sei, wird in der Begründung des Beförderungsvorschlages das Gesetz zum Schutze des deutschen Blutes und der deutschen Ehre – also eines der beiden Nürnberger Rassengesetze – genannt.
Es ist weiter zu vermerken, dass der Angeklagte in seiner Kommentierung des Gesetzes über den Staatsrat vom 8. Juli 1933 (Pr. GS S. 241) und des Gesetzes über den Provinzialrat vom 17. Juli 1933 (Pr. GS S. 254) jeweils zu § 4 dieser Gesetze angeführt hat: „Ein Reichsgesetz über das Reichsbürgerrecht ist in Vorbereitung." (Vgl. Freisler/Grauert „Das neue Recht in Preussen" II. Staatsverwaltung a) Staatsorganisation und Landesverwaltung, Ziff. 1 Staatsrat S. 4 und Ziff. 12 Provinzialrat S. 1.)

Eine weitere Widerlegung der vom Angeklagten im westdeutschen Fernsehen abgegebenen Erklärung findet sich in dem vom Angeklagten ausgearbeiteten und kommentierten Runderlass des R. u. Pr. MdI vom 26. Juli 1935 – I B 3/195 – (MBliV. S. 980e), der in den beiden ersten Absätzen folgenden Wortlaut hat:

> „Mitwirkung der Standesbeamten bei Eheschliessungen zwischen Ariern und Nichtariern.
>
> (1) Die Reichsregierung beabsichtigt, die Frage der Verehelichung zwischen Ariern und Nichtariern binnen kurzem allgemein gesetzlich zu regeln. Damit nicht vor dem Abschluss dieser Regelung deren Wirkungen durch inzwischen erfolgende Eheschliessungen beeinträchtigt werden, bestimme ich folgendes:
>
> (2) Die Standesbeamten haben in allen Eheschliessungsfällen, in denen ihnen bekannt oder nachgewiesen wird, dass der eine Beteiligte Vollarier, der andere Volljude ist, das Aufgebot oder die Eheschliessung bis auf weiteres zurückzustellen."

In der Einführung dazu hat der Angeklagte in Freisler/Grauert II Staatsverwaltung d) Polizeiwesen unter Ziff. 59 (Standesregisterwesen) u. a. ausgeführt:

> „Eine gesetzliche Regelung, durch die die Rassenverschiedenheit als Ehehindernis mit bürgerlich-rechtlicher Wirkung eingeführt wird, steht in nächster Zeit bevor. Bis dahin haben die Standesbeamten in dem durch den Runderlass vom 26. Juli 1935 umschriebenen Rahmen von einer Mitwirkung bei Eheschliessungen, die die Rasseeinheit des deutschen Volkes gefährden, abzusehen."

Und schliesslich ist in diesem Zusammenhang beachtlich, dass von und zu Loewenstein in Vorbereitung der späteren Rassengesetze im R. u. Pr. MdI dem in diesem Ministerium tätigen Regierungsrat Dr. Gisevius mit Anschreiben vom 25. Mai 1935 „wunschgemäss", also von ihm verlangt, einen antisemitischen Gesetzentwurf nebst Begründung übersandte. Das Anschreiben enthielt die weitere aufschlussreiche Ausführung: „Wenn diese Anregung in die bevorstehenden Gesetze noch hineingearbeitet werden könnte, würden Sie des Dankes vieler sicher sein." Diese Bezugnahme von und zu Loewensteins lässt klar erkennen, dass die Vorbereitung der Rassengesetzgebung nicht nur dem R. u. Pr. MdI, sondern auch noch anderen vertrauenswürdigen Kreisen bekannt war und die chauvinistischen und antisemitischen Forderungen der „Alldeutschen Bewegung" für die faschistische Rassengesetzgebung ebenso genutzt werden sollten wie schon früher für das Programm der NSDAP.

Das Schreiben vom 25. Mai 1935 und die fixierten Vorschläge von und zu Loewensteins wurden letztlich dem Angeklagten zugeleitet, der daraus die schon an anderer Stelle behandelten Anregungen für seine Arbeiten am Namensänderungsgesetz entnommen hat.

Am 15. September 1935 sind die als Nürnberger Rassengesetze bekanntgewordenen Gesetze ergangen. Es waren dies

1. das Reichsbürgergesetz (RGBl. I 1935 S. 1146),
2. das Gesetz zum Schutze des deutschen Blutes und der deutschen Ehre (RGBl. I 1935 S. 1146/47).

Mit dem Reichsbürgergesetz wurde eine staatsrechtliche Einteilung der Staatsbürger des Deutschen Reiches in Reichsbürger und Staatsangehörige vorgenommen. Der Reichsbürger wurde zum alleinigen Träger der vollen politischen Rechte nach Massgabe der Gesetze. Reichsbürger konnten aber nur Staatsangehörige nichtjüdischer Abstammung werden, womit der jüdische Bevölkerungsteil Deutschlands politisch isoliert war.

Das Blutschutzgesetz stellte an den Anfang die angeblich für den Fortbestand des deutschen Volkes notwendige Reinerhaltung des deutschen Blutes. Zur Erreichung dieses Ziels verbot es die Eheschliessung zwischen Juden und Staatsangehörigen deutschen oder artverwandten Blutes. Weiter wurde der aussereheliche Verkehr zwischen diesen Personen verboten. Untersagt wurde auch die Beschäftigung nichtjüdischer weiblicher Hausgehilfinnen unter 45 Jahren in jüdischen Haushalten. Für Zuwiderhandlungen wurden Strafen bis zu fünfzehn Jahren Zuchthaus angedroht. Während demnach das Reichsbürgergesetz den jüdischen Bevölkerungsteil politisch von den staatsbürgerlichen Rechten ausschloss, wurde mit dem Blutschutzgesetz die biologische Trennung vorgenommen. Die am 14. November 1935 erlassenen ersten Verordnungen zur Durchführung dieser Gesetze (RGBl. I S. 1333 ff.) verdeutlichen die mit den betreffenden Gesetzen verfolgten Ziele in krasser Weise. An diesen Verordnungen hat der Angeklagte nach eigenem Eingeständnis im westdeutschen Fernsehen vom 28. April 1961 mitgearbeitet. Allerdings habe seine Beteiligung an diesen Arbeiten dem Zweck gedient, noch schärfere Fassungen der einzelnen Bestimmungen zu verhindern.

Die Erste Verordnung zum Reichsbürgergesetz brachte in den berüchtigten §§ 2 und 5 die Bestimmung, wer als Jude bzw. jüdischer Mischling anzusehen war.

§ 2 Abs. 2 besagt:

> „Jüdischer Mischling ist, wer von einem oder zwei der Rasse nach volljüdischen Grosselternteilen abstammt, sofern er nicht nach § 5 Abs. 2 als Jude gilt. Als volljüdisch gilt ein Grosselternteil ohne weiteres, wenn er der jüdischen Religionsgemeinschaft angehört hat."

§ 5 hat folgenden Wortlaut:

> „(1) Jude ist, wer von mindestens drei der Rasse nach volljüdischen Grosseltern abstammt. § 2 Abs. 2 Satz 2 findet Anwendung.
>
> (2) Als Jude gilt auch der von zwei volljüdischen Grosseltern abstammende staatsangehörige jüdische Mischling,
>
> a) der beim Erlass des Gesetzes der jüdischen Religionsgemeinschaft angehört hat oder danach in sie aufgenommen wird,
>
> b) der beim Erlass des Gesetzes mit einem Juden verheiratet war oder sich danach mit einem solchen verheiratet,
>
> c) der aus einer Ehe mit einem Juden im Sinne des Absatzes 1 stammt, die nach dem Inkrafttreten des Gesetzes zum Schutze des deutschen Blutes und der deutschen Ehre vom 15. September 1935 (RGBl. I S. 1146) geschlossen ist,
>
> d) der aus dem ausserehelichen Verkehr mit einem Juden im Sinne des Absatzes 1 stammt und nach dem 31. Juli 1936 ausserehelich geboren wird."

Die Erste Ausführungsverordnung des Gesetzes zum Schutze des deutschen Blutes und der deutschen Ehre erweiterte in § 2 das in § 1 des Blutschutzgesetzes enthaltene Verbot der Eheschliessung zwischen Juden und Staatsangehörigen deutschen oder artverwandten Blutes auch auf jüdische Mischlinge mit nur einem volljüdischen Grosselternteil.

Die Eheschliessung sogenannter jüdischer Mischlinge ersten Grades mit Staatsangehörigen deutschen oder artverwandten Blutes oder mit jüdischen Mischlingen zweiten Grades wurde nach § 3 von einer Genehmigung des Reichsministers des Innern und des Stellvertreters des Führers oder der von ihnen bestimmten Stelle abhängig gemacht.

Eheschliessungen sollten nach § 4 ferner nicht stattfinden zwischen staatsangehörigen jüdischen Mischlingen zweiten Grades und nach § 6 auch dann nicht, wenn aus einer Ehe eine die Reinerhaltung des deutschen Blutes gefährdende Nachkommenschaft zu erwarten sei. Mit § 11 wurde auch der aussereheliche Verkehr zwischen Juden und staatsangehörigen jüdischen Mischlingen zweiten Grades unter Strafe gestellt. § 12 erläuterte das Verbot der Beschäftigung nichtjüdischer weiblicher Personen unter 45 Jahren in jüdischen Haushalten. Danach war ein Haushalt jüdisch, wenn ein jüdischer Mann Haushaltungsvorstand war oder der Hausgemeinschaft angehörte.

Die Bestimmungen der Ersten Verordnung zum Reichsbürgergesetz und der Ersten Ausführungsverordnung zum Blutschutzgesetz schufen die juristische Grundlage und damit die scheinbare Legalität der Verfolgungsmassnahmen gegen die jüdische Bevölkerung Deutschlands. Für alle in der Folgezeit eingeleiteten und durchgeführten Entrechtungs- und schliesslich Vernichtungsmassnahmen stellten sie ein unentbehrliches Mittel für die Realisierung dieser verbrecherischen Aktionen dar. So hat der SS-Verbrecher Eichmann am 31. Januar 1942 in einem geheimen Schnellbrief an die Staats- und Sicherheitsdienststellen für die Zusammenstellung der Vernichtungstransporte folgende Anleitung gegeben:

> „Erfasst werden können im Zuge dieser Evakuierungsaktion alle Juden (§ 5 der 1. Verordnung zum Reichsbürgergesetz vom 14. 11. 1935 – RGBl. I S. 1333) ..."

Noch mehr als das vom Angeklagten von Anbeginn nach antisemitischen Gesichtspunkten bearbeitete Namensrecht fand die faschistische Rassengesetzgebung, die viel weitergehende Möglichkeiten eröffnete, das Interesse des Angeklagten. Gemeinsam mit seinem Abteilungsleiter Dr. Stuckart gab er schon Anfang des Jahres 1936 den Band I der Kommentare zur deutschen Rassengesetzgebung heraus. Wenn bedacht wird, dass in den Kommentaren Bestimmungen verarbeitet worden sind, die, wie beispielsweise die Zweite Verordnung zum Reichsbürgergesetz, erst am 21. Dezember 1935 ergangen sind, dann lässt sich die Intensität erkennen, mit der der Angeklagte diese Arbeit betrieben haben muss. Schon der frühe Zeitpunkt des Erscheinens dieser Kommentare verlieh ihnen richtungweisende Bedeutung. Noch viel mehr wurde diese aber festgelegt durch den Inhalt der Kommentare und die Tatsache, dass die mit der Einleitung und auch später mit den einzelnen Erläuterungen und Auslegungen gegebene ideologische Grundlage von zwei Autoren vermittelt wurde, die selbst federführend am Zustandekommen der gesetzlichen Bestimmungen beteiligt waren.

Dementsprechend waren auch die Besprechungen und Beurteilungen der Kommentare. Die Beck'sche Verlagsbuchhandlung pries den Kommentar folgendermassen an:

> „Er erhält seine besondere Bedeutung dadurch, dass er von zwei am Zustandekommen der Rassengesetzgebung amtlich beteiligten Verfassern, Staatssekretär Dr. Stuckart, dem leitenden Sachbearbeiter im Reichsinnenministerium, und seinem engeren Mitarbeiter, Oberregierungsrat Dr. Globke, bearbeitet worden ist. Das Werk bildet den ersten Band des von Stuckart / Globke herausgegebenen Sammelwerkes ‚Kommentare zur deutschen Rassengesetzgebung'. Es wird allen interessierten Volksgenossen, den Parteistellen, Behörden, Gerichten,

> Standesämtern und Gesundheitsämtern als massgebender Führer wertvolle Dienste leisten."

Der damalige Staatssekretär und spätere Blutrichter Dr. Freisler schrieb am 3. April 1936 in der Zeitschrift „Deutsche Justiz" unter anderem:

> „Ganz besonders hervorhebenswert ist aber die Einführung, die dem Kommentar gegeben ist und die die nationalsozialistischen Gedanken über Rasse, Volk und Vererbung, Rasse, Volk und Kultur, das Juden- und Mischlingsproblem, das Reichsbürgerrecht und die Staatsangehörigkeit behandelt und damit auf die Grundgedanken, die den Gesetzen zugrunde liegen und für deren Auslegung bestimmend sein müssen, eindrucksvoll hinweist. ... Der Kommentar kann wohl in keiner Handbücherei eines Rechtswahrers fehlen."

In der Zeitschrift „Deutsche Verwaltung" vom 20. März 1936 fand sich eine Besprechung des Kommentars, in der es unter anderem hiess:

> „Als wichtige Neuerscheinung liegt heute der 1. Band einer Kommentarreihe zur deutschen Rassengesetzgebung vor. Die Verfasser sind Staatssekretär Stuckart und Oberregierungsrat Dr. Globke, beide Sachbearbeiter der Materie im Reichs- und Preussischen Ministerium des Innern.
>
> Auf knappem Raum ist hier die sich aus den Lebenstatsachen ergebende wissenschaftliche Problemstellung aufgezeigt; die weltanschauliche und nationalsozialistische Auffassung ist eindeutig herausgearbeitet. Gerade die Frage Rasse und Volk ist ohne Doktrinarismus von dem Standpunkt der Wirklichkeit aus bearbeitet. Das Juden- und Mischlingsproblem wird von solchem Wirklichkeitsstandpunkt aus in biologischer und politischer Hinsicht in einer Weise behandelt, die direkt zu der Sinngrundlage und der weitreichenden Bedeutung insbesondere der Nürnberger Gesetze hinführt.
>
> Dass er für den wissenschaftlichen und praktischen Rechtswahrer ein ausgezeichnetes Hilfsmittel ist, bedarf danach kaum einer besonderen Betonung. Gerade aber die Einführung hat den Wert des Buches nicht nur erhöht, sie ist auch geeignet, ihm einen weiteren

Leserkreis zu verschaffen, als ihn Rechtsbücher gemeinhin besitzen."
Als direkt verbindlich wird der Kommentar in einem Hinweis im MBliV. 1936 S. 316e bezeichnet:

> „Das Erläuterungswerk zu den drei grundlegenden Rassengesetzen muss als massgeblich angesprochen werden. Ihm kommt schon deswegen besondere Bedeutung zu, weil die beiden Verfasser am Zustandekommen der Rassengesetzgebung amtlich beteiligt waren und daher zu ihrer Auslegung in erster Linie berufen sind. In einer ausführlichen Einleitung wird eine überzeugende Begründung der nationalsozialistischen Rassengesetzgebung gegeben. Das grundlegende Erläuterungswerk wird allen beteiligten Volksgenossen, den Parteistellen, Behörden, Gerichten, Standesämtern und Gesundheitsämtern wertvolle Dienste leisten."

Der Kommentar enthält eine umfangreiche Einführung zu den Punkten

1. Rasse, Volk und Vererbung,
2. Rasse, Volk und Kultur,
3. Das Juden- und Mischlingsproblem,
4. Reichsbürgerrecht und Staatsangehörigkeit.

In dem Abschnitt „Rasse, Volk und Vererbung" wird unter zahlreicher Zitierung sogenannter Rassenwissenschaftler und von Hitlers „Mein Kampf" zu belegen versucht, dass der Rassebegriff erst wieder die dem wahren Leben gerecht werdende Einheit und Ganzheit körperlich-geistigen Wesens schaffe. Dem aus der Kreuzung artverschiedener Rassen hervorgegangenen Mischling wird eine unausgeglichene, schwankende Haltung nachgesagt und zum Beweis für diese These eine Stelle aus „Mein Kampf" (S. 442) angeführt, die lautet: „In zahllosen Fällen, in denen die Rasse standhält, bricht der Bastard zusammen."
Unter dem Abschnitt „Rasse, Volk und Kultur" wird auf S. 12 gesagt:

> „Die Erkenntnis von der Bedeutung von Blut und Rasse für Volk und Staat gehört zu den wesentlichsten Bausteinen der nationalsozialistischen Weltanschauung. Blut und Rasse gestalten letztlich das nationalsozialistische Welt- und Geschichtsbild. Dabei sind die Begriffe

Blut und Rasse nicht nur Forschungsergebnisse der modernen Naturwissenschaften, sondern sie sind in erster Linie Grundelemente der weltanschaulichen Überzeugung. Deswegen ist es für jeden, der Erb- und Rassenpflege treiben will, sei es als Arzt, sei es als Rechtswahrer, notwendig, dass er die weltanschaulichen Grundlagen und ihre politischen Auswirkungen ebenso kennt wie die biologischen Tatsachen und Grundbegriffe, die der rassischen Denkwelt zugrunde liegen."

Auf S. 15 wird zu dem Abschnitt „Das Juden- und Mischlingsproblem" dargelegt:

„Da das Judentum seinem Blute und innersten Wesen nach dem Deutschtum artfremd ist, sind Spannungen zwischen beiden Völkern die notwendige Folge. Die jedes Rassengefühls ermangelnden vergangenen Jahrzehnte glaubten, diese Spannungen durch eine wahllose Vermischung und geistige Annäherung beseitigen zu können. In Wirklichkeit bewirkte die Blutmischung zwischen Juden und Deutschen nur eine Übertragung der Spannungen auch in den Mischling und gefährdete zugleich die Reinheit des deutschen Blutes und die Instinktsicherheit des Volkes. Damit schuf sie eine zwischen Deutschtum und Judentum stehende Mischlingsrasse, die in ihrer Struktur eine gefährliche Mischung arteigener deutscher und jüdischer Anlagen darstellt. Die beiden Nürnberger Gesetze mit ihren Ausführungsbestimmungen enthalten die grundlegende Lösung dieses Rassenproblems. Sie bringen die blutmässig bedingte klare Scheidung zwischen Deutschtum und Judentum und schaffen dadurch die gesetzliche Grundlage für einen modus vivendi, der allen Belangen gerecht wird. Ihre grundlegende Bedeutung besteht darin, dass sie das Eindringen weiteren jüdischen Blutes in den deutschen Volkskörper für alle Zukunft verhindern. Die Juden müssen sich damit abfinden, dass ihr Einfluss auf die Gestaltung des deutschen Lebens ein für allemal vorbei ist."

Auf S. 16 heisst es:

„Das Reichsbürgergesetz führt die politische Scheidung durch: ... Kein Jude kann daher Reichsbürger sein. Das Blutschutzgesetz zieht die Trennung zwischen jüdischem und deutschem Blut in biologischer Hinsicht. Der in dem Jahrzehnt vor dem Umbruch um sich greifende Verfall des Gefühls für die Bedeutung der Reinheit des Blutes und die damit verbundene Auflösung aller völkischen Werte liess ein gesetzliches Eingreifen besonders dringend erscheinen. Da hier für das deutsche Volk nur von seiten des Judentums eine akute Gefahr drohte, bezweckt das Gesetz in erster Linie die Verhinderung weiterer Blutmischung mit Juden ... Das Judenproblem ist also nicht nur ein rassebiologisches. Es bedurfte auch in politischer, wirtschaftlicher und soziologischer Hinsicht einer Lösung für die Jahrhunderte."

Auf S. 17 wird dargelegt:

„Der Jude ist uns völlig fremd nach Blut und Wesen. Deshalb ist die Dissimilation die einzig mögliche Lösung. Das Ziel einer gesetzlichen Lösung der Mischlingsfrage musste das baldige Verschwinden der Mischrasse sein."

Auf S. 19 wird gesagt:

„Die Regelung des Eherechts erreicht neben dem Hauptziel der Reinerhaltung des deutschen Blutes, dass das ins deutsche Volk eingedrungene jüdische Blut soweit als möglich wieder ausgeschieden wird und dass, soweit eine solche Ausscheidung nicht mehr möglich ist, die an deutsche Erbmasse gebundene jüdische Erbmasse möglichst schnell und immer weiter aufgeteilt wird, bis durch die mit jeder Generation fortschreitende Abschwächung des jüdischen Bluteinschlags die entstandene Mischrasse praktisch verschwunden ist."

Zum Abschnitt „Reichsbürgerrecht und Staatsangehörigkeit" wird in der Einleitung auf S. 25 ausgeführt:

„Kein nach der nationalsozialistischen Revolution erlassenes Gesetz ist eine so vollkommene Abkehr von der Geisteshaltung und der Staatsauffassung des vergangenen Jahrhunderts wie das Reichsbürgergesetz. Den Lehren von der Gleichheit aller Menschen und von der grundsätzlich unbeschränkten Freiheit des einzelnen gegenüber dem Staate setzt der Nationalsozialismus hier die harten, aber

> notwendigen Erkenntnisse von der naturgesetzlichen Ungleichheit und Verschiedenartigkeit der Menschen entgegen."

In den Vorbemerkungen der Erläuterungen zum Reichsbürgergesetz und zum Blutschutzgesetz wird auf S. 47 unter Ziff. 1 gesagt:

> „Das Reichsbürgergesetz und das Blutschutzgesetz sind insofern als Einheit anzusehen, als sie gemeinsam die Grundlage bilden, auf der sich die nach nationalsozialistischer Erkenntnis notwendige Scheidung des deutschen und des jüdischen Volkes vollzieht."

Ziff. 2 Satz 1 besagt:

> „Die Regelung der Juden- und Mischlingsfrage in einem Sinne, der die Interessen des deutschen Volkes am besten wahrt, stellt ein wichtiges und schwieriges Problem des neuen Staates dar."

Der auf das Äusserste zugespitzten faschistischen Rassenlehre in der Einleitung des Kommentars folgen, darauf fussend, eine Reihe von Erläuterungen zu den einzelnen Bestimmungen, denen in jedem Fall die denkbar extensivste Auslegung gegeben worden ist. Die vom Angeklagten seit Jahren, darunter auch in dem Fernsehinterview vom 28. April 1961, immer wieder erhobene Behauptung, er habe mit dem Kommentar eine Milderung und „Entschärfung" in der Anwendung der Rassengesetze verfolgt und in gewissem Umfange auch erreicht, wird durch den Inhalt der von den Kommentatoren niedergelegten Ansichten einmal durch die extensiven Auslegungen an sich, insbesondere aber dadurch widerlegt, dass überall dort, wo die Rassengesetzgebung normierte Befreiungsvorschriften enthält, unter Hinweis auf die Motive und Zielsetzung der Rassengesetze derartige Befreiungsmöglichkeiten für praktisch bedeutungslos erklärt werden.

Zu § 2 der Ersten Verordnung zum Reichsbürgergesetz vom 14. November 1935 wird auf S. 61 des Kommentars gesagt, die Regelung sei für die jüdischen Mischlinge dadurch erleichtert worden, dass diejenigen, die nach ihrer Blutzusammensetzung und aus sonstigen Gründen erkennbar zum Judentum hinneigen, im Rahmen des § 5 Abs. 2 als Juden gelten und damit als Mischlinge ausscheiden. Die Bestimmung des § 2 Abs. 2 der Ersten Verordnung zum Reichsbürgergesetz, dass ein Grosselternteil ohne weiteres dann als jüdisch gilt, wenn er der jüdischen Religionsgemeinschaft angehörte, führte auf S. 64 zu folgender Kommentierung:

> „Auch ein voll deutschblütiger Grosselternteil, der – etwa aus Anlass seiner Verheiratung mit einem Juden – zur jüdischen Religionsgemeinschaft übergetreten ist, gilt daher für die rassische Einordnung seiner Enkel als volljüdisch. Ein Gegenbeweis ist nicht zugelassen. ... Die Regelung erscheint auch nicht unbillig; denn die Zugehörigkeit zur jüdischen Religionsgemeinschaft muss in der Regel als ein solch starkes Bekenntnis zum Judentum angesehen werden, dass mit einer Weitergabe der jüdischen Einstellung an die Nachkommen gerechnet werden kann."

Zu § 5 Abs. 2b der Ersten Verordnung zum Reichsbürgergesetz enthält der Kommentar auf S. 76 folgende Anmerkung:

> „Durch seine Verheiratung mit einem Juden beweist ein Mischling ersten Grades, dass sein jüdischer Blutanteil stärker als sein deutscher Blutanteil wirkt. Auch in einem solchen Fall ist es daher notwendig, den Mischling als Juden zu behandeln."

Unverblümt wurde zu § 5 Abs. 2c darauf hingewiesen, dass Rassemischehen, aus denen Mischlinge ersten Grades hervorgehen, unerwünscht sind. Und es wird fortgefahren:

> „Um auch in den Fällen, in denen solche Ehen nicht verboten sind (z. B. im Falle der Heirat eines Juden deutscher Staatsangehörigkeit mit einer deutschblütigen Ausländerin), die Verlobten von der Eingehung einer solchen unerwünschten Ehe abzuhalten, bestimmt daher § 5 Abs. 2 Buchst. c, dass die aus einer Ehe mit einem Juden stammenden staatsangehörigen Mischlinge ersten Grades als Juden gelten, wenn die Ehe nach dem Inkrafttreten des Blutschutzgesetzes, d. h. nach dem 17. September 1935, geschlossen ist."

Nach dem Hinweis, dass gemäss § 7 der Ersten Verordnung zum Reichsbürgergesetz Befreiungen von sämtlichen Vorschriften der Ausführungsverordnungen zulässig sind, besagt der Kommentar auf S. 79:

> „Indes werden Befreiungen nur in ganz besonders liegenden Ausnahmefällen in Frage kommen."

In den Erläuterungen zu § 1 des Blutschutzgesetzes – S. 102, 103 – sah sich der Angeklagte, der nach seinen allerorts abgegebenen Erklärungen nur auf Wunsch der katholischen Kirche im R. u. Pr. MdI verblieben ist, zu sehr nachdrücklichen Belehrungen der Geistlichen und sonstigen Religionsdiener veranlasst. Unter Voranstellung der Strafandrohung bei Zuwiderhandlungen wies er diese Personen darauf hin, dass die Befugnis des Geistlichen, bei lebensgefährlicher Erkrankung eines Verlobten oder Vorliegen eines schweren sittlichen Notstandes ohne Rücksicht auf die standesamtliche Eheschliessung bei einer kirchlichen Eheschliessung mitzuwirken, nicht für Fälle gelte, in denen ein Ehehindernis aus rassischen Gründen vorliege. Wörtlich wird dazu gesagt:

> „Diese Bestimmungen können indes nicht die Vornahme einer kirchlichen Eheschliessung zwischen Personen, die wegen ihrer Rassenverschiedenheit keine standesamtliche Eheschliessung vornehmen können, rechtfertigen. In allen Fällen, in denen die vorzeitige kirchliche Eheschliessung zulässig ist, ist vielmehr Voraussetzung, dass nur formelle Mängel der standesamtlichen Eheschliessung entgegenstehen, dass diese aber materiell zulässig ist."

Im weiteren wird es dem Geistlichen zur Pflicht gemacht, die kirchliche Trauung nicht zu vollziehen, bevor er sich nicht zumindest durch ausdrückliches Befragen der Beteiligten vergewissert hat, dass kein Anhaltspunkt für das Vorliegen eines Ehehindernisses wegen jüdischen Bluteinschlages besteht.

Auf den S. 107 bis 110 behandelt der Kommentar dann in extensivster Auslegung die Anfechtbarkeit einer Ehe gemäss § 1333 BGB aus rassischen Gründen. Es wird u. a. gesagt:

> „Die Voraussetzungen des § 1333 BGB müssen als gegeben angesehen werden, wenn ein Ehegatte die Ehe in Unkenntnis des jüdischen Bluteinschlags des anderen Ehegatten geschlossen hat. Denn

> es kann nicht bezweifelt werden, dass nach nationalsozialistischer Auffassung die Rassezugehörigkeit eine wesentliche persönliche Eigenschaft jedes Menschen ist; dies ist um so mehr der Fall, als sich die durch die Rassezugehörigkeit bedingten Eigenschaften des Menschen auf seine Nachkommen vererben. Ein Irrtum über die Zugehörigkeit eines Ehegatten zur jüdischen Rasse oder zu den Mischlingen mit jüdischem Bluteinschlag berechtigt daher den anderen Ehegatten zur Anfechtung der Ehe (S. 107).
>
> Hat ein Ehegatte nicht gewusst, dass der andere Ehegatte der jüdischen Rasse angehört, so ist darin ein Irrtum über eine persönliche Eigenschaft dieses Ehegatten zu erblicken, der zur Anfechtung der Ehe nach § 1333 BGB berechtigt, sofern auch die sonstigen Voraussetzungen für die Anfechtung gegeben sind. Als ausreichender Grund für die Anfechtung ist aber nicht nur ein Irrtum über die Rassezugehörigkeit selbst, sondern auch ein Irrtum über die Bedeutung der Rassezugehörigkeit und die sich daraus ergebenden Eigenschaften jedes Menschen angesehen worden. ... Darüber hinaus hat das Reichsgericht (Entsch. vom 22. August 1935 – IV 128/35) auch schon die Möglichkeit jüdischer Abstammung als ausreichenden Eheanfechtungsgrund erklärt“ (S. 109).

Wie sich aus Vorstehendem ergibt, wurden alle nur irgendwie denkbaren Gründe angeführt, die der Auflösung von Mischehen auch nur im entferntesten dienlich gemacht werden konnten.

Auch bei den Erläuterungen zu § 1 des Blutschutzgesetzes versäumt der Kommentar abschliessend nicht, auf die praktische Bedeutungslosigkeit der nach dem Gesetz bestehenden Befreiungsmöglichkeiten von den Eheverboten hinzuweisen. Hierzu heisst es unter Ziff. 17 auf S. 111:

> „Den Zielen der Rassengesetzgebung entsprechend werden Befreiungen jedoch nur in ganz besonders liegenden Ausnahmefällen in Frage kommen.“

Nicht weniger weitgreifend ist die Auslegung zu § 2 des Blutschutzgesetzes, der den ausserehelichen Verkehr zwischen Juden und Staatsangehörigen deutschen oder artverwandten Blutes verbot. Auf S. 112 Ziff. 3 ist hierzu zu lesen:

> „Ausserehelicher Verkehr im Sinne des § 2 ist nur der Geschlechtsverkehr (§11 Satz 1 der Ersten AV z. BlSchG). Unter Geschlechtsverkehr ist zwar nicht nur der Beischlaf, das heisst die natürliche Vereinigung der Geschlechtsteile, zu verstehen, sondern auch beischlafähnliche Handlungen, z. B. gegenseitige Onanie. Im Hinblick auf den Zweck des Verbots, mischrassige Nachkommenschaft zu verhüten, verbietet sich aber jede hierüber hinausgehende Auslegung des Begriffs Geschlechtsverkehr; ... Das Verbot gilt innerhalb seines Anwendungsgebiets uneingeschränkt. Auch der Geschlechtsverkehr eines Juden mit einer deutschblütigen Dirne ist daher unzulässig."

Das mit dem Kommentar dargelegte Ziel, mischrassige Nachkommenschaft zu verhüten, konnte selbstverständlich mit beischlafähnlichen Handlungen nicht gefährdet werden. Wenn der Kommentar dennoch auch solche Handlungen für zuchthauswürdige Verbrechen hält, konnte damit nur bezweckt werden, der Verfolgung jüdischer Menschen auch mit der zusätzlichen Konstruktion krimineller Tatbestände möglichst breiten Raum zu geben.

Sichtlich befriedigt darüber, dass sich seine Ansicht zu dieser Frage bis zum Reichsgericht durchgesetzt hatte, versah der Angeklagte das in der „Zeitschrift der Akademie für Deutsches Recht" vom 15. Januar 1937 veröffentlichte Urteil des Reichsgerichts vom 9. Dezember 1936 – GSSt. 4/36 – mit einer Anmerkung folgenden Wortlauts:

> „Bemerkung: Im Schrifttum herrscht Übereinstimmung darüber, dass der Begriff Geschlechtsverkehr im Sinne des BlSchG nicht alle unzüchtigen Handlungen umfasst. Im übrigen aber bestehen über die Abgrenzung des Begriffs Meinungsverschiedenheiten. Während Lösener/Knost (Nürnberger Gesetze, S. 53, 64) darunter nur den Beischlaf (conjunctio membrorum) versteht, legen die übrigen

einschlägigen Erläuterungsbücher den Begriff weiter aus und verstehen unter Geschlechtsverkehr ausser dem Beischlaf auch den regelwidrigen Geschlechtsverkehr, insbesondere beischlafähnliche Handlungen (vgl. Brandis, Die Ehegesetze von 1935, S. 77; Gütt/Linden/Massfeller, Blutschutz- und Ehegesundheitsgesetz, S. 235; Stuckart/Globke, Kommentare zur deutschen Rassengesetzgebung, Bd. 1, S. 112). Das Reichsgericht hat sich mit eingehender Begründung die weitere Auslegung zu eigen gemacht. Die Entscheidung ist zu begrüssen, zumal sie dazu dienen wird, unerwünschte geschlechtliche Beziehungen zwischen Juden und Deutschen zu erschweren und Umgehungen des BlSchG zu verhüten.
Oberregierungsrat im Reichsinnenministerium Dr. Globke, Berlin."

Die Ergebnisse hierzu sahen dann so aus, wie sie der Zeuge Hüt. vor dem Obersten Gericht bekundete. Er war am 23. September 1938 als Schutzhäftling in das KZ Sachsenhausen eingeliefert worden. Dort lernte er 76 Häftlinge kennen, die sich wegen sogenannter Rassenschande (§ 2 des Blutschutzgesetzes) im Lager befanden. Diese Häftlinge mussten ihr Erkennungszeichen mit einem schwarzen Rand umnähen. Damit war ihr Schicksal besiegelt. In den folgenden Tagen wurden die betreffenden Häftlinge auf dem Appellplatz systematisch zu Tode gehetzt. Wer liegenblieb, wurde mit kaltem Wasser begossen und mit fürchterlichen Fusstritten in die Weichteile misshandelt. Von den 76 „Rassenschändern" waren in einer Woche 75 umgebracht. Den letzten liess die SS in der Annahme, er sei tot auf dem Appellplatz liegen. Er lebte jedoch noch und wurde von Kameraden in den Krankenbau gebracht. Sein Körper war aber derart zertreten und zerschlagen, dass auch er nach wenigen Tagen verschied.

Auch § 3 des Blutschutzgesetzes, der die Beschäftigung nichtjüdischer weiblicher Personen unter 45 Jahren in jüdischen Haushalten verbot, erhielt die denkbar weiteste Auslegung. Nach § 115 Ziff. 8 des Kommentars kam es nicht darauf an, dass es sich dabei um eigentliche Haushaltsarbeiten handelte.

> „Bei Aufnahme in die Hausgemeinschaft fallen unter das Verbot ausser Dienstmädchen, Kindermädchen, Köchinnen, Zofen, Jungfern, Stützen, Gesellschafterinnen, Haustöchtern auch Krankenschwestern, Stenotypistinnen, Sprechstundenhilfen, Privatsekretärinnen usw."

Auch von diesem Verbot hält der Kommentar laut S. 117 Ziff. 13 eine Befreiung kaum für denkbar. Für „regelmässig erfolglos" werden auf S. 119 Ziff. 7 auch Anträge auf Befreiung von der Verbotsvorschrift des § 4 des Blutschutzgesetzes gehalten.

Die Erläuterungen zu den Strafvorschriften des § 5 des Blutschutzgesetzes sind ebenfalls auf das Ziel einer möglichst breiten Anwendung ausgerichtet.

Auf S. 121 unter Ziff. 2 wird die Frage aufgeworfen, ob der Standesbeamte sich durch seine Mitwirkung bei einer verbotenen Eheschliessung nicht nur eines Verbrechens gegen § 5 Abs. 1 des Blutschutzgesetzes schuldig macht, sondern auch wegen eines Vergehens gegen § 69 des Personenstandsgesetzes (PStG) zu bestrafen ist. Obwohl dieser Frage nur „mehr theoretische" Bedeutung zugemessen wird, kommt der Kommentar auch hierbei zu der schärfsten Lösung. Die Analogie im Strafrecht ist, soweit sie Auswirkungen zuungunsten des Angeklagten haben kann, in fast allen zivilisierten Ländern verboten. Die faschistischen Machthaber hatten am 28. Juni 1935 (RGBl. I S. 839) mit der Neufassung des § 2 StGB die Analogie zuungunsten eingeführt und damit jeglicher Willkür auf justizpolitischem Gebiet die Bahn frei gemacht. Gestützt auf diese strafrechtliche Neueinrichtung, wurde mit dem Kommentar der Weg zu einer umfassenderen Strafandrohung für die Standesbeamten gefunden. Unter Verwendung echt nazistischer Terminologie wurde ausgeführt:

> „Zwar sind im § 69 PStG die Vorschriften des Blutschutzgesetzes nicht erwähnt. Der aus jener Strafvorschrift ersichtliche Grundgedanke rechtfertigt aber nach § 2 StGB – Fassung des Gesetzes vom 28. Juni 1935 (RGBl. I S. 839) – im Einklang mit dem gesunden

> Volksempfinden eine Bestrafung auch bei Ausserachtlassung der Vorschriften des Blutschutzgesetzes."

Für die Fälle des § 5 Abs. 2 des Blutschutzgesetzes, wonach sich Männer strafbar machten, die dem Verbot des ausserehelichen Verkehrs zwischen Juden und staatsangehörigen Nichtjuden zuwiderhandelten, wurden mit kaum überbietbarer juristischer Raffinesse alle Auswege verlegt. S. 123 des Kommentars besagt hierzu unter Ziff. 7:

> „Die Überführung des Täters wird vielfach durch die Aussage des weiblichen Teils möglich sein. Dieser besitzt weder ein Auskunftsverweigerungsrecht nach § 55 StPO noch ein Zeugnisverweigerungsrecht nach § 52 StPO. Nach § 55 StPO kann ein Zeuge die Auskunft auf solche Fragen verweigern, deren Beantwortung ihm die Gefahr strafrechtlicher Verfolgung zuziehen würde. Da der weibliche Teil aber wegen des ausserehelichen Geschlechtsverkehrs weder als Mittäter noch als Anstifter oder Gehilfe bestraft werden kann, würde eine Auskunftsverweigerung auf § 55 StPO nicht gestützt werden können. Ebensowenig würde der weibliche Teil mit der Behauptung gehört werden können, er sei mit dem männlichen Teilnehmer an dem Geschlechtsverkehr verlobt und daher gemäss § 52 zur Zeugnisverweigerung berechtigt. Das Verlöbnis zweier Personen, deren Eheschliessung wegen ihrer Rassenverschiedenheit verboten ist, muss grundsätzlich als ungültig angesehen werden. Zwar besteht rechtlich nach § 16 der Ersten AV z. BlSchG die Möglichkeit, dass der Führer und Reichskanzler von den Ehehindernissen wegen jüdischen Bluteinschlags Befreiung erteilt, tatsächlich werden aber derartige Befreiungen bei der grundsätzlichen Einstellung des nationalsozialistischen Staates zu Rassenmischehen in so seltenen Fällen erteilt werden, dass die Möglichkeit einer Befreiung bei der Eingehung eines Verlöbnisses nicht in Rechnung gestellt werden kann."

Zu § 3 der Ersten Ausführungsverordnung zum Gesetz zum Schutze des deutschen Blutes und der deutschen Ehre, der die Eheschliessung zwischen staatsangehörigen jüdischen Mischlingen ersten Grades und Nichtjuden bzw. Mischlingen zweiten Grades verbot, von diesem Verbot aber Befreiung zuliess, stellt der Kommentar auf S. 130 Ziff. 8 fest:

> „Nach Lage der Verhältnisse dürfte aber eine solche Befreiung kaum jemals in Frage kommen."

Die gleiche Orientierung wird zu § 16, der allgemeinen Befreiungsvorschrift, auf S. 145 Ziff. 2 wie folgt gegeben:

> „Zulässig sind Befreiungen von sämtlichen Vorschriften des Blutschutzgesetzes und der dazu ergangenen oder noch ergehenden Ausführungsverordnungen. Indes wird angesichts der mit der Blutschutzgesetzgebung verfolgten Ziele nur in ganz besonders liegenden Ausnahmefällen mit Befreiungen gerechnet werden können."

Die mit dem Kommentar gegebene und von amtlichen Stellen und prominenten Nazijuristen für verbindlich erklärte Orientierung wurde allen voran im R. u. Pr. MdI die allgemeine Arbeitsgrundlage für alle Referate der Abteilung I, durch die alle sich aus der Rassengesetzgebung ergebenden Fragen verwaltungsrechtlicher Natur zu bearbeiten waren. Entsprechend dieser Anleitung wurden gleich der Praxis, die mit der Ablehnung aller Anträge nicht vollarischer Personen auf Namensänderung geübt wurde, durch die Abteilung I des R. u. Pr. MdI auch alle Anträge auf Befreiung von den Folgen der Nürnberger Rassengesetze abgelehnt, und zwar selbst dann, wenn sie in Einzelfällen von anderen Stellen befürwortet worden waren. Zum Beweis hierfür haben dem Senat viele Dokumente vorgelegen und auch eine Anzahl Zeugen zur Verfügung gestanden.

Aus der Vielzahl der Fälle, in denen Anträge von Geltungsjuden auf Einstufung als Mischlinge ersten Grades oder Anträge von Mischlingen auf Gleichstellung mit nichtjüdischen Personen abgelehnt worden sind, sollen nur einige besonders charakteristische Vorgänge angeführt werden.

Am 24. Juli 1939 schrieb die Ortsgruppe Olmütz-Stadt der NSDAP an die Kreisleitung der NSDAP in Olmütz (Sudetengau):

„Fräulein Gertrude Pfitzner, Olmütz, Podébrad-Strasse Nr. 7, ist die Tochter des Gend.-Oberwachtmeisters i. R. Hermann Pfitzner und dessen Gattin Rosa, geb. Repper, welche getaufte Jüdin ist. Die Genannte wendet sich mit einem Ansuchen an den Stellvertreter des Führers um Nachsicht dieses Hindernisses zum Zwecke der Aufnahme an der Universität. Mit Rücksicht darauf, dass sie im Turnverein aktiv tätig war, völkisch erzogen und eingestellt ist, wird gebeten, ihr Gesuch befürworten zu wollen."

Die Kreisleitung der NSDAP Olmütz befürwortete das Gesuch am 26. Juli 1939 „wärmstens". Die Abteilung I des R. u. Pr. MdI lehnte es am 5. Dezember 1940 – Nr. Ie Pf. 12 II/40 – 5017 – ab.

Herr Alfred Mandel, Brünn, Fleischmarktgasse 5a, wollte durch ein Gesuch vom 22. Juni 1939 die Gleichstellung seiner Kinder mit nichtjüdischen Personen erreichen. Das Gesuch wurde von dem Gauleiter der NSDAP Niederdonau befürwortet. Dennoch erging seitens der Abteilung I des R. u. Pr. MdI am 30. Juni 1941 – Ie MA 5 III 41 / 50 Va – ein ablehnender Bescheid.

Am 16. Januar 1941 berichtete der Reichsprotektor in Böhmen und Mähren an den Reichsminister des Innern den Fall des Juden Paul Veit, Prag VII, Röselerstrasse 14, der um Befreiung von den für Juden geltenden Vorschriften nachsuchte. Das Gesuch wurde von Orts- und Kreisleitungen der NSDAP unterstützt, weil Veit während der Verbotszeit der NSDAP in Österreich diese aktiv unterstützt, geflüchteten Parteimitgliedern geholfen und sich dadurch mehrmals in die Gefahr strafrechtlicher Verfolgung gebracht habe. Dessen ungeachtet wurde das Gesuch am 8. Mai 1942 – Nr. Ie Ve 1/42 / 5017a – durch den Reichsminister des Innern, d. h. durch seine Abteilung I, abgelehnt.

Nicht besser erging es Gesuchstellern, die um Befreiung von den Ehehindernissen nach dem Blutschutzgesetz nachsuchten. Auch hierfür werden nur wenige Beispiele angeführt.

Der als jüdischer Mischling ersten Grades geltende Zeuge Heinrich St. beantragte gemäss § 3 der Ersten Ausführungsverordnung zum Gesetz zum Schutze des deutschen Blutes und der deutschen Ehre am 30. November 1935 die Genehmigung zur Eheschliessung mit seiner nichtjüdischen Verlobten. Nachdem die Angelegenheit durch mehrfache Anforderungen weiterer Urkunden sichtlich in die Länge gezogen worden war, erhielt der Zeuge am 6. August 1936 vom Reichsstatthalter in Thüringen ein Schreiben folgenden Inhalts:

> „Wie mir der Herr Amtshauptmann in Zwickau mitgeteilt hat, hat Fräulein Susanne Kaiser am 15. Juli 1936 in Gegenwart ihres Vaters an Amtsstelle zum Protokoll erklärt, dass sie nicht bereit sei, mit Ihnen die Ehe einzugehen und dass sie Sie bitte, den von Ihnen gestellten Genehmigungsantrag für erledigt zu betrachten. Ich werde deshalb auf Ihren Antrag nichts weiter veranlassen. Die von Ihnen übersandten Unterlagen stehen Ihnen auf Anforderung zur Verfügung."

Die Verlobte des Zeugen bestätigte ihm, dass sie vom Gemeindevorstand in Cainsdorf unter Androhung der Amtsenthebung ihres Vaters als Schulleiter erpresst worden sei, mit ihrer Unterschrift zu bescheinigen, dass sie eine Eheschliessung mit dem Zeugen nicht wünsche. Hierauf beschwerte sich der Zeuge beim R. u. Pr. MdI. Von dort erhielt er ein vom 5. Dezember 1936 datiertes Schreiben folgenden Wortlauts:

> „Nach dem Ergebnis der angestellten Ermittlungen ist Ihr Vorwurf gegen den komm. Bürgermeister in Cainsdorf unbegründet. Ich habe daher keine Veranlassung, in Ihrer Ehegenehmigungsangelegenheit etwas zu veranlassen.
> Im Auftrag
> gez. Dr. Globke"

Der Zeuge Egon Sch. sagte vor dem Obersten Gericht aus, dass er als jüdischer Mischling ersten Grades im Jahre 1937 den Antrag auf Ehegenehmigung mit einer Nichtjüdin gestellt habe. Dr. Globke habe am 3. August 1938 den Regierungspräsidenten in Schneidemühl jedoch angewiesen, einen ablehnenden Bescheid zu erteilen. Ein von seiner Verlobten im September 1938 gestellter Antrag sei ebenfalls abgelehnt worden. Da der Zeuge vom 26. August 1939 bis 6. Juni 1940 zur faschistischen Wehrmacht eingezogen war, stellte er unter Hinweis hierauf und Erwähnung seiner Auszeichnung mit dem EK II abermals einen Antrag auf Genehmigung der Eheschliessung. Am 28. Oktober erhielt er eine erneute Absage mit der Begründung, dass die Leistung von Wehr- und Frontdienst kein Anlass zu einer günstigeren Beurteilung des Antrages sei. Dem Zeugen wurde vielmehr befohlen, die ausserehelichen Beziehungen zu seiner Verlobten aufzugeben. Zugleich wurde ihm der aussereheliche Verkehr mit anderen deutschblütigen Frauen und Mädchen untersagt. Wörtlich schloss das Schreiben: „Im Falle der Nichtbeachtung der Ihnen erteilten Auflage haben Sie mit schärfsten staatspolizeilichen Massnahmen zu rechnen."

Der Zeuge Ben., nach der faschistischen Rassengesetzgebung jüdischer Mischling ersten Grades, trat im Frühjahr 1937 der damals gegründeten „Vereinigung 1937 – vorläufiger Reichsbürger nicht rein arischer Abstammung" bei. Die Vereinigung war um die Sicherung der nach den Nürnberger Gesetzen für die Mischlinge noch verbleibenden Rechte bemüht. Den Funktionären der Vereinigung, zu denen auch der Zeuge Ben. zählte, gelang es jedoch nicht in einem einzigen Fall, im R. u. Pr. MdI die Befreiung von den Eheverboten zu erwirken.

Rechtsanwalt Lesser, der als Vorsitzender der Vereinigung jeweils die Verhandlungen in der Abteilung I des R. u. Pr. MdI führte, berichtete wiederholt, dass bei dieser Stelle Befreiungen von den Verboten und Beschränkungen nach den Nürnberger Gesetzen infolge der in dem Kommentar Stuckart / Globke enthaltenen Auslegungen nicht zu erreichen seien. Stuckart sei wenigstens noch in der Umgangsform höflich. War jedoch eine Vorladung von Dr. Globke unterschrieben, sei Lesser nach seinen eigenen Worten immer mit Angst und Zittern in das Innenministerium gegangen, da dieser anmassend, arrogant und hochfahrend gewesen sei.

Die Haltung des Angeklagten während seiner Tätigkeit im R. u. Pr. MdI wurde dem Obersten Gericht noch durch zwei weitere Zeugen belegt.

Wie die Zeugin Pok. aussagte, erhielt sie im Oktober 1939 einen Brief von der Schwester ihres Ehemannes, die in Neustadt (Westpreussen) mit einem polnischen Arzt verheiratet war. Diese schrieb, dass sie mit ihrem Ehemann und ihren Kindern unter unmenschlicher Behandlung von Haus und Hof vertrieben worden und nach Galizien deportiert worden sei. Um seiner Schwester und ihrer Familie zu helfen, habe sich der Ehemann der Zeugin Pok. in das R. u. Pr. MdI begeben, wo er an Ministerialrat Dr. Globke verwiesen worden sei. Dieser habe nach Kenntnisnahme, dass es sich um einen polnischen Arzt handelte, im Tone höchst entrüsteten Erstaunens ausgerufen: „Und dann ist er nicht erschossen? Die ganze polnische Intelligenz ist doch erschossen!“ Die Westberliner Zeitung „Telegraf“ veröffentlichte hierüber am 21. Februar 1956 einen Artikel unter der Überschrift und dem Untertitel:

„Und nichts ist geschehen.

Eine Beschwerde über Globke traf in Bonn auf taube Ohren.“

Die Zeitung wies darauf hin, dass dieser Vorfall verschiedenen Bundesministern und Adenauer persönlich berichtet worden sei. Sie schliesst den Artikel mit dem Satz: „Nichts ist geschehen“.

Auch die Zeugin R. machte schlechte Erfahrungen mit dem Angeklagten. Sie war mit einem jüdischen Bürger verheiratet, dem im Jahre 1935 die Existenz vernichtet wurde. Die zunehmenden Repressalien brachten die Familie R. zu dem Entschluss, Deutschland zu verlassen. Es ergab sich, dass Herr R. im April 1939 zunächst allein auf dem Seewege das Land verliess. Frau R. und ihrem Sohn gelang die Auswanderung nicht mehr.

In ihrer begründeten Besorgnis um das Schicksal ihres als Geltungsjuden behandelten Sohnes wandte sich die Zeugin im Jahre 1942 an den ihr bekannten und im R. u. Pr. MdI tätigen Dr. Schütze, der ihr empfahl, sich zuständigkeitshalber an Dr. Globke zu wenden. Sie befolgte den Rat. Als sie zu Dr. Globke in das Zimmer kam, habe er sie unfreundlich nach ihrem Anliegen gefragt. Sie habe dann unter Hinweis, dass sie auf Empfehlung Dr. Schützes komme, die Bitte vorgebracht, ihrem Sohn zu helfen. Nachdem die Zeugin die Frage des Angeklagten, ob sie von ihrem jüdischen Ehegatten geschieden sei, verneinen musste, habe er im aufbrausenden Tone gesagt: „Dann kleben Sie ja immer noch an dem Juden." In gleicher Tonart sei er fortgefahren: „Das hätten Sie sich eher überlegen sollen. Bilden Sie sich ja nicht ein, dass durch eine jetzige Scheidung Ihr Sohn noch gerettet werden kann!"

Zu dem nach § 3 des Blutschutzgesetzes bestehenden Verbot der Beschäftigung nichtjüdischer weiblicher Personen in jüdischen Haushalten, wurde am 5. Dezember 1935 ein in der Abteilung I des R. u. Pr. MdI ausgearbeiteter, nicht zur Veröffentlichung bestimmter Runderlass – I A 15 517/5017 – herausgegeben, mit dem den unteren Verwaltungsbehörden aufgegeben wurde, bei der Prüfung der Befreiungsgesuche einen sehr strengen Massstab anzulegen, wobei arbeitsmarktpolitische Gesichtspunkte auszuscheiden hätten.

Nach diesem Vorbild gab der Präsident der Reichsanstalt für Arbeitsvermittlung und Arbeitslosenversicherung am 27. März 1936 – II 5342/21 – eine Anweisung heraus, mit der nunmehr auch noch das Beschäftigungsverbot nach § 3 des Blutschutzgesetzes auf deutschblütige Hausgehilfinnen fremder Staatsangehörigkeit erstreckt wurde. Am 18. Oktober 1937 erliess der Reichs- und Preussische Arbeitsminister im Einvernehmen mit dem Reichs- und Preussischen Minister des Innern eine vertrauliche Anweisung – II c 4342/37 –, die unter dem 22. November 1937 den Regierungspräsidenten übermittelt wurde. Damit wurden weitere Einschränkungen für ausländische Hausangestellte bei Juden getroffen.

Die rigorose Ablehnungspraxis des Reichs- und Preussischen Ministeriums des Innern bei Anträgen, mit denen in irgendeiner Form eine Befreiung von den Vorschriften der Rassengesetzgebung nachgesucht wurde, setzte sich auch fort in der Tätigkeit des Reichsausschusses zum Schutze des deutschen Blutes, in welchem ebenfalls das R. u. Pr. MdI massgebend mitwirkte. Vorsitzender des Ausschusses war Dr. Stuckart. Wie sich aus der Niederschrift über die 9. Sitzung des Ausschusses vom 9. März 1937 ergibt, wurden im letzten Tagesordnungspunkt der kaum drei Stunden dauernden Sitzung 36 Anträge, die die Befreiung von den Vorschriften der Rassengesetze zum Gegenstand hatten, abgelehnt. In der Niederschrift heisst es hierzu wörtlich:

> „Reichsamtsleiter Dr. Blome erklärt, die seither gesuchte grundsätzliche Entscheidung sei vom Führer längst dadurch getroffen worden, dass dieser auf Vortrag von Reichsärzteführer Dr. Wagner erklärt habe, er wünsche, dass der Reichsausschuss nach wie vor die bei ihm angebrachten Anträge ablehne. Der Führer hat die bisher ablehnende Einstellung des Reichsausschusses ausdrücklich gebilligt."

Dass der Angeklagte auch an der Tätigkeit dieses Ausschusses massgeblich beteiligt worden ist, ergibt sich aus einem handschriftlichen Vermerk Dr. Stuckarts auf der vorbezeichneten Niederschrift. Er lautet:

> „Herr Globke. In dem Schreiben an den Reichsärzteführer bitte ich zum Ausdruck zu bringen, dass, wenn er der Auflösung des Ausschusses nicht zustimmt, er uns einen hauptamtlichen Berichterstatter zur Verfügung stellen soll."

Die Diskriminierung und Tyrannisierung des jüdischen Bevölkerungsteiles wurde systematisch auf immer weitere Lebensgebiete erstreckt. Am 15. Juli 1938 erging ein in der Abteilung I des Reichs- und Preussischen Ministeriums des Innern ausgearbeiteter Erlass, der die Benutzung von Bädern und Kureinrichtungen durch jüdische Bürger zum Gegenstand hatte. Es hiess darin:

> „Bei der Regelung des Besuchs auswärtiger jüdischer Kurgäste in Bädern und Kurorten ist noch zu beachten:
>
> 1. Hinsichtlich der Form: Die Regelung ist grundsätzlich von dem Träger der Kureinrichtungen zu treffen. Von einer Regelung durch Polizeiverordnung ist abzusehen.

> 2. Hinsichtlich des Inhalts: Die Bestimmungen sollen die Beschränkungen, die für jüdische Kurgäste gelten, genau ersehen lassen, insbesondere sind die Einrichtungen, zu deren Benutzung die Juden nicht oder nur in beschränktem Umfange zugelassen sind, genau zu bezeichnen und die besonderen Benutzungszeiten und örtlichen Beschränkungen im einzelnen anzugeben. Auf besondere Anweisungen der Badeverwaltungen soll nur ausnahmsweise Bezug genommen werden, wenn dies aus örtlichen Gründen unumgänglich ist. Zu den Gemeinschaftseinrichtungen, von deren Benutzung jüdische Kurgäste in Heilbädern ausgeschlossen werden können, gehören regelmässig auch die Strandbäder am Meer, an Flüssen und Binnenseen, ferner die Luft- und Sonnenbäder und ähnliche Einrichtungen.
> 3. Hinsichtlich der Durchführung: Die Feststellung der jüdischen Kurgäste kann in der Weise erreicht werden, dass diese die Tatsache, dass sie Juden sind, anlässlich der polizeilichen Anmeldung oder im Anschluss daran der Kurverwaltung persönlich oder schriftlich mitzuteilen haben. Die jüdischen Kurgäste können auf diese Pflicht durch die ihnen zur Verfügung stehenden jüdischen Kuranstalten, Heime und dgl. Hingewiesen werden. Die für Juden ausgestellten Kurkarten können durch eine besondere Farbe (z. B. gelb) kenntlich gemacht werden. Zuwiderhandlungen können mit der sofortigen Einziehung der Kurkarte geahndet werden."

Am 8. Januar 1938 gab das evangelische Pfarramt in Küstrin an den Leiter der Reichsstelle für Sippenforschung einen Bericht, mit dem die Befürchtung ausgesprochen wurde, dass die nichtarische Abstammung von Personen jüdischer Abstammung, deren Vorfahren die christliche Taufe angenommen haben, verschleiert werden könnte, wenn Taufurkunden ohne irgendeinen Zusatz ausgestellt würden. Der mit der Bearbeitung dieses Vorganges beauftragte Angeklagte schrieb daraufhin am 18. Januar 1938 – Id W.3 / 5618 – an den Reichs- und Preussischen Minister für kirchliche Angelegenheiten. In dem Schreiben heisst es wörtlich:

> „Ich habe keine Bedenken, wenn in den in dem übermittelten Schriftwechsel erwähnten Fällen auf der Rückseite der pfarramtlichen Urkunde ein Hinweis auf die jüdische Abstammung des Täuflings eingetragen wird. Ich stelle ergebenst anheim, die kirchlichen Stellen hiervon verständigen zu wollen, und bitte, mich an dem Fortgang der Angelegenheit zu beteiligen.
> Dr. Globke"

Am 10. August 1939 – zu dieser Zeit war der Angeklagte Korreferent für allgemeine Rassefragen und für Judenfragen Allgemeines – richtete der Leiter der Abteilung I, Dr. Stuckart, an den Reichsprotektor von Böhmen und Mähren ein Schreiben, das die Behandlung der Juden im Protektorat Böhmen und Mähren betraf – I 1427 II/39 –g– / 5012 –. In diesem Schreiben wurde das erhebliche Interesse des Reiches daran bekundet, dass die im Protektorat wohnenden Juden das allgemeine Verhältnis des Protektorats zum Reich und in der politischen Entwicklung im Protektorat nicht beeinflussten. Es werde daher die Ausschaltung der Juden aus dem öffentlichen Leben des Protektorats für notwendig gehalten. Das Ziel der Judenpolitik sei die Auswanderung. Wörtlich wird zum Abschluss gesagt:

> „Schliesslich bitte ich, mich an Verordnungen und Massnahmen, durch die die Judenfrage im Protektorat berührt wird, stets zu beteiligen. Ich lege grossen Wert darauf, die Einheitlichkeit der Judenpolitik, deren Federführung bei mir liegt, auch Wert darauf, die Einheitlichkeit der Judenpolitik, deren Federführung bei mir liegt, auch für das Protektorat sicherzustellen."

Das von den Faschisten verfolgte Ziel, die jüdische Bevölkerung von der nichtjüdischen streng zu isolieren, wurde bekanntlich mit vielgestaltigen Mitteln und Methoden zu verwirklichen gesucht. Um familienrechtliche Bindungen zwischen Juden und Nichtjuden zu verhindern, wurde schon am 23. November 1933 (RGBl. I S. 979) das Gesetz gegen Missbräuche bei der Eheschliessung und der Annahme an Kindes Statt erlassen, dem, wie bereits an anderer Stelle dargelegt, im beachtlichen Masse Geistesgut des Angeklagten zugrunde lag.

Mit dem Gesetz vom 23. November 1933 konnte, wie der Zeitpunkt seines Erlasses dartut, noch nicht mit aller Offenheit die damit verbundene Zielsetzung kundgegeben werden. Die für die Versagung der Begründung bzw. die Beseitigung bestehender Adoptionsverhältnisse in diesem Gesetz festgelegten Kriterien brachten eine beweismässig nicht ganz unkomplizierte Verfahrensweise mit sich, nach der es nicht in jedem Falle möglich war, ohne weiteres familienrechtliche Bande zwischen jüdischen und nichtjüdischen Personen zu verhindern oder zu zerstören. Um auch auf diesem Gebiet voll zum Ziele zu kommen, wurde am 12. April 1938 das Gesetz über die Änderung und Ergänzung familienrechtlicher Vorschriften und über die Rechtsstellung der Staatenlosen (RGBl. I S. 380) erlassen. Mit ihm wurde die gerichtliche Aufhebung von Kindesannahmeverhältnissen auf rein persönliche, d. h. rassische Umstände der Vertragsteile abgestellt. Der hierfür massgebliche § 12 lautete:

> „(1) Das durch die Annahme an Kindes Statt begründete Rechtsverhältnis kann auf Antrag durch gerichtliche Entscheidung aufgehoben werden, wenn wichtige Gründe in der Person des Annehmenden oder des Kindes die Aufrechterhaltung des Annahmeverhältnisses sittlich nicht mehr gerechtfertigt erscheinen lassen.
>
> (2) Hat ein Ehepaar gemeinschaftlich ein Kind angenommen und liegt ein Aufhebungsgrund nur in der Person eines Ehegatten vor, so kann auch das Annahmeverhältnis zu dem anderen Ehegatten aufgehoben werden.
>
> (3) Die Aufhebung wirkt auch gegenüber den Abkömmlingen des Kindes, auf die sich das Annahmeverhältnis erstreckt."

Die Berechtigung zur Stellung eines Antrages auf gerichtliche Aufhebung eines Kindesannahmeverhältnisses hatte gemäss § 13 Abs. 1 an erster Stelle die höhere Verwaltungsbehörde, woraus erhellt, dass es sich um eine zielgerichtete staatliche Aktion im Gesamtsystem der Verfolgungsmassnahmen gegen den jüdischen Bevölkerungsteil handelte. Hierzu verfasste der Angeklagte einen am 20. September 1938 (MBliV S. 1597 ff.)

ergangenen Runderlass – I d 287/5654 –, mit dem unverhüllt dargelegt wurde, dass sich die mit dem Gesetz vom 12. April 1938 neu geregelte Aufhebung von Kindesannahmeverhältnissen in erster Linie gegen Juden richte. Unter Ziff. 1 des Runderlasses wird ausgeführt:

> „Artikel 5 des Gesetzes über die Änderung und Ergänzung der familienrechtlichen Vorschriften und über die Rechtsstellung der Staatenlosen vom 12. April 1938 (GBl. I S. 380) will die Schwierigkeiten beseitigen, die sich daraus ergeben, dass nach § 1768 BGB ein Kindesannahmeverhältnis nicht einseitig, sondern nur durch einen der gerichtlichen Bestätigung bedürfenden Vertrag gelöst werden konnte. So war bei der bisherigen Regelung eine Auflösung des Adoptionsverhältnisses vielfach auch in Fällen nicht möglich, in denen die Volksgemeinschaft daran ein Interesse hatte, insbesondere z. B. wenn der Annehmende und das Kind verschiedenen Rassen angehörten ..."

Mit Ziff. 7 wurde der höheren Verwaltungsbehörde durch den Runderlass die Verpflichtung auferlegt, einen Antrag auf Aufhebung zu stellen, wenn die Vertragsparteien verschiedenen Rassen angehörten. Hierzu bestimmte Ziff. 7a) wörtlich:

> „Ist ein Vertragsteil Jude oder mit einem Juden verheiratet, der andere Vertragsteil deutschblütig oder Mischling zweiten Grades, so hat die höhere Verwaltungsbehörde den Antrag auf Aufhebung des Annahmeverhältnisses zu stellen."

Durch diesen Runderlass, der in der Folgezeit zur rücksichtslosen Aufhebung vieler Adoptionsverhältnisse führte, hat der Angeklagte den davon Betroffenen massloses Leid zugefügt. Dem Senat hat hierzu eine Reihe von Originalakten des Reichs- und Preussischen Ministeriums des Innern als Beweismaterial vorgelegen. Aus der grossen Anzahl der Fälle können nur einige angeführt werden.

So wandte sich am 29. Oktober 1938 das jüdische Ehepaar Altschüler an den Reichsinnenminister und bat unter Bezugnahme auf den Runderlass vom 20. September 1938 darum, die Adoption des im September

1930 angenommenen Kindes Karl-Heinz Weissert nicht rückgängig zu machen. Ausführlich wurde dargelegt, dass die Eheleute Altschüler seit Generationen keinerlei Verbindung zur jüdischen Religionsgemeinschaft hätten und das Adoptivkind in jeder Weise in einem besonderen Heim im nationalsozialistischen Sinne erzogen werde. Es wurde weiter angeführt, dass das als uneheliches Kind eines Dienstmädchens geborene Adoptivkind sehr an seinen Adoptiveltern hänge und es für alle Beteiligten eine ausserordentliche Härte wäre, wenn das Adoptionsverhältnis aufgehoben würde. Ausserdem wird auf die ausserordentlich günstige Vermögenslage des ehemaligen Bankdirektors Kommerzienrat Ludwig Altschüler und darauf verwiesen, dass das Adoptivkind als Erbe dieses Vermögens eingesetzt worden sei. Obwohl das Staatsministerium des Innern in München in seinem Bericht vom 26. September 1936 an den Reichsinnenminister zugeben musste, dass es sich bei den volljüdischen Adoptiveltern um wertvolle Menschen handele und das Adoptivkind in einem Internat erzogen werde, erschien dieser Stelle dennoch eine Aufhebung des Adoptionsverhältnisses aus nachstehenden Gründen erforderlich:

> „Es besteht aber die Gefahr, dass der Junge aus dieser persönlich bedingten und verständlichen Einstellung zu seinen Adoptiveltern falsche Schlüsse hinsichtlich des Wertes der jüdischen Mischrasse – als Ganzes gesehen – zieht. Insofern geschieht, auf lange Sicht hinaus betrachtet, dem deutschblütigen Jungen, der nach den Weltanschaulichen Grundsätzen und Gesetzen des nationalsozialistischen Reiches leben wird, kein Gefallen, wenn man ihn dauernd an die Dankbarkeit gegenüber den jüdischen Zieheltern bindet."

Das Verfahren wurde lediglich aus der Besorgnis, dass das Kind dem Staat zur Last fallen könnte, so lange ausgesetzt, bis sich andere, geeignete Adoptiveltern fänden. Diese Bemühungen der staatlichen Stellen blieben lange Zeit ohne Erfolg. Nachdem zur Kenntnis gelangte, dass die Eheleute Altschüler ihrem Adoptivkind bereits erhebliche Vermögenswerte übereignet hatten und damit die materielle Sicherstellung des Kindes gewährleistet war, gab die Abteilung I des R. u. Pr. MdI am 24. März 1942 – I d A 26 IV/41 / 5654 – dem Staatsministerium des

Innern in München die Weisung, nunmehr bei dem Amtsgericht Neustadt die Aufhebung des Adoptionsvertrages zu betreiben.

In der Sache Dr. Wilhelm Schönfeld-d'Elbée / Margot Fahrenholz schlug der Reichsstatthalter von Thüringen am 15. Februar 1941 die Aufhebung des Adoptionsverhältnisses vor, weil Margot Fahrenholz Mischling ersten Grades war. Obwohl das „Adoptivkind" zu dieser Zeit schon 44 Jahre alt war, wies das R. u. Pr. MdI den Reichsstatthalter von Thüringen an, einen entsprechenden Antrag zu stellen.

In der Sache Strack/Fink war der adoptierte Junge Mischling ersten Grades. Der Regierungspräsident zu Düsseldorf berichtete, dass die Aufhebung des Annahmeverhältnisses eine grosse Härte bedeuten würde. Dennoch erhielt er am 11. Juli 1941 durch die Abteilung I des R. u. Pr. MdI die Weisung, einen dahingehenden Antrag zu stellen.

In der Sache Röver/Sommer war das angenommene Mädchen ein jüdischer Mischling ersten Grades. Die Eheleute Röver wurden derart bedrängt, dass sie am 4. September 1939 selbst einen Antrag auf Aufhebung des Annahmeverhältnisses stellten. Am 9. September 1939 widerriefen sie diese Erklärung jedoch. Nachdem ihnen abermals erfolglos „nahegelegt" worden war, einen Antrag zu stellen, erteilte das R. u. Pr. MdI dem Regierungspräsidenten von Frankfurt (Oder) am 22. Oktober 1941 die Weisung zur Stellung eines Antrages.

Ein Ehepaar Welker hatte zwei Kinder, Hans Puck und Kurt Schneider, adoptiert. Da Frau Welker Jüdin war, erteilte das R. u. Pr. MdI am 3. Dezember 1942 die Weisung, Antrag auf Aufhebung des Annahmeverhältnisses zu stellen. Diese Sache hatte sich bereits seit September 1939 hingezogen. Es kam aber nicht eher zur besagten Weisung, weil der sehr begüterte Fabrikant Welker nichts unversucht liess, die Aufhebung des Adoptionsverhältnisses zu verhindern.

In der Sache Lazarus/Carstensen wurde das bestehende Adoptionsverhältnis als besonders gefährlich angesehen, weil Herr Lazarus Jude und das Adoptivkind ein Mädchen war.

Der von den Eheleuten Henkin im Jahre 1929 angenommene Junge war im Alter von 6 Wochen zu seinen Adoptiveltern gekommen und hing mit aller Liebe an ihnen. Mit der Begründung, die Entwicklung des Kindes sei gut, auch über die Adoptiveltern sei nur Gutes zu sagen und die Aufhebung des Adoptionsverhältnisses würde für das Kind und die Adoptiveltern gleichermassen sehr hart sein, schlug der Regierungspräsident zu Leipzig vor, keinen Antrag auf Aufhebung zu stellen. Die Abteilung I des R. u. Pr. MdI erteilte, nachdem sie ihrer Verwunderung über die Stellungnahme des Regierungspräsidenten Ausdruck verliehen hatte, am 11. Mai 1942 die Weisung, einen Antrag auf Aufhebung zu stellen, weil Herr Henkin Jude sei.

In der Sache Stein / Adelgunde Rath war der jüdische Adoptivvater mit seiner Adoptivtochter am 25. März 1936 nach Johannisburg in Südafrika ausgewandert. Dennoch gab das R. u. Pr. MdI am 9. Oktober 1942 die Anweisung, einen Antrag auf Aufhebung dieses Adoptionsverhältnisses zu stellen.

In dieses Gesamtsystem der gesellschaftlichen Isolierung fällt auch die Kennzeichnung der Reisepässe jüdischer Bürger. Auch hieran war der Angeklagte nicht unbeteiligt. Dies räumte er in seiner am 28. April 1961 gegenüber dem westdeutschen Fernsehen abgegebenen Erklärung teilweise ein. Als weiteres Beweismittel lag dem Senat ein Telegramm des deutschen Diplomaten Koecher vom 17. September 1938 an das Auswärtige Amt in Berlin vor. Mit dem Telegramm wurde über eine Besprechung in Bern mit Schweizer Behörden berichtet, an der der Angeklagte beteiligt war. Es ging um die Einreise deutscher Staatsangehöriger jüdischer Abstammung in die Schweiz. Das sollte nach Möglichkeit verhindert werden. Bei der Erörterung dieser Frage machte der Angeklagte einen Vorschlag zu ihrer Lösung. Dieser sah vor, alle Reisepässe nichtjüdischer deutscher Staatsangehöriger mit einem Vermerk „Gültig für die Schweiz“ zu versehen. Inhaber von Reisepässen, die diesen Vermerk nicht trugen, wären dadurch als Juden gekennzeichnet. Gesandter Koecher berichtete dem Auswärtigen Amt in Berlin:

> „Bitte, mit Ministerialrat Globke, der Montag früh in Berlin eintrifft, Fühlung nehmen, ebenso um Weisung, falls meine Anwesenheit in Berlin erforderlich, oder sonstige Instruktionen."

Tatsächlich ist die Kennzeichnung von Reisepässen, deren Inhaber Juden waren, später in anderer Weise vorgenommen worden, und zwar wurde ihnen ein den ganzen Pass überdeckendes „J" aufgedruckt.

Am 27. und 28. Oktober 1938 wurden im Reichsgebiet 15 000 bis 17 000 jüdische Menschen verhaftet, die früher in Polen beheimatet waren. Sie wurden unter gewaltsamer Aufgabe ihrer ganzen Habe samt ihren Angehörigen an die polnische Grenze abgeschoben. Da die polnischen Behörden zunächst die Aufnahme ablehnten, irrten diese Menschen längere Zeit in den Grenzgebieten umher, bis die polnische Regierung unter dem Druck des faschistischen deutschen Staates ihre Grenze schliesslich diesen Vertriebenen öffnete.

Eines dieser Opfer war der Zeuge K. Er wurde mit Eltern und Geschwistern aus Erfurt vertrieben und nach Polen abgeschoben. Nachdem die faschistischen Armeen Polen militärisch unterworfen hatten, fiel der Zeuge abermals den Faschisten in die Hände. Er kam zunächst in ein Ghetto und musste Zwangsarbeit leisten. Nicht arbeitsfähige Erwachsene und Kinder wurden liquidiert; die Erschiessungen fanden teilweise auf offener Strasse statt. Als im Jahre 1943 das Ghetto Drohobycz aufgelöst wurde, wurden ebenfalls alle für die Zwangsarbeit nicht brauchbaren Personen umgebracht. Kurz darauf wurde auch das Zwangsarbeitslager aufgelöst und von den etwa 700 Personen etwa 600 im Wald ermordet, darunter auch die Eltern, ein Onkel und eine Cousine des Zeugen. Nur ausgesprochene Spezialarbeiter wurden verschont. Der Zeuge wurde bis zum 11. April 1945 in Konzentrationslagern festgehalten und hatte furchtbare Erlebnisse.

III. Die Mitwirkung des Angeklagten an der „Endlösung der Judenfrage“

Die von den Faschisten als „Endlösung der Judenfrage“ bezeichnete Massenvernichtung von jüdischen Menschen aus dem damaligen deutschen Einflussgebiet stellt die letzte und schrecklichste Etappe der von den deutschen Faschisten gegen das jüdische Volk begangenen Verbrechen dar. Diese letzte Etappe der allgemeinen Deportation der Juden in die in den besetzten Ostgebieten gelegenen Vernichtungslager umfasst den Zeitraum von 1941 bis 1945. Aber auch ausserhalb der grossen Vernichtungsaktionen wurde jeder Vorwand benutzt, um Juden in Schutzhaft zu nehmen und in Konzentrationslagern umzubringen. So wurde am 27. Oktober 1941 die Verkäuferin Bertha Schafranek in das Konzentrationslager Ravensbrück eingeliefert. Dort ist sie am 12. April 1942 ums Leben gekommen. Als Schutzhaftgrund wurde angegeben: „Intimer Verkehr mit deutschblütigem Mann.“ Die Hausfrau Esther Sara Königshofer wurde wegen „Umganges mit Deutschblütigem“ am 16. Oktober 1942 in Schutzhaft genommen und ist am 9. Februar 1943 im Konzentrationslager Auschwitz umgekommen.

Der Angeklagte war auch an der „Endlösung“ beteiligt. Er war u. a. von 1938 bis 1943 Referent und von 1943 an Korreferent für internationale Fragen auf dem Gebiete des Staatsangehörigkeitswesens, und unter seiner Mitwirkung entstanden in der Abteilung I des R. u. Pr. MdI eine Reihe von Normativakten, mit denen die Judenverfolgung und -vernichtung auf scheinbar gesetzlicher Grundlage durchgeführt wurde.
Im Februar 1938 wurde im Verantwortungsbereich des Angeklagten der Referentenentwurf eines Gesetzes über Erwerb und Verlust der deutschen Staatsangehörigkeit fertiggestellt – I e 5043/38 / 5000b –. Dieser Entwurf ist zwar nicht Gesetz geworden, er enthielt aber bereits die Grundgedanken der späteren 11. und 12. Verordnung zum Reichsbürgergesetz.
Am 12. Januar 1941 wandte sich der Leiter der Abteilung I beim R. u. Pr. MdI, Dr. Stuckart, mit einem Schnellbrief – I e 5637 IV/40 / 5016 –,

betreffend die Ordnung der Staatsangehörigkeitsverhältnisse im Grossdeutschen Reich, an den Chef der Sicherheitspolizei. Am 15. Januar 1941 fand über den Gegenstand des vorgenannten Schnellbriefes unter Teilnahme des Angeklagten im R. u. Pr. MdI eine Besprechung statt. Auf der Besprechung wurde gleichzeitig der Entwurf einer Verordnung vorgelegt, mit dem vorgesehen war, dass die staatenlos gewordenen Juden, die im Ausland lebten bzw. ihren persönlichen Aufenthaltsort in das Ausland verlegten, ihr Vermögen an das Dritte Reich verlieren sollten.

Am 31. Juli 1941 beauftragte Göring den Chef der Sicherheitspolizei und des SD, SS-Gruppenführer Heydrich, „alle erforderlichen Vorbereitungen in organisatorischer, sachlicher und materieller Hinsicht zu treffen für eine Gesamtlösung der Judenfrage im deutschen Einflussgebiet in Europa".

Die Grundgedanken des Schnellbriefes vom 12. Januar 1941 sowie des auf der Besprechung am 15. Januar 1941 im R. u. Pr. MdI erörterten Entwurfs einer Verordnung über Judenvermögen und der Auftrag Görings an Heydrich fanden zunächst ihren Niederschlag in der 11. Verordnung zum Reichsbürgergesetz vom 25. November 1941 (RGBl. I S. 722). Die Verordnung hat in den §§ 2 und 3 folgenden Wortlaut:

„§ 2
Ein Jude verliert die deutsche Staatsangehörigkeit,
a) wenn er beim Inkrafttreten dieser Verordnung seinen gewöhnlichen Aufenthalt im Ausland hat, mit dem Inkrafttreten der Verordnung,
b) wenn er seinen gewöhnlichen Aufenthalt später im Ausland nimmt, mit der Verlegung des gewöhnlichen Aufenthalts ins Ausland.

§ 3
(1) Das Vermögen des Juden, der die deutsche Staatsangehörigkeit auf Grund dieser Verordnung verliert, verfällt mit dem Verlust der Staatsangehörigkeit dem Reich. Dem Reich verfällt ferner das Vermögen der Juden, die bei dem Inkrafttreten dieser Verordnung

> staatenlos sind und zuletzt die deutsche Staatsangehörigkeit besessen haben, wenn sie ihren gewöhnlichen Aufenthalt im Ausland haben oder nehmen.
> (2) Das verfallene Vermögen soll zur Förderung aller mit der Lösung der Judenfrage im Zusammenhang stehenden Zwecke dienen."

Der SS-Verbrecher Eichmann erklärte in der 77. Sitzung des Bezirksgerichts Jerusalem, dass der am 15. Januar 1941 im R. u. Pr. MdI vorgelegte Entwurf die Basis für die 11. Verordnung zum Reichsbürgergesetz und die 11. Verordnung wiederum die Basis für die „Endlösung der Judenfrage" gewesen sei. Zu dieser Besprechung hatte nach Eichmanns Aussage entweder Ministerialdirigent Hering oder Ministerialrat Globke eingeladen. Eichmann berief sich weiter darauf, dass die notwendigen juristischen Arbeiten für die „Endlösung" in der Abteilung I des R. u. Pr. MdI gemacht worden seien.
In der 77. Sitzung des Bezirksgerichts Jerusalem vom 22. Juni 1961 führten Eichmann und sein Verteidiger Dr. Servatius nach dem unkorrigierten stenographischen Protokoll hierzu aus:

> „Dieser Entwurf, der seitens der Abteilung I MdI vorgelegt wurde, war, soviel weiss ich, die Basis für die darauffolgende 11. Verordnung zum Reichsbürgergesetz. Sie war darüber hinaus die Basis schlechtweg, die gesetzliche Basis schlechtweg, um Deportationen von Juden aus dem Reichsgebiet, d. h. von Juden deutscher Staatsangehörigkeit, in der Folgen frei zu ermöglichen. Ich kann es heute nicht sagen, ob es dann andere Massnahmen diktatorischer Art ermöglicht hätten, aber jedenfalls, diese gesetzliche Basis, die machte es den Spitzenbehörden sehr bequem, ihre Deportationsanordnungen in grundsätzlicher Hinsicht zu erteilen. Darüber hinaus wurde die Frage der Vermögensregelung mit dieser Frage angeschnitten und erledigt, und beide Fragen waren späterhin gleichsam Vorbild für eine ähnliche Regelung, z. B. in Frankreich, ich kann mich im Augenblick nicht an andere Länder erinnern; in Frankreich weiss ich es ganz genau, wo hier die örtlichen deutschen Bevollmächtigten oder

Missionschefs auf die französische Regierung Einfluss nahmen, mag auch sein der höhere SS- und Polizeiführer, nach diesem Muster ihre Juden auszubürgern, weil auf Grund dieser gesetzlichen Basis eben die Deportationen leichter durchzuführen.

Dr. Servatius: Ich möchte noch hinweisen auf die Seite 7 bezüglich der Vermögensfragen. Es heisst, dort ergreift der Finanzminister das Wort und schlägt vor, dass man nicht die Einziehung des Vermögens der Juden verfügen solle, da das viel zu viel Arbeit mache, sondern Verfallserklärung vorzusehen, falls jemand die Staatsangehörigkeit verliert, und die Auswirkung sieht man dann in der Verordnung, in dem Entwurf hier der Verordnung selbst. Man muss dazu den § 1 des Entwurfs einmal zur Hand nehmen. Es ergibt sich dann folgendes: man verliert die Staatsangehörigkeit als Jude, wenn man seinen Aufenthalt im Ausland hat oder dahin verlegt. Das wird später so, man verlegt ihn auch, wenn man mit Gewalt über die Grenze geschoben wird. Und dann ergibt sich der juristische Trick, möchte ich sagen, aus dem Absatz 2, dann heisst es dort, das Vermögen der Juden, die auf Grund des § soundso die Staatsangehörigkeit verloren haben, verfällt kraft dieser Verordnung de m Reich, sofern es nicht schon vorher verfallen ist. So ging es denn auch den Franzosen, sobald sie über die französische Grenze herübertransportiert waren, trat der ähnliche Fall ein."

In der 76. Sitzung des Bezirksgerichts Jerusalem am 22. Juni 1961 erklärte Eichmann:

„Das ergibt sich aus der Feststellung, dass dies eine Folgeerscheinung der 11. Verordnung ist. Und ich habe es nicht angeordnet, sondern diejenigen, welche die gesetzlichen Bestimmungen erlassen haben. Es musste dann auch durchgeführt werden. In diesem Zusammenhang darf ich noch sagen, auch der Dr. Rajakowitsch, ebenso der Regierungsrat Neifeind haben es nicht angeordnet, sondern das ist in der Abteilung I des Innenministeriums ausgeknobelt worden. Und wenn nun diese Dezernate den Befehl bekamen seitens des Reichssicherheitshauptamtes, hierzu abzugehen, so hatten sie grundsätzliche

> Bedenken hierzu gar nicht mehr geltend zu machen, das war nicht ihr Recht, sondern nur rein juristische Angelegenheiten."

In der 78. Sitzung vom 23. Juni 1961 führte Eichmann zu dieser Frage weiter aus:

> „Ich bin der Meinung, dass, soweit es sich um die gesetzliche Basis in fundamentaler Hinsicht handelt, ausschliesslich das Reichsministerium des Innern zuständig war und nicht etwa die Dienststelle des Chefs des Reichsführers SS und Chefs der deutschen Polizei. Hier sieht man an sich, an Hand vieler Dokumente, an Hand einiger Dokumente, dass die Federführung bei den jeweiligen Chefs innerhalb des Innenministeriums gelegen hat, und dass die Juristen des Reichssicherheitshauptamtes beispielsweise zu den Besprechungen gebeten wurden, weil sie am Rande mitzubeteiligen waren, nicht in federführender Hinsicht. Das heisst also, dass diese gesetzlichen Vorausmassnahmen in die primäre Zuständigkeit der Abteilungen des Reichsministeriums des Innern fielen und nicht in die des Reichsführers-SS und Chefs der deutschen Sicherheitspolizei."

Nachdem mit der 11. Verordnung zum Reichsbürgergesetz die juristische Grundlage für die als „Endlösung" bezeichnete Massenvernichtung jüdischer Menschen geschaffen, ihre Kennzeichnung auch schon äusserlich durch das mit Polizeiverordnung vom 1. September 1941 (RGBl. I S. 547) angeordnete Tragen des sog. Judensterns vorgenommen worden und seit dem 15. Oktober 1941 die ersten Judentransporte mit anschliessender Vernichtung dieser Menschen praktisch erprobt waren, berief Heydrich am 1. Dezember 1941 eine Besprechung massgeblicher Persönlichkeiten zum 9. Dezember 1941 ein. Diese Besprechung wurde dann aber auf den 20. Januar 1942 verlegt und ist als Wannsee-Konferenz bekannt geworden.

Zwischenzeitlich erging seitens der Abteilung I des R. u. Pr. MdI am 3. Dezember 1941 – I e 5545/41 / 5013 – eine Anordnung zur Durchführung der 11. Verordnung zum Reichsbürgergesetz, die die Durchführung der mit der „Endlösung“ verfolgten verbrecherischen Ziele noch wesentlich erleichterte. Die Anordnung hatte folgenden Wortlaut:

> „(1) Der Verlust der Staatsangehörigkeit und der Vermögensverfall trifft auch diejenigen unter die Verordnung fallenden Juden, die ihren gewöhnlichen Aufenthalt in den von den deutschen Truppen besetzten oder in deutsche Verwaltung genommenen Gebieten haben oder in Zukunft nehmen, insbesondere auch im Generalgouvernement und in den Reichskommissariaten Ostland und Ukraine.
> (2) Von einer Veröffentlichung dieser Anordnung ist abzusehen.“

Der in der Abteilung I des R. u. Pr. MdI tätige Ministerialrat Lösener hatte Ende 1941 von massenweisen Vernichtungen jüdischer Menschen erfahren und gelangte auf Grund dessen zu dem Entschluss, Konsequenzen hinsichtlich seiner Tätigkeit zu ziehen. Er schilderte diese Vorgänge in einer für den Nürnberger Wilhelmstrassen-Prozess bestimmten „Erklärung unter Eid“ am 8. Juni 1948 wie folgt:

> „Im Jahre 1941 betrieben die Vertreter der Partei auf Weisung von Hitler die sogenannte Endlösung, die auf die physische Vernichtung der Juden hinzielte. Ende 1941 konnte kein Zweifel für jeden, der sich mit diesen Dingen zu befassen hatte, mehr über diese Pläne bestehen.
> Es trat aber dann ein Ereignis ein, das mir ein Verbleiben in meiner Position nicht mehr möglich machte. Ich liess mich daher am 21. Dezember 1941 bei Stuckart dringend melden und trug ihm folgendes vor: Ich sagte, mein Mitarbeiter Dr. Feldscher habe von einem völlig vertrauenswürdigen Freund als Augenzeuge eine Schilderung bekommen, in welcher Weise letzthin abtransportierte deutsche Juden in Riga abgeschlachtet worden seien. Dem Inhalt nach sagte ich folgendes: Die Juden des betreffenden Lagers mussten lange Gräben als Massengräber ausheben, sich dann völlig entkleiden, ihre abgelegten Sachen in bestimmte Haufen sortieren und sich dann nackend auf den Boden des Massengrabes legen. Dann wurden sie von SS-Leuten mit Maschinenpistolen umgebracht. Die nächste Gruppe der zum

> Tode Verdammten musste sich dann auf die bereits Hingerichteten legen und wurde in derselben Weise erschossen. Dies Verfahren wurde fortgesetzt, bis das Grab gefüllt war. Es wurde dann mit Erde zugeworfen und eine Dampfwalze darüber geleitet, um es einzuebnen. In dieser Weise wurden die sämtlichen Massengräber gefüllt. Ich sagte Stuckart, dass diese Greuel mich nicht nur als Menschen berühren, wie es bei sonstigen Greueln der Fall war, sondern dass ich diesmal auch als Referent des Innenministeriums betroffen würde, da es sich diesmal um Juden deutscher Staatsangehörigkeit handelt. Meinen Verbleib in meiner bisherigen Stellung und im Ministerium könnte ich fortan nicht mehr mit meinem Gewissen vereinbaren, auch auf die Gefahr hin, dass sich die bisherige Handhabung der Mischlings- und Mischehenfragen nicht mehr halten lasse. Stuckart entgegnete hierauf wörtlich: Herr Lösener, wissen Sie nicht, dass das alles auf höchsten Befehl geschieht? Ich entgegnete: Ich habe in mir innen einen Richter, der mir sagt, was ich tun muss."

Der Angeklagte gab als Zeuge im Wilhelmstrassenprozess ebensolche Kenntnisse zu. Auf S. 167 des in dieser Sache ergangenen Urteils ist festgestellt:

> „Innerhalb des Reichsinnenministeriums war die Ausrottung der Juden kein Geheimnis. Der Zeuge Globke, einer von Stuckarts Ministerialräten, hat als Zeuge des Angeklagten folgendes ausgesagt: ‚Ich wusste, dass die Juden massenweise umgebracht wurden, aber ich war immer der Auffassung, dass es daneben auch Juden gab, die entweder in Deutschland lebten oder die, wie in Theresienstadt oder dgl., in einer Art Ghetto zusammengefasst waren.'
> Verteidiger: ‚Sie meinen also, dass es sich nur um Exzesse handelte und nicht um eine systematische Ausrottung?'
> Antwort: ‚Nein, das wollte ich nicht sagen. Ich bin der Auffassung und ich habe es gewusst, dass diese Ausrottung der Juden systematisch vorgenommen worden ist, aber ich wusste nicht, dass sie sich auf alle Juden bezog.'"

Das gleiche Zugeständnis, dass er von Urlaubern eine Menge über die massenweise Vernichtung jüdischer Menschen im Osten erfahren habe, aber auch die gleiche Einschränkung, es sei ihm nicht bewusst gewesen, dass alle Juden umgebracht werden sollten, machte der Angeklagte auch am 28. April 1961 im westdeutschen Fernsehen.

Auf der am 20. Januar 1942 durchgeführten Wannsee-Konferenz hielt Heydrich ein einleitendes Referat. Er legte dar, dass das Ziel bislang gewesen sei, den deutschen Lebensraum auf legale Weise von Juden zu säubern. Bis zum 31. Oktober 1941 seien insgesamt rund 537 000 Juden zur Auswanderung gebracht worden, davon aus dem Altreich etwa 360 000, aus Österreich etwa 147 000 und aus Böhmen und Mähren rund 30 000. Die vermögenden Juden seien gezwungen worden, die Auswanderung der vermögenslosen Juden zu finanzieren. Ausserdem seien durch ausländische Juden bisher rund 9 500 000 Dollar zur Verfügung gestellt worden. Das Besprechungsprotokoll weist dann hinsichtlich der „Endlösung der Judenfrage" im wesentlichen folgende Ergebnisse aus:

> „An Stelle der Auswanderung ist nunmehr als weitere Lösungsmöglichkeit nach entsprechender vorheriger Genehmigung durch den Führer die Evakuierung der Juden nach dem Osten getreten.
> Diese Aktionen sind jedoch lediglich als Ausweichmöglichkeiten anzusprechen, doch werden hier bereits jene praktischen Erfahrungen gesammelt, die im Hinblick auf die kommende Endlösung der Judenfrage von wichtiger Bedeutung sind. Im Zuge dieser Endlösung der europäischen Judenfrage kommen rund 11 Millionen Juden in Betracht.
>
> …
>
> Unter entsprechender Leitung sollen im Zuge der Endlösung die Juden in geeigneter Weise im Osten zum Arbeitseinsatz kommen. In grossen Arbeitskolonnen, unter Trennung der Geschlechter, werden die arbeitsfähigen Juden strassenbauend in diese Gebiete geführt, wobei zweifellos ein Grossteil durch natürliche Verminderung ausfallen wird. Der allfällig endlich verbleibende Restbestand wird, da

es sich bei diesem zweifellos um den widerstandsfähigsten Teil handelt, entsprechend behandelt werden müssen, da dieser, eine natürliche Auslese darstellend, bei Freilassung als Keimzelle eines neuen jüdischen Aufbaues anzusprechen ist. (Siehe die Erfahrung der Geschichte.) Im Zuge der praktischen Durchführung der Endlösung wird Europa vom Westen nach Osten durchgekämmt. Das Reichsgebiet einschliesslich des Protektorats Böhmen und Mähren wird, allein schon aus Gründen der Wohnungsfrage und sonstigen sozialpolitischen Notwendigkeiten, vorweg genommen werden müssen. Die evakuierten Juden werden zunächst Zug um Zug in sogenannte Durchgangsghettos verbracht, um von dort aus weiter nach dem Osten transportiert zu werden.

...

IV. Im Zuge des Endlösungsvorhabens sollen die Nürnberger Gesetze gewissermassen die Grundlage bilden, wobei Voraussetzung für die restlose Bereinigung des Problems auch die Lösung der Mischehen- und Mischlingsfragen ist. Chef der Sicherheitspolizei und des SD erörtert im Hinblick auf ein Schreiben des Chefs der Reichskanzlei zunächst theoretisch die nachstehenden Punkte:

1. *Behandlung der Mischlinge ersten Grades.*

Mischlinge ersten Grades sind im Hinblick auf die Endlösung der Judenfrage den Juden gleichgestellt. Von dieser Behandlung werden ausgenommen:

a) Mischlinge ersten Grades verheiratet mit Deutschblütigen, aus deren Ehe Kinder (Mischlinge zweiten Grades) hervorgegangen sind. Diese Mischlinge zweiten Grades sind im wesentlichen den Deutschen gleichgestellt.

b) Mischlinge ersten Grades, für die von den höchsten Instanzen der Partei und des Staates bisher auf irgendwelchen Lebensgebieten Ausnahmegenehmigungen erteilt worden sind.

Jeder Einzelfall muss überprüft werden, wobei nicht ausgeschlossen wird, dass die Entscheidung nochmals zu Ungunsten des Mischlings ausfällt.

Voraussetzungen einer Ausnahmebewilligung müssen stets grundsätzliche Verdienste des in Frage stehenden Mischlings selbst sein. (Nicht Verdienste des deutschblütigen Eltern- oder Eheteiles.) Der von der Evakuierung auszunehmende Mischling ersten Grades wird – um jede Nachkommenschaft zu verhindern und das Mischlingsproblem endgültig zu bereinigen sterilisiert. Die Sterilisierung erfolgt freiwillig. Sie ist aber Voraussetzung des Verbleibens im Reich. Der sterilisierte ‚Mischling' ist in der Folgezeit von allen einengenden Bestimmungen, denen er bislang unterworfen ist, befreit.

2. …

3. *Ehe zwischen Volljuden und Deutschblütigen.*

Von Einzelfall zu Einzelfall muss hier entschieden werden, ob der jüdische Teil evakuiert wird oder ob er unter Berücksichtigung auf die Auswirkungen einer solchen Massnahme auf die deutschen Verwandten dieser Mischehe einem Altersghetto überstellt wird.

4. *Ehen zwischen Mischlingen ersten Grades und Deutschblütigen.*

a) Ohne Kinder.

Sind aus der Ehe keine Kinder hervorgegangen, wird der Mischling ersten Grades evakuiert bzw. einem Altersghetto überstellt. (Gleiche Behandlung wie bei Ehen zwischen Volljuden und Deutschblütigen. Punkt 3)

b) Mit Kindern.

Sind Kinder aus der Ehe hervorgegangen (Mischlinge zweiten Grades), werden sie, wenn sie den Juden gleichgestellt werden, zusammen mit dem Mischling ersten Grades evakuiert bzw. einem Ghetto überstellt. Soweit diese Kinder Deutschen gleichgestellt werden (Regelfälle), sind sie von der Evakuierung auszunehmen und damit auch der Mischling ersten Grades.

5. *Ehen zwischen Mischlingen ersten Grades oder Mischlingen ersten Grades und Juden.*

Bei diesen Ehen (einschliesslich der Kinder) werden alle Teile wie Juden behandelt und daher evakuiert bzw. einem Altersghetto überstellt.

> *6. Ehen zwischen Mischlingen ersten Grades und Mischlingen zweiten Grades.*
> Beide Eheteile werden ohne Rücksicht darauf, ob Kinder vorhanden sind oder nicht, evakuiert bzw. einem Altersghetto überstellt, da etwaige Kinder rassenmässig in der Regel einen stärkeren jüdischen Bluteinschlag aufweisen als die jüdischen Mischlinge zweiten Grades.
> SS-Gruppenführer Hofmann steht auf dem Standpunkt, dass von der Sterilisierung weitgehend Gebrauch gemacht werden muss; zumal der Mischling, vor die Wahl gestellt, ob er evakuiert oder sterilisiert werden soll, sich lieber der Sterilisierung unterziehen würde.
> Staatssekretär Dr. Stuckart stellt fest, dass die praktische Durchführung der eben mitgeteilten Lösungsmöglichkeiten zur Bereinigung der Mischehen- und Mischlingsfragen in dieser Form eine unendliche Verwaltungsarbeit mit sich bringen würde. Um zum anderen auf alle Fälle auch den biologischen Tatsachen Rechnung zu tragen, schlug Staatssekretär Dr. Stuckart vor, zur Zwangssterilisierung zu schreiten. Zur Vereinfachung des Mischehenproblems müssten ferner Möglichkeiten überlegt werden mit dem Ziel, dass der Gesetzgeber etwa sagt: Diese Ehen sind geschieden."

Eichmann, dem die Protokollführung oblag, sagte hierzu in der 79. Sitzung des Bezirksgerichts Jerusalem am 26. Juni 1961 aus:

> „Sie sagten eben, ich hätte die Ansprache Heydrichs ausgearbeitet. Dies stimmt nur bedingt, insofern nämlich, als ich dazu das letzte Mal bereits Stellung nahm. Auch zu der Frage, ob das Protokoll das Ergebnis der Besprechung wiedergibt, habe ich schon das letzte Mal, glaube ich, in Verbindung mit einer anderen Frage, Stellung genommen, und sagte, dass dieses Protokoll den Inhalt der Besprechung wiedergibt, wenngleich – sagen wir mal – diese Auswüchse – wenn man so sagen darf – ein gewisser Jargon gekettet wurde und in dienstmässiger Form ausgearbeitet wurde, und zwar ergab sich dies aus dem wiederholten Hin- und Hergehen des Protokolls als Entwurf zu Heydrich und zurück zu mir."

Und über die Stimmung auf der Wannsee-Konferenz durch seinen Verteidiger befragt, antwortete Eichmann:

> „Hier war nicht nur eine freudige Zustimmung allseits festzustellen, sondern darüber hinaus ein gänzlich Unerwartetes, ich möchte sagen sie Übertreffendes und Überbietendes im Hinblick auf die Forderung zur Endlösung der Judenfrage. Und die grösste Überraschung wohl war, so habe ich es noch in Erinnerung, Bühler, aber vor allen Dingen Stuckart, der stets Vorsichtige, der stets Zaudernde, der hier plötzlich mit einem ungewohnten Elan sich offenbarte."

Am 30. Januar 1942 berief der Reichsminister für die besetzten Ostgebiete eine Besprechung ein, auf der die Ergebnisse der Wannsee-Konferenz schon deutlich sichtbar wurden. Das R.u.Pr.MdI war durch Ministerialrat Dr. Lösener aus der Abteilung I vertreten. Es wurde über den Entwurf einer Verordnung verhandelt, mit der für die besetzten Ostgebiete bestimmt werden sollte, wer als Jude zu behandeln sei. Die vorgesehenen Bestimmungen gingen noch weit über die §§ 2 und 5 der Ersten Verordnung zum Reichsbürgergesetz hinaus. Nach der Aufzeichnung über den Verlauf der Besprechung sollte die Vorschrift folgenden Wortlaut erhalten:

> „2) Jude ist, wer sich zur jüdischen Religionsgemeinschaft oder sonst als Jude bekennt oder bekannt hat oder dessen Zugehörigkeit zum Judentum sich aus sonstigen Umständen ergibt.
>
> 3) Dem Juden wird gleichgestellt, wer einen Elternteil hat, der Jude im Sinne des Abs. 1 ist.
>
> 4) In Zweifelsfällen entscheidet der Generalkommissar (Kommandeur der Sicherheitspolizei und des SD) oder die von ihm beauftragte Stelle mit allgemein bindender Wirkung."

Die Niederschrift enthält auf S. 4 und 6 noch folgende aufschlussreiche Ausführungen:

> „Dr. Wetzel entgegnete darauf, dass in Folge der zu erwartenden Lösung der Judenfrage politische Gefahren aus der Gleichstellung jüdischer Mischlinge aus den Ostgebieten nicht zu erwarten seien.

> Der Vertreter der Parteikanzlei, Oberregierungsrat Reischauer, erklärt anschliessend, dass er schon im Hinblick darauf, dass das fremdvölkische Blut nicht so wertvoll sei wie das deutsche, besondere Gefahren bei einer Gleichstellung der jüdischen Mischlinge ersten Grades nicht erblicken könnte.
> Der Vertreter des Reichssicherheitshauptamtes, Dr. Neifeind, wendet sich dagegen, dass die Entscheidung bezgl. der Frage, wer Jude sei, in Zweifelsfällen beim Gebietskommissar liegen solle. Die Lösung der Judenfrage sei Aufgabe der Sicherheitspolizei und des SD. Sturmbannführer Suhr bat, auch die Frage der Mischehen in dem Ausführungserlass zu regeln. Man wurde sich darüber einig, dass Juden, die in Mischehen leben, keiner anderen Behandlung wie die anderen Juden unterliegen sollen und dass dies im Erlass zum Ausdruck gebracht werden sollte."

Am 6. März 1942 fand im Reichssicherheitshauptamt (RSHA) eine erneute Besprechung über die „Endlösung" statt. Für die Abteilung I des R. u. Pr. MdI nahm Regierungsrat Dr. Feldscher teil, der auch den Vorschlag seines Vorgesetzten Dr. Stuckart erläuterte, die jüdischen Mischlinge ersten Grades zwangsweise zu sterilisieren. Dieser Vorschlag begegnete Bedenken, da das Mischlingsproblem nicht nur ein rassenbiologisches sei. Ausserdem wäre viel Verwaltungsarbeit damit verbunden. Weiter wurde das Problem der Zwangsscheidung von Mischehen behandelt und dazu vorgeschlagen:

> „Es wird gesetzlich festgelegt, dass die Gerichte auf Antrag des deutschblütigen Teiles oder des Staatsanwalts rassenmässige Mischehen zu scheiden haben. Der Antrag soll vorgesehen werden, um nach aussen hin den Eindruck einer Zwangsscheidung abzuschwächen. Die Durchführung soll so erfolgen, dass durch interne Dienstanweisung den beteiligten Deutschblütigen ein gewisser Zeitraum zur Beantragung zur Verfügung stehen soll. Nach diesem Zeitpunkt werden die Staatsanwaltschaften angewiesen, Scheidungsanträge zu stellen. Der Scheidungsausspruch hängt dann nur von der Fest-

> stellung ab, dass ein Eheteil volljüdisch bzw. Mischling ersten Grades ist. Diese Feststellung trifft der Chef der Sicherheitspolizei und des SD. Die Staatsanwaltschaft und Gerichte sind an die Feststellung des Chefs der Sicherheitspolizei und des SD gebunden."

Gegen die Ergebnisse dieser Besprechung protestierte der Reichsminister der Justiz in einem Schreiben vom 12. März 1942 an den Chef der Reichskanzlei, Dr. Lammers. Er führte aus, dass er die sich anbahnenden Entschlüsse zum grossen Teil für völlig unmöglich halten müsse und deshalb um eine persönliche Rücksprache bitte.

Trotz dieses Protestes wurden die betreffenden Fragen dennoch weiterverfolgt und darüber am 27. Oktober 1942 im RSHA eine erneute Konferenz abgehalten, an der für das R. u. Pr. MdI wiederum Dr. Feldscher teilnahm. Die als „Geheime Reichssache" gekennzeichnete Besprechungsniederschrift – IV B 4 – B. Nr. 1456/41 g. Rs. (1344) – weist im wesentlichen folgende Ergebnisse aus:

> „a) *Mischlinge ersten Grades*:
>
> Eingangs der Besprechung wurde mitgeteilt, dass neue Erkenntnisse und Erfahrungen auf dem Gebiete der Unfruchtbarmachung es wahrscheinlich ermöglichen werden, die Sterilisation in vereinfachter Form und in einem verkürzten Verfahren schon während des Krieges durchzuführen. Mit Rücksicht hierauf wurde dem Vorschlag, sämtliche fortpflanzungsfähigen Mischlinge ersten Grades unfruchtbar zu machen, zugestimmt. Die Sterilisierung soll freiwillig erfolgen. Sie ist aber Voraussetzung des Verbleibens im Reichsgebiet und stellt sich somit als eine freiwillige Gegenleistung des Mischlings ersten Grades für seine gnadenweise Belassung im Reichsgebiet dar. Um schlechten psychologischen Rückwirkungen vorzubeugen, sollen die Sterilisationsmassnahmen möglichst ohne viel Aufhebens und unter Verwendung einer Tarnungsbezeichnung in einem vereinfachten Verfahren durchgeführt werden.
>
> …

II. *Mischehen*

1. *Zwangsscheidung*:

a) Bei Mischehen zwischen Deutschblütigen und Volljuden ist, wie bereits früher festgelegt, eine zwangsweise Scheidung der Ehe für den Fall vorzusehen, dass der deutschblütige Eheteil sich innerhalb einer bestimmten Frist nicht entschliesst, selbst die Scheidung zu beantragen. Die Zwangsscheidung erscheint deswegen angebracht, weil mit Rücksicht auf die Abschiebung der Juden klare Rechtsverhältnisse auf diesem Gebiet geschaffen werden müssen."

Am 25. April 1943 (RGBl. I S. 268) erging die 12. Verordnung zum Reichsbürgergesetz. Mit ihr wurden Juden und Zigeuner völlig entrechtet und der Begriff des Geltungsjuden auch auf jüdische Mischlinge ersten Grades angewandt, die nicht deutsche Staatsangehörige waren. § 4 der 12. Verordnung zum Reichsbürgergesetz lautete:

„(1) Juden und Zigeuner können nicht Staatsangehörige werden. Sie können nicht Staatsangehörige auf Widerruf oder Schutzangehörige sein.

(2) Jüdische Mischlinge ersten Grades gelten auch dann als Juden, wenn sie die Staatsangehörigkeit nicht besitzen, aber auf sie die sonstigen Voraussetzungen des § 5 Abs. 2 der Ersten Verordnung zum Reichsbürgergesetz vom 14. November 1935 (RGBl. I S. 1333) zutreffen."

Schon kurze Zeit später, am 1. Juli 1943, wurde die 13. Verordnung zum Reichsbürgergesetz (RGBl. I S. 372) erlassen. Nach § 1 Abs. 1 wurden nunmehr strafbare Handlungen von Juden durch die Polizei geahndet. Die Polenstrafrechtsverordnung vom 4. Dezember 1941 (RGBl. I S. 759), mit der für Polen und Juden ohnedies für die kleinste Handlung, die den deutschen Faschisten nicht gefiel, die Todesstrafe zulässig war, wurde mit § 1 Abs. 2 der 13. Verordnung zum Reichsbürgergesetz für Juden ausser Kraft gesetzt. Während nach der Polenstrafrechtsverordnung zumindest noch dem Schein nach ein Gerichtsverfahren erforderlich war, gab es für Juden nunmehr nur noch die nackte Willkür der Polizei Himmlers.

Mit § 2 Abs. 1 der 13. Verordnung zum Reichsbürgergesetz wurde bestimmt, dass das Vermögen eines Juden mit seinem Ableben dem Reich verfiel. Dem Reichsminister des Innern wurde mit § 3 die Befugnis übertragen, zu bestimmen, inwieweit diese Verordnung auch für Juden ausländischer Staatsangehörigkeit gelten solle.

Dr. Feldscher, Mitarbeiter der Abteilung I des R. u. Pr. MdI, kommentierte die 13. Verordnung zum Reichsbürgergesetz in Pfundtner/Neubert I. Öffentliches Recht (a) Verfassung, im September 1943. Er schrieb in der Einleitung:

> „Die seit 1933 von Jahr zu Jahr in zunehmendem Masse erfolgende rechtliche und tatsächliche Aussonderung der Juden aus der deutschen Lebensgemeinschaft konnte an dem Rechtsgebiet des Gemeinschaftsschutzes, dem Strafrecht, nicht vorbeigehen. Wenn auch gebietlich begrenzt, so ist doch schon für die eingegliederten Ostgebiete durch die Verordnung des Ministerrats vom 4. 12. 1941 (RGBl. I S. 759) ein Sonderstrafrecht geschaffen worden, das ausser für Polen auch für Juden galt. Zwar waren die besondere Lage und der deutsche Aufbau in diesen Gebieten in erster Linie Ursache für die Schaffung eines verstärkten Schutzes gegen Sabotage. Die Nebenwirkung war aber doch die, dass erstmalig die politisch, beruflich, wirtschaftlich und biologisch durchgeführte Sonderstellung der Juden auch für das Strafrecht anerkannt und die Möglichkeit einer Schliessung der Lücke im Rechtssystem der Abwehrmassnahmen gegen das Judentum bejaht wurde. Während sich diese Bestimmungen jedoch im wesentlichen auf erhebliche Verschärfungen (besondere Tatbestände, besonderes Verfahren) beschränken, bringt die Verordnung vom 1. 7. 1943 eine völlige Herausnahme der Juden aus dem Strafrecht ohne gebietliche Begrenzung seiner Geltung. Kein deutsches Strafgericht wird sich künftig mehr mit der Kriminalität der Juden zu befassen brauchen."

Um die nach § 2 der 13. Verordnung zum Reichsbürgergesetz verfallenen jüdischen Vermögen dem faschistischen Staat schnellstens nutzbar zu machen, gab der Angeklagte am 25. November 1944 (MBliV. S. 1149) einen von ihm selbst gezeichneten Runderlass heraus, mit dem er die Standesbeamten und ihre Aufsichtsbehörden anwies, Mitteilungen an die örtlichen Meldebehörden über die Beurkundung der Sterbefälle von Juden auch den zuständigen Finanzämtern zuzuleiten.

Für die „Endlösung" waren nach der Verlautbarung Heydrichs auf der Wannsee-Konferenz elf Millionen Juden vorgesehen. Das waren alle jüdischen Menschen ohne Rücksicht auf das Geschlecht, vom Säugling bis zum Greis, die im damaligen Machtgebiet der deutschen Faschisten lebten. Unter unbeschreiblich brutalen Bedingungen wurden im Zuge dieser Aktion die jüdischen Menschen in Deutschland und den von faschistischen Truppen besetzten Gebieten zusammengetrieben, nach den Todesfabriken im Osten transportiert und dort in den Gaskammern, durch Erschiessen und durch grausames Erschlagen umgebracht. Sechs von den elf Millionen vorhandenen jüdischen Menschen sind schuldlos das Opfer der Mordwut der Faschisten geworden, die damit das grausigste Kapitel in der Geschichte der Menschheit geschrieben haben.

Das elementare Handwerkszeug, das den ausziehenden Mordhorden der Gestapo, des SD und der Waffen-SS in die Aktentaschen und Tornister gelegt wurde, waren die juristisch fixierten Machwerke der Unmenschlichkeit, wie der ganze Komplex der Rassengesetzgebung im weitesten Sinne, ihre Ausführungsbestimmungen und die – oft als geheim oder vertraulich – dazu gegebenen, alles noch auf die äusserste Spitze treibenden verwaltungsmässigen Anweisungen zu ihrer praktischen Handhabung.

In diesem Gesamtsystem sog. Gesetzgebung hielt das R. u. Pr. MdI mit seiner Abteilung I, und in dieser wiederum massgeblich der Angeklagte Globke, von Anbeginn die Feder fest in der Hand. Mit Argusaugen wachte die Abteilung I des R. u. Pr. MdI darüber, dass die „Judenpolitik" einzig ihre Angelegenheit blieb. Getreu diesem Prinzip handelte nicht nur der Abteilungsleiter Dr. Stuckart, wie sein schon erwähntes

Schreiben vom 10. August 1939 an den Reichsprotektor für Böhmen und Mähren zeigt, sondern auch der Angeklagte. Als im Jahre 1940 die Vertreter Frankreichs der deutschen Waffenstillstandskommission eine Protestnote überreichten, die sich gegen die Aussiedlung von 6000 Juden aus dem Saargebiet und Baden nach Frankreich wandte, wurde der Angeklagte ausweislich eines Vermerkes des Auswärtigen Amtes vom 21. November 1940 beim Auswärtigen Amt vorstellig und verlangte eine Abschrift der französischen Note mit der Begründung, dass das R. u. Pr. MdI die für Judensachen zuständige Stelle sei.

Vielen Zeuge deutscher und ausländischer Nationalität haben dem Obersten Gericht der Deutschen Demokratischen Republik in tiefbewegender Weise die im Zuge der „Endlösung“ von den faschistischen Massenmördern verübten Greueltaten am jüdischen Volk geschildert.

Der Vater der Zeugin Rosenberg wurde im Mai 1942 als Geisel erschossen. Sie selbst kam im Alter von 16 Jahren mit ihrer Mutter und ihrem Bruder nach Theresienstadt und von dort nach Auschwitz, wo an ihr schmerzhafte medizinische Experimente ohne Betäubung verübt wurden. Die Zeugin verlor durch die „Endlösung“ alle ihre nächsten Angehörigen und sämtliche Verwandte. Einige von ihnen, die den Torturen nicht standhalten konnten, bis sie von den SS-Mördern getötet wurden, machten ihrem Leben selbst ein Ende. Die Zeugin Rebekka Rebling hat aus ihrem Familien- und Verwandtenkreis annähernd 80 Menschenleben zu beklagen, die Opfer der faschistischen Massenvernichtung geworden sind. Sie selbst entkam nach schwersten Entbehrungen und Qualen in Auschwitz und Bergen-Belsen nur knapp dem Tode. In Bergen-Belsen wurde sie Zeuge des Todes von Margot und Anne Frank. Einen furchtbaren Leidensweg hat der Zeuge Peter Edel hinter sich. Sadistischen Folterungen durch die Gestapo folgte das Vernichtungslager Auschwitz, wo er, mehrfach schon für die Gaskammer ausgesondert, der Vernichtung nur jeweils durch Zufall entgangen ist. Seine Ehefrau hat dieses Schicksal in Auschwitz erreicht.

Alle gehörten Zeugen sind den faschistischen Vernichtungslagern nur am Rande des Todes entkommen. Sie sind meist die einzigen Überlebenden ihrer ehemaligen Familie und Verwandtschaft.

So hat die Zeugin Lea Grundig 17 Verwandte verloren. Der Zeuge Rosenberg ist von seinen Eltern und 9 Geschwistern der einzige Überlebende, ebenso hat er Frau und Kind verloren. Die Zeugen König und Besser beklagen je etwa 25, die Zeugin Heitmann 33 und der Zeuge Aris 28 Verwandte.

Diese Aufzählung liesse sich noch erweitern, aber auch dann könnte damit nicht im entferntesten ein Bild des wahren Ausmasses dieser abscheulichsten Verbrechen in der Geschichte der Menschheit gegeben werden.

Abgesehen von den okkupierten und dem faschistischen Staat einverleibten Gebieten, in denen die Nürnberger Rassengesetze – wie z. B. in Österreich durch Verordnung vom 20. Mai 1938 (RGBl. I S. 594) – zu unmittelbar geltendem Recht erhoben worden sind, haben die vor dem Obersten Gericht aufgetretenen ausländischen Zeugen übereinstimmend bekundet, dass mit der faschistischen Besetzung ihrer Heimatländer die Vorschriften der Rassengesetze des „Dritten Reiches" die Besatzungspolitik entscheidend mitbestimmten.

Dort, wo die deutschen Faschisten unter ihrer Aufsicht und Kontrolle noch eine gewisse nationale Regierungsgewalt zuliessen, wie z. B. in Frankreich, wurden diese Organe gezwungen, Normativakte zu erlassen, mit denen die Nürnberger Gesetze inhaltlich und in ihren Auswirkungen auf diese Gebiete übertragen wurden. Andernorts, wie z. B. im sog. Protektorat Böhmen und Mähren, erliessen die deutschen Behörden entsprechende Anordnungen. In anderen besetzten Gebieten waren die faschistischen Rassengesetze auch ohne besondere Normativakte für die politischen Organe wie SD, Gestapo, Waffen-SS usw. direkt die Richtschnur für ihre Massnahmen gegen Juden und andere „artfremde" Bevölkerungsgruppen, wie z. B. die der Zigeuner.

Beinahe einer halben Million jüdischer Bürger der damaligen Tschechoslowakei hat das faschistische Verbrechen der „Endlösung der Judenfrage" das Leben gekostet. Die Zeuginnen Dr. Gertruda Sekaninova-Cakutova, Dr. Margita Schwalbova, Uly Jermavova, Judis Urbanova und Dr. Ela Deutschova sind einige der wenigen, die die Deportationen in die Vernichtungslager überlebt haben. Die Zeugin Dr. Sekanikova-Cakutova musste sofort nach der Besetzung ihrer Heimat im März 1938 ihre Tätigkeit als Rechtsanwältin aufgeben. Als Jüdin war es ihr untersagt, nach 20 Uhr das Haus zu verlassen, bestimmte Strassen und Plätze in Prag zu betreten, Zeitungen zu beziehen, zu telefonieren und Kulturveranstaltungen zu besuchen. Im Herbst 1939 mussten die Rundfunkgeräte abgeliefert werden. Die Kinder durften zuerst keine deutschen und dann auch keine tschechischen Schulen mehr besuchen. Später mussten die jüdischen Bürger die Wohnungen räumen und den sog. Judenstern tragen. Ende 1942 wurde die Zeugin gemeinsam mit ihrer Mutter über Theresienstadt nach Auschwitz deportiert. Ihre Mutter wurde sofort vergast. Ihr älterer Bruder war schon vorher in Auschwitz ermordet worden. Ähnliche furchtbare Leidenszeiten haben auch die anderen Zeuginnen mitgemacht.

Als überlebende jüdische Opfer Frankreichs sind vor dem Obersten Gericht der Deutschen Demokratischen Republik als gesellschaftlicher Ankläger Charles Palant, als sachverständiger Zeuge Rechtsanwalt Charles Ledermann und als Zeugin Erica Wahl, Paulette Swiczarczyp, Benjamin Ginsbourg und Raphael Feigelson aufgetreten.

25000 bis 30000 jüdische Menschen beiderlei Geschlechts und jeden Alters sind allein am 16. Juli 1942 in Paris zusammengetrieben und unter unmenschlichen Bedingungen zur Vernichtung nach dem Osten transportiert worden. Von etwa 130000 deportierten jüdischen Bürgern Frankreichs sind knappe 2000 zurückgekehrt.

Bei ihrer Jagd auf die jüdischen Menschen machten die Faschisten auch vor Kontrollen in Krankenhäusern nicht halt. Der Zeuge Benjamin Ginsbourg berichtete, dass während seiner ärztlichen Tätigkeit in dem jüdischen Rothschild-Krankenhaus der Chef der SS in Paris, Dannecker, immer wieder im Krankenhaus erschien und ungeachtet der ärztlichen Auskünfte den Patienten die Verbände abriss, um sich zu vergewissern, ob sich nicht transportfähige Juden im Krankenhaus verbargen. Die Zeugin Wahl erlebte in Auschwitz, dass die Kapazität der Gaskammern und Krematorien nicht mehr ausreichte. Da die SS der Meinung war, dass die angelieferten Juden keine Kugel wert seien, wurden sie mit Gewehrkolben und Knüppeln auf den Kopf geschlagen und oft noch lebend in Verbrennungsgruben geworfen. Auch in Holland erging es den Juden nicht besser. 104000 fielen den Faschisten zum Opfer. Nur ganz wenige überlebten die Vernichtungslager, darunter auch die vom Obersten Gericht als Zeugen gehörten Eheleute Jacques und Eva Furth.

In den osteuropäischen Ländern wüteten die berufsmässigen Vernichter jüdischen Lebens noch hemmungsloser, weil sie glaubten, dass sie vor der dortigen slawischen Bevölkerung, die sie ebenfalls als minderwertig ansahen, keine Zurückhaltung zu üben brauchten.

Noch vor der eigentlichen „Endlösung“ wurde die jüdische Bevölkerung auf dem Territorium Polens beinahe restlos mit den grausamsten Methoden liquidiert. Die schätzungsweisen Angaben über diese Verluste schwanken zwischen 2600000 und 3271000. Bezeichnend hierbei ist, dass die Faschisten rücksichtslos auch nichtjüdische Menschen vernichteten, wenn diese den Juden auch nur die kleinste Unterstützung in ihrer katastrophalen Lage zuteilwerden liessen. Auch hierzu haben Zeugen vor dem Senat ausgesagt.

Nach dem Überfall auf die Sowjetunion wurden auch dort in den zeitweilig besetzten Gebieten schreckliche Massaker durchgeführt.

Der Zeuge Daniel Klowski fiel den Faschisten in Grodno in die Hände, die gleich nach ihrem Einzug eine grosse Anzahl Angehörige der Intelligenz erschossen. Der damals 12 Jahre alte Zeuge wurde im November 1941 mit seinen Angehörigen in das eigens errichtete Ghetto Kolbarino verbracht. Die 60000 bis 70000 Insassen des Ghettos wurden von Ende 1942 bis März 1943 planmässig vernichtet. Sie wurden zu diesem Zwecke in das Vernichtungslager Treblinka deportiert. Viele Verwandte und Freunde verlor der Zeuge hierbei. Seine Familie wurde durch Zufall aus einem Transport wieder ausgesondert. Als im August 1943 die Liquidierung des Ghettos Bialystok begann, fielen ihr die Mutter und drei Geschwister des Zeugen zum Opfer. Auf seinem weiteren Leidensweg lernte der Zeuge die KZ-Lager Stutthof, Auschwitz, Monowitz und Buchenwald mit all ihren Unmenschlichkeiten kennen.

Den Zeugen Kantor ereilte die faschistische Judenverfolgung in Minsk. Auch er hatte unbeschreibliche Erlebnisse. Der Massenmord im Ghetto erfasste am 7. November 1941 auch seine Eltern, zwei Schwestern und die Ehefrau seines Bruders mit ihrem Kind. Von etwa 80 000 im Ghetto zusammengefassten jüdischen Menschen ist kaum jemand am Leben geblieben. Auch dieser Zeuge erlebte auf seinem Weg durch mehrere Lager überall die systematische Ausrottung von Menschenleben mit allen nur denkbaren Methoden.

Die Zeugin Maria Hermes berichtete dem Senat, dass sofort nach dem Einmarsch der faschistischen Truppen in Leipaja (Lettland) die Erschiessung der etwa 8000 jüdischen Bürger begann, von denen kaum 100 ihr Leben retten konnten. Die Zeugin verlor ihre Eltern und Geschwister. Sie selbst wurde, da sie mit einem Letten verheiratet war, nicht erschossen; sie musste sich aber sterilisieren lassen. Als im Jahre 1943 dann trotzdem begonnen wurde, auch in Mischehen lebende Juden zu verschleppen, lebte sie mit ihrem Mann verborgen auf dem Lande.

Über das Endstadium der Judenverfolgung in Ungarn hörte das Oberste Gericht die Zeugin Chara Kekes. Aus Ungarn führte der Vernichtungsspezialist Eichmann den Todeslagern im Osten vom Frühjahr bis zum Herbst 1944 rund 200 000 Juden zu. Die Transporte folgten einander so schnell, dass die Vernichtungskapazität der Gaskammern und Krematorien in Auschwitz nicht mehr ausreichte. Die Zeugin wurde mit all ihren Angehörigen Anfang Juni 1944 nach Auschwitz deportiert. Viele der in den Viehwaggons zusammengepferchten Menschen gingen schon unterwegs an den qualvollen Transportbedingungen und durch Wasser- und Nahrungsmangel zugrunde, andere verloren den Verstand. Der Grossteil der lebend Angekommenen wurde sofort bei der Ankunft in Auschwitz für die physische Vernichtung ausgesondert. Die Zeugin verlor alle ihre Verwandten; sie selbst sollte am 13. April 1945 auf dem Rückzugstransport in einem Wald ermordet werden, kam aber mit einer Schussverletzung davon. [...]

G. Die rechtliche Beurteilung der Handlungen des Angeklagten

I. Zur Anwendung des Artikels 6 des Londoner IMT-Statuts

Für die rechtliche Beurteilung von Handlungen solcher Personen, die dem faschistischen Regime an leitender Stelle dienstbar waren und durch ihre Tätigkeit mit den von diesem begangenen Massenverbrechen ungeheuren Ausmasses verbunden waren, ist die Feststellung der individuellen Verantwortlichkeit dieser Einzelpersonen eine in gleichem Masse notwendige Voraussetzung, wie sie die Gerechtigkeit des sozialistischen Strafrechts auch bei jedem anderen Verbrechen oder Vergehen der allgemeinen Kriminalität erfordert. Aus dem verbrecherischen Charakter des faschistischen Regimes kann daher nicht geschlossen werden, dass die Handlungen solcher Personen den gleichen Charakter aufweisen. Ein solcher Standpunkt wäre unzulässig und mit dem sozialistischen Strafrecht nicht zu vereinbaren.

Für das vorliegende Verfahren ist zunächst von Bedeutung, ob die Tatbestände über Verbrechen gegen den Frieden, über Kriegsverbrechen und Verbrechen gegen die Menschlichkeit, wie sie in Art. 6a, b und c des Londoner Statuts für den Internationalen Militärgerichtshof (IMT-Statut) definiert worden sind, als geltendes Recht unmittelbar anwendbar sind. Der Senat hat das in Übereinstimmung mit der Auffassung des Generalstaatsanwalts bejaht. Die zu dieser Frage vorgetragenen Bedenken der Verteidigung beruhen auf Quellen, die im Gegensatz zum geltenden Völkerrecht stehen und unrichtigen Auffassungen Ausdruck verleihen.

Die Herausarbeitung dieser Tatbestände und die Anerkennung der Notwendigkeit der strafrechtlichen Verfolgung derjenigen, die sie verwirklicht hatten, war die Konsequenz, welche die Vereinten Nationen zogen aus den planmässig und unter systematischem Einsatz der Staatsmacht begangenen Massenverbrechen des faschistischen Regimes. Im Abkommen über die Verfolgung und Bestrafung der Hauptkriegsverbrecher der europäischen Achse mit dem Statut des Internationalen Militärgerichtshofes vom 8. August 1945 wurden in Art. 6 zunächst lediglich die Tatbestände festgelegt, aus denen sich die sachliche Zuständigkeit des Internationalen Militärtribunals für die Aburteilung der Hauptkriegsverbrecher ergab. Mit Art. 6 wurden also keine neuen Tatbestände geschaffen, sondern lediglich erstmalig die völkerrechtlichen Verbrechen in einem internationalen Vertrag definiert, die dieser Gerichtshof bei der Aburteilung der Hauptkriegsverbrecher ahnden sollte. Die Verurteilung anderer Personen wegen der gleichen Verbrechen wurde anderen Gerichten zugewiesen. Das geschah insbesondere durch das Kontrollratsgesetz Nr. 10, in welchem grundsätzlich die gleichen Tatbestände enthalten waren und die, entweder durch Verweisung auf das Londoner Statut oder auch direkt, in die entsprechenden Gesetze zahlreicher europäischer Länder aufgenommen wurden. Art. 6 des IMT-Statuts hat damit eine über das konkrete Ziel des Abkommens weit hinausreichende Bedeutung erlangt.

Nachdem der Internationale Militärgerichtshof seine Aufgaben erfüllt hat und der Zweck des Abkommens verwirklicht ist, bleibt es von ausschlaggebender Bedeutung, dass 26 Staaten die in Art. 6 des IMT-Statuts definierten Tatbestände als völkerrechtliche Verbrechen anerkannt haben, dass ihre Allgemeinverbindlichkeit durch die Entschliessungen der Vollversammlungen der UN vom 11. Dezember 1946 und vom 21. November 1947 bestätigt wurde und auch die Friedensverträge vom Jahre 1947 unzweideutig in entsprechenden Bestimmungen die dem Art. 6 entsprechende Einteilung in Verbrechen gegen den Frieden, Kriegsverbrechen und Menschlichkeitsverbrechen übernommen haben und ihre völkerrechtliche Verbindlichkeit voraussetzen.

Art. 6 des IMT-Statuts ist zwar nicht die alleinige, jedoch die entscheidende Quelle, aus der sich der Inhalt der allgemein anerkannten völkerrechtlichen Normen über die Verfolgung von Kriegsverbrechen und Verbrechen gegen die Menschlichkeit eindeutig ergibt. Die Bedeutung dieser Norm gegenüber dem nationalen Strafrecht der Staaten, in welchen ausnahmslos ebenfalls Mord, Körperverletzung, Misshandlung, Raub usw.
Art. 6 des IMT-Statuts ist zwar nicht die alleinige, jedoch die entscheidende Quelle, aus der sich der Inhalt der allgemein anerkannten völkerrechtlichen Normen über die Verfolgung von Kriegsverbrechen und Verbrechen gegen die Menschlichkeit eindeutig ergibt. Die Bedeutung dieser Norm gegenüber dem nationalen Strafrecht der Staaten, in welchen ausnahmslos ebenfalls Mord, Körperverletzung, Misshandlung, Raub usw.
für strafbar erklärt sind, besteht darin, dass die Völker das Recht und die Pflicht haben, solche staatlich organisierten Massenverbrechen, die die Ermordung ganzer Völker, ihre Ausrottung, Ausplünderung und Versklavung zum Ziele haben, als völkerrechtliche Verbrechen, als Angriff auf den Frieden und die Sicherheit der Völker, als Kriegsverbrechen oder als Verbrechen gegen die Menschlichkeit zu kennzeichnen und abzuurteilen.

Im vorliegenden Verfahren sind die Tatbestände des Art. 6 des IMT-Statuts gemäss Art. 5 der Verfassung der Deutschen Demokratischen Republik als geltendes Recht direkt anzuwenden. Eines besonderen innerstaatlichen Gesetzes bedarf es nicht, weil Art. 5 der Verfassung der Deutschen Demokratischen Republik den allgemein anerkannten Regeln des Völkerrechts im innerstaatlichen Bereich unmittelbar Geltung verschafft.

II. Der Tatbeitrag des Angeklagten im Komplex der faschistischen Massenverbrechen

Die unmittelbare und konkrete Ursache der faschistischen Massenverbrechen liegt in der Herrschaft des deutschen Imperialismus und Militarismus und ihren Versuchen, ihre historisch überlebte Herrschaft mit allen Mitteln entgegen den objektiven Gesetzen der Entwicklung der menschlichen Gesellschaft und entgegen dem Widerstand des Volkes aufrechtzuerhalten. Dadurch unterscheiden sie sich von den Verbrechen der allgemeinen Kriminalität. Im Unterschied zu diesen gewöhnlichen Einzelverbrechen sind die faschistischen Massenverbrechen auf die Durchsetzung der räuberischen ökonomischen und politisch-reaktionären Ziele des faschistischen Staates gerichtet. Weil es um die Realisierung der verbrecherischen Klasseninteressen des deutschen Imperialismus und Militarismus ging, nahmen diese Verbrechen derart ungeheuerliche Formen und Ausmasse an und sind insgesamt sowohl die Monopolbourgeoisie und die Führungsspitzen des faschistischen Staates wie auch die Militärs in diese Kriminalität verwickelt und in Nürnberg verurteilt worden.

Diese Verbrechen mussten ihrem Wesen nach staatlich gelenkt und durch den gesamten Mechanismus der faschistischen Diktatur verwirklicht werden. Sie konnten unmöglich von einer Einzelperson allein begangen werden, sondern bedurften als Grundlage notwendigerweise des Staatsmechanismus der faschistischen Diktatur, der in ihre Verwirklichung ein Heer von Einzelpersonen einbezog, deren Zusammenwirken erst den verbrecherischen Gesamterfolg ergeben konnte. Es handelt sich somit um keine Einzelverbrechen, die in den für die allgemeine Kriminalität typischen Teilnahmeformen begangen worden sind. Ihre Durchführung wurde zentral geplant und geleitet und durch Gesetze, Verordnungen, sonstige Anweisungen und Befehle angeordnet. Die Individualisierung eines Einzelbeitrages zu diesen Massenverbrechen setzt deshalb eine genaue Analyse des objektiven und subjektiven Tatbeitrages voraus. Dabei ist von dem Grundsatz auszugehen, dass jeder, der einen notwendigen Beitrag zur Verwirklichung des Gesamtverbrechens geleistet hat, auch für die Begehung des Verbrechens mitverantwortlich ist. Der Organisierung der Verbrechen durch Mitwirkung am Erlass staatlicher Normativakte kommt dabei entscheidende Bedeutung zu.

Durch seine umfangreiche und aktive Mitwirkung am Erlass verbrecherischer Normativakte, insbesondere auf dem Gebiete der Rassengesetzgebung und der Staatsangehörigkeit, hat der Angeklagte schwere Verbrechen verwirklicht.

Die Feststellung der objektiven Grundlagen seiner strafrechtlichen Verantwortung setzt die Klärung voraus, ob er, der als Ministerialbeamter im Reichsministerium des Innern nicht selbst Gesetze und Verordnungen verantwortlich unterzeichnete, für ihren verbrecherischen Charakter, ihren Erlass und ihre Durchführung gleichwohl zur Verantwortung zu ziehen ist.

Im Ergebnis der Prüfung dieser Frage stimmt der Senat den dazu gemachten Ausführungen des Generalstaatsanwalts vollinhaltlich zu. Die zahlreichen an der Bevölkerung Deutschlands begangenen Verbrechen gegen die Menschlichkeit wie auch der systematisch betriebene Völkermord in den okkupierten Ländern wären ohne den faschistischen Diktaturmechanismus nicht möglich gewesen. Diese Verbrechen konnten ihrer Struktur und ihrem Ausmass nach – wie bereits dargelegt wurde – nur von einer staatlich organisierten Machtmaschinerie verwirklicht werden, zu der ein ganzes System ideologischer, rechtlicher und staatsorganisatorischer Massnahmen gehörte, mit deren Hilfe die unmittelbaren Misshandlungen, Drangsalierungen und Tötungsverbrechen vorgenommen werden konnten.

Der Erlass und die Durchführung derartiger Gesetze und anderer Normativakte eines Staates kann niemals das Werk einer Einzelperson sein. Die damals in Deutschland herrschende faschistische Hitler-Diktatur bedurfte eines umfangreichen Apparats, welcher auf der Grundlinie ihrer verbrecherischen Politik die einzelnen Details entwarf und verwirklichte. Dabei spielte die Tätigkeit der Ministerialbürokratie eine bedeutsame Rolle. Ohne ihre eifrige, dem Faschismus ergebene und seine Ziele initiativreich verfolgende Tätigkeit hätten diese Verbrechen nicht begangen werden können. Dafür hat auch dieses Verfahren eine Reihe von Beweisen erbracht. Die Tätigkeit dieser Ministerialbürokratie verarbeitete gegebene Weisungen oder Anregungen, stimmte die Einzelfragen aufeinander ab und produzierte und konkretisierte so oftmals erst den „Führerwillen" und setzte ihn dann bis in die letzte Konsequenz durch. Die Verantwortung von Vorgesetzten für erlassene Gesetze, Verordnungen, Runderlasse und dergleichen kann deshalb deren Untergebene aus dieser Ministerialbürokratie, die diese Gesetze, Verordnungen und Erlasse ausgedacht, in Einzelbestimmungen fixiert und nach ihrem Erlass durchgesetzt haben, nicht von ihrer eigenen persönlichen Verantwortung befreien.

Die grosse Bedeutung von Gesetzen, Verordnungen und Erlassen für das Ingangsetzen und Steuern des faschistischen Terror- und Mordmechanismus, der wie ein riesiges Netz über Deutschland und über die vom Faschismus zeitweilig besetzten Gebiete Europas gespannt war, besteht nicht nur darin, dass diese eine scheinlegale Grundlage für diese Verbrechen lieferten, sondern auch darin, dass sie sich als verbindliche Anweisung an jeden mit ihrer Durchführung Beauftragten richteten. Wer sie nicht oder nur eingeschränkt durchführte, setzte sich selbst der Gefahr der Verfolgung aus.

Auch der Angeklagte kann sich daher nicht darauf berufen, dass die von ihm entworfenen Gesetze, Verordnungen und Erlasse durch Frick, Himmler, Pfundtner oder Stuckart unterschrieben worden sind. Er ist vielmehr dafür strafrechtlich verantwortlich, dass er sie mit Initiative und geschickt mit Fleiss und Energie entwarf und ausarbeitete und ihre Durchsetzung organisierte. Der Feder des Angeklagten entsprangen jene Gesetze, bei deren Durchführung Juden, „Fremdvölkische" und andere „unerwünschte" Bevölkerungsteile verfolgt, misshandelt oder getötet wurden. Seine Verantwortlichkeit ist nicht geringer als die derjenigen, die auf der Grundlage der von ihm ausgearbeiteten Normativakte die Vernichtungsbefehle gaben oder die millionenfachen Morde unmittelbar selbst begangen haben.

III. Die objektiven Merkmale der Verbrechen des Angeklagten im einzelnen

1. Der Angeklagte hat durch Ausarbeitung und Kommentierung von Gesetzen zur Schaffung der juristischen Grundlagen für die Beseitigung der parlamentarischen Formen der Staatsführung in Deutschland und zur Errichtung einer nach dem sogenannten Führerprinzip organisierten faschistischen Diktatur das Fundament geschaffen, auf dem unmittelbar darauf unter seiner tatkräftigen Mitwirkung die verbrecherische Rassengesetzgebung vollzogen und später die zur Verwirklichung der Germanisierungspolitik „erforderliche" Gesetzgebung des Hitler-Staates erlassen wurde. Dem Generalstaatsanwalt ist darin zuzustimmen, dass der Angeklagte durch die Ausarbeitung des sog. preussischen Ermächtigungsgesetzes vom 1. Juni 1933, des Gesetzes über den Staatsrat vom 8. Juli 1933 und des Gesetzes über den Provinzialrat vom 17. Juli 1933 dem Führerprinzip juristisch institutionelle Gestalt gegeben und damit auf die spätere staatsrechtliche Gesetzgebung des Reiches eingewirkt hat. Er entsprach damit sowohl den Rüstungsinteressen des Monopolkapitals als auch den Interessen der deutschen Faschisten. Dadurch schuf der Angeklagte Bedingungen für die Festigung der Macht der Nazipartei, die im Zuge ihrer weiteren Herrschaft eine Unzahl von Verbrechen beging.

Globkes unmittelbar darauf folgende Handlungen konzentrierten und spezialisierten sich jedoch auf andere Verbrechen: die Judenverfolgung und die Durchsetzung der Germanisierungspolitik Hitler-Deutschlands. In Anbetracht dessen können seine Handlungen bei der „Gleichschaltung Preussens" nicht als eine Verwirklichung des Tatbestandes der Vorbereitung des Aggressionskrieges im Sinne des Art. 6 Buchst. a des IMT-Statuts angesehen werden.

2. Der Angeklagte, der schon während des Bestandes der Weimarer Republik und in den ersten Jahren der faschistischen Diktatur Massnahmen getroffen hatte, die die Rechte der jüdischen Bevölkerung Deutschlands

einschränkten, hat sich in der folgenden Zeit durch die Ausarbeitung von Gesetzen, Verordnungen, Runderlassen und anderen Massnahmen weiter an der Verfolgung und Ausrottung der jüdischen Bevölkerung Deutschlands und der okkupierten Gebiete in erheblichem Umfange beteiligt. Er wirkte an der Ausarbeitung der Nürnberger Gesetze mit, welche die jüdische Bevölkerung ausserhalb des Rechts stellten und dem an ihr verübten staatlich organisierten Terror und ihrer physischen Vernichtung den Anschein gesetzlicher Legalität verliehen. Diese Gesetze ermöglichten die systematische Verfolgung und Ausrottung der jüdischen Bevölkerung Deutschlands und anderer Länder durch das Zusammenwirken des faschistischen Staats- und Parteimechanismus. Der Angeklagte Globke hat auch an der Ersten Verordnung zum Reichsbürgergesetz und an der Ersten Ausführungsverordnung zum Gesetz zum Schutze des deutschen Blutes und der deutschen Ehre mitgewirkt, welche für die Verwirklichung der faschistischen Rassenpolitik erst die Grundlage waren. Er war mithin am Zustandekommen des § 5 der Ersten Verordnung zum Reichsbürgergesetz beteiligt, der nach der Aussage des hingerichteten Massenmörders Eichmann „die juristische Handhabe für die Auswahl der zur Deportation und Vernichtung bestimmten Juden“ ermöglichte.

Der Angeklagte war einer jener Rassenspezialisten, die mit pedantischer Sorgfalt den Rahmen der Judenverfolgung weit ausdehnten, ihn genau präzisierten und so propagierten und in Verordnungen, Runderlassen, Richtlinien, Direktiven festlegten, dass jedes der entrechteten Opfer aufgespürt und mit ihm nach Belieben verfahren werden konnte.

Der gemeinsam von ihm und Stuckart verfasste Kommentar zu diesen Gesetzen propagierte die Rassenideologie und verschärfte die Anwendung der Gesetze in wesentlichen Punkten. Er spielte eine wichtige Rolle bei der Durchführung der Judengesetzgebung und wurde für alle Parteistellen, Behörden, Gerichte, Standesämter und Gesundheitsämter für verbindlich erklärt. Es ist charakteristisch für den Angeklagten, dass er auch bei den Massnahmen zur öffentlichen Kennzeichnung der zu verfolgenden jüdischen Bevölkerungsteile die ihm von der

Naziführung gestellten Aufgaben aus eigener Initiative überbot und den jüdischen Bürgern die Zusatznamen „Sara“ und „Israel“ aufzwang. Schon lange von ihm vorbereitet, geschah dies zu einem Zeitpunkt, in welchem die Judenverfolgung in Deutschland die bis dahin schärfsten Formen angenommen hatte. Die jüdischen Bürger wurden verpflichtet, die ihnen aufgezwungene zusätzliche Namensführung selbst bei der Polizei zu melden.

Auf der Grundlage der unter Mitwirkung des Angeklagten zustande gekommenen Gesetzgebung war die jüdische Bevölkerung zweckbestimmt gekennzeichnet und registriert worden. Um die Jahreswende 1939/1940 begannen die ersten Deportationen von jüdischen Bürgern aus Deutschland, aus Österreich und aus der Tschechoslowakei nach dem Osten, wo sie zur Vernichtung konzentriert wurden.

Der Angeklagte hat auch an der 11. Verordnung zum Reichsbürgergesetz mitgewirkt, durch welche die Deportierten mit der Abschiebung über die Reichsgrenze zu Staatenlosen erklärt wurden und ihr Vermögen auf diese Weise dem Nazistaat zufiel. Im Verantwortungsbereich des Angeklagten sind auch die 12. und die 13. Verordnung zum Reichsbürgergesetz ausgearbeitet worden. Durch diese Verordnungen wurde der faschistische Mordterror weiter auf die jüdische Bevölkerung in den von den Faschisten einverleibten Gebieten ausgedehnt und wurden alle Juden ausschliesslich dem SS- und Polizeiterror Himmlers ausgeliefert.

Die Mitwirkung des Angeklagten an der Verfolgung und Ausrottung der jüdischen Bevölkerung verwirklicht objektiv den Tatbestand des Art. 6 Buchst. b und c des IMT-Statuts, nach welchem wegen Verbrechen gegen die Menschlichkeit verantwortlich ist, wer an der Verfolgung, Deportation, Versklavung, Ausrottung und der Ermordung von Menschen aus politischen und rassischen Gründen teilnimmt. Soweit auf der Grundlage der unter Mitwirkung des Angeklagten zustande gekommenen Gesetze Menschen getötet wurden, erfüllt seine Handlung gleichzeitig objektiv den Tatbestand des Mordes (§ 211 StGB).

Auf den Angeklagten Globke trifft wörtlich zu, was im Urteil des Wilhelmstrassenprozesses über seinen ehemaligen Vorgesetzten Stuckart folgendermassen gesagt wird:

> „Nach unserer Überzeugung hat Stuckart ganz genau gewusst, welches Schicksal die nach dem Osten abgeschobenen Juden erwartet. Zweifellos waren die Gesetze und Verordnungen, die Stuckart selbst entworfen oder gebilligt hat, ein wesentlicher Bestandteil des Programms, mit dem die fast vollständige Ausrottung der Juden beabsichtigt war und auch erreicht worden ist. Wenn die Kommandanten der Todeslager, die die ihnen erteilten Befehle zur Ermordung der unglücklichen Häftlinge ausgeführt haben, wenn die Leute, die die Befehle für die Abschiebung der Juden nach dem Osten ausgeführt und vollzogen haben, vor Gericht gestellt, für schuldig befunden und bestraft worden – und darüber haben wir keinen Zweifel –, dann sind die Männer ebenso strafbar, die in der friedlichen Stille ihrer Büros in den Ministerien an diesem Feldzug durch Entwurf der für seine Durchführung notwendigen Verordnungen, Erlasse und Anweisungen teilgenommen haben. In all diesen Fragen hat Stuckart seine Vorbildung, sein Wissen und seine Rechtskenntnisse den Urhebern des Ausrottungsplanes zur Verfügung gestellt."

In seiner Vernehmung im Wilhelmstrassenprozess ist der Angeklagte als Zeuge am 10. August 1948 gefragt worden, ob er über vieles besser orientiert gewesen sei als Stuckart. Darauf hat der Angeklagte geantwortet:

> „Ja, ich war über viele Dinge besser orientiert. Ich habe mich manchmal gewundert, wie unorientiert Dr. Stuckart war, besonders über Dinge, die das OKW und dergleichen angingen."

3. Die auf den von Hitler-Deutschland besetzten Gebieten Europas betriebene Politik der Germanisierung war insgesamt eine Häufung von Kriegsverbrechen und von Verbrechen gegen die Menschlichkeit. Die in der Abteilung I des Reichsministeriums des Innern unter massgeblicher Mitwirkung des Angeklagten ausgearbeiteten Bestimmungen über die

Staatsangehörigkeit waren wichtige Instrumente für die Durchsetzung der Ziele dieser Germanisierungspolitik. Auch daran war der Angeklagte in erheblichem Masse beteiligt.

Er hat aktiv am juristischen Vollzug der völkerrechtswidrigen Einverleibung Österreichs und an der Übertragung der Rassengesetzgebung auf Österreich mitgewirkt. Nach der Annexion der Tschechoslowakischen Republik hat der Angeklagte am Zustandekommen einer Reihe von Gesetzen, Verordnungen und Erlassen mitgewirkt, durch welche die Germanisierungspolitik gegenüber der Bevölkerung dieses Gebietes durchgesetzt wurde. Von besonderer Bedeutung, auch für die Bevölkerung der übrigen zeitweilig okkupierten Gebiete, war der von ihm ausgearbeitete Runderlass vom 29. März 1939, der eine einheitliche, den faschistischen Zielen entsprechende „Rasse- und Volkstumspolitik" durch alle Reichsbehörden sicherte. Er hat auch massgeblich an der Ausgestaltung der Protektoratsangehörigkeit mitgewirkt. Auf der Grundlage der dadurch geschaffenen „Rechtsstellung" wurde die Bevölkerung der Tschechoslowakei entrechtet, zur Zwangsarbeit nach Deutschland verschleppt, in die faschistische Kriegsmaschinerie eingespannt und jeder Widerstand durch die unmenschlichen Terrorurteile der faschistischen Sondergerichte zu ersticken versucht. Der Angeklagte hat auch an den abschliessenden Beratungen zum slowakischen Judenkodex mitgewirkt und sich auf diese Weise am Zustandekommen dieses Gesetzes beteiligt. Auf der Grundlage dieses Gesetzes wurde auch die jüdische Bevölkerung der Slowakei terrorisiert, misshandelt, ausgesiedelt und zu Tausenden vernichtet. Auch an der Entrechtung und Versklavung des polnischen Volkes hat sich der Angeklagte insbesondere durch seine Mitwirkung bei der Ausarbeitung der Staatsangehörigkeitsregelungen und des Volkslistenverfahrens sowie der Ausarbeitung der Polenstrafrechtsverordnung in erheblichem Umfange beteiligt. Er ist dadurch mitverantwortlich an dem ungewöhnlichen Ausmass des faschistischen Terrors, dem die polnische Bevölkerung ausgeliefert war und der sechs Millionen Menschen vernichtete.

Die von der Abteilung I des Reichsministeriums des Innern unter Mitwirkung des Angeklagten ausgearbeiteten und von ihm zum grossen Teile kommentierten gesetzlichen Bestimmungen über die Staatsangehörigkeit waren auch eines der wichtigsten Instrumente bei der Verwirklichung der Germanisierungspolitik in den zeitweilig besetzten Gebieten der Sowjetunion. Damit hat er auch für die Bevölkerung dieser Gebiete die Grundlagen geschaffen, auf denen ausgesondert, deportiert, misshandelt und ein grosser Teil der Bevölkerung vernichtet wurde.

Mit welcher Rigorosität der Angeklagte die Ziele der faschistischen Eroberer verfolgte, ist deutlich erkennbar an seinem Verhalten bei den Abschlüssen von Staatsverträgen über Staatsangehörigkeits- und Optionsfragen mit Litauen und der Tschechoslowakischen Republik.

Die unter seiner massgeblichen Mitwirkung ausgearbeiteten Dokumente über einen Friedensvertrag mit Frankreich sollten durch den Raub von 50 000 km^2 französischen Territoriums mit 7 100 000 Bewohnern die Vorherrschaft Hitler-Deutschlands für alle Zeit sichern und Frankreich den Status einer Kolonie geben. Zur Vorbereitung wurden auf der Grundlage der von Globke ausgearbeiteten Bestimmungen über die Staatsangehörigkeit Tausende Lothringer und Elsässer in die südliche Zone Frankreichs vertrieben und mehr als hunderttausend Personen in die östlichen Gebiete des Reiches bzw. nach Polen deportiert. Gleichzeitig wurden Deutsche aus dem Saargebiet und aus Westfalen in Lothringen angesiedelt.

Die von dem Angeklagten ausgearbeiteten oder unter seiner Mitwirkung oder Verantwortung als Vorgesetzter zustande gekommen und durchgesetzten Rassen- und Staatsangehörigkeitsregelungen waren die Grundlage für Zwangsarbeit, Deportierung, Verfolgung, Misshandlung und Tötung der Zivilbevölkerung der zeitweilig besetzten Gebiete in der Sowjetunion, in Polen, in der Tschechoslowakei, in Jugoslawien, in Italien, Österreich, Frankreich, Luxemburg, Belgien und Holland

Die faschistische Rassen- und Volkstumspolitik, wie sie in den Bestimmungen und Massnahmen zur sogenannten Germanisierung und in der Verfolgung der jüdischen Bevölkerung der überfallenen europäischen Staaten zum Ausdruck kommt, verwirklicht die Tatbestände der Kriegsverbrechen (Art. 6 Buchst. b des IMT-Statuts). Kriegsverbrechen liegen auch insoweit vor, als durch die Mitwirkung des Angeklagten an der Regelung der Protektoratsangehörigkeit für die Bürger der ehemaligen Tschechoslowakei ein entscheidender Beitrag zur Ermordung oder Misshandlung von Kriegsgefangenen tschechoslowakischer bzw. britischer Staatsangehörigkeit geleistet worden ist. Die gleichen Handlungen des Angeklagten und auch die Verfolgung der jüdischen Bevölkerung Deutschlands sind auch Verbrechen gegen die Menschlichkeit (Art. 6 Buchst. c des IMT-Statuts), sie ermöglichten und sanktionierten Mord, Ausrottung, Versklavung, Deportation und andere unmenschliche Handlungen und stellten Verfolgung aus politischen, rassischen oder religiösen Gründen an fast allen Völkern Europas dar.

Die Verwirklichung der genannten Tatbestände des IMT-Statuts ist, soweit es sich um Tötungsverbrechen handelt, gleichzeitig Mord im Sinne des § 211 StGB.

Die Handlungen des Angeklagten sind durch den tatsächlichen und zeitlichen Zusammenhang sowie die Gleichartigkeit der Begehung als ein fortgesetztes Verbrechen charakterisiert.

IV. Die subjektive Seite der Verbrechen des Angeklagten im einzelnen

Eine Verurteilung nach Art. 6 Buchst. b und c des IMT-Statuts und § 211 StGB setzt voraus, dass dem Angeklagten nachgewiesen ist, dass er den jeweiligen Tatbeitrag zur Mitwirkung an den faschistischen Massenverbrechen vorsätzlich geleistet hat. Die Bestimmung des Vorsatzes zur Begehung der genannten Verbrechen ergibt sich aus der Struktur und der Eigenart der faschistischen Verbrechen als staatlich organisierter, durch eine Vielzahl von Institutionen durchgeführter Massenverbrechen.

Dass das faschistische Regime in einem Inferno des Verbrechens enden musste, war schon vor dem Machtantritt der Nazipartei deutlich geworden. Die Kommunistische Partei Deutschlands und mit ihr viele andere demokratische Kräfte des deutschen Volkes hatten dies vorausgesagt, noch ehe der Faschismus zur Macht gelangte, und sie hatten dies während der ganzen Zeit der Herrschaft des Nazifaschismus immer und immer wiederholt. Der verbrecherische Charakter dieses Regimes ging auch aus den Forderungen der Führung der Nazipartei und aus ihrer Presse selbst hervor. Er wurde schliesslich für jeden, der wie der Angeklagte in massgeblicher Position Einblick in die Methoden der Durchführung dieser Politik hatte, von Tag zu Tag und von Jahr zu Jahr deutlicher erkennbar.

Bei der Beurteilung der Handlungen des Angeklagten ist davon auszugehen, dass der Angeklagte stets in dem Bestreben gehandelt hat, dem faschistischen Regime dienstbar zu sein und dessen imperialistische und militärische Ziele durchzusetzen. So sehr dies auch den Angeklagten als einen dienstbeflissenen und übereifrigen Beamten der faschistischen Ministerialbürokratie charakterisiert, der sich vorbehaltlos dem Verbrechen der Nazi-Regierung verschrieben hat, so würde diese ideologische Haltung des Angeklagten zu einer Verurteilung wegen vorsätzlicher Begehung von Kriegsverbrechen, Verbrechen gegen die Menschlichkeit und des Verbrechens des Massenmordes allein noch nicht genügen.

Die Handlungen des Angeklagten bei der Verwirklichung der faschistischen Herrenmenschen- und Herrenrassenpolitik in Gestalt der verbrecherischen Judenverfolgung und der Germanisierungspolitik sind Verbrechen gegen die Menschlichkeit und, „da sie für Millionen Menschen den Tod zur Folge hatten", zugleich Verbrechen des Mordes. Der Angeklagte war sich der Unmenschlichkeit dieser Verbrechen von ihrem jeweiligen Beginn an bewusst, und er war sich auch des Zusammenhangs seines Tatbeitrages mit den sich ständig steigernden Verbrechen gegen die Menschlichkeit bewusst. Der Angeklagte hat seine Handlungen in

Kenntnis der grundsätzlichen Politik des Faschismus begangen und diese „Sachkenntnis“ einschliesslich seiner Kenntnis des verbrecherischen Charakters dieser Politik in seiner Eigenschaft als Zeuge im Wilhelmstrassenprozess auch nicht geleugnet. In diesem Prozess wurde er zwar nur eingehend zur faschistischen Politik in Bezug auf die Ausrottung der jüdischen Bevölkerung befragt. Allein es ist ebenso sicher, dass der Angeklagte in seiner Funktion als Fachmann für Staatsangehörigkeitsfragen auch ebensolche Sachkenntnis hinsichtlich der unmenschlichen Praxis der faschistischen Herrenrassen- und Herrenmenschenpolitik gegenüber anderen Völkern besass. Dass dem so ist, weisen seine Kommentare zu den verschiedenen Bestimmungen aus.

Das Völkermorden, an dem der Angeklagte mitwirkte, war kein Delikt, das wie der gewöhnliche Mord sich in einer Einzelaktion nach dem vorgefassten konkreten Plan vollziehen konnte, dessen konkretes Endergebnis schon von der ersten Stunde an feststand bzw. offenbart wurde. Der Völkermord ist vielmehr ein Verbrechen, in das – wie bereits dargelegt wurde – einerseits eine ganze Mordmaschinerie eingespannt war und das sich andererseits stufenweise entwickelte. Dies hing einmal davon ab, dass notwendige Voraussetzungen seiner Entwicklung die völlige Knebelung des eigenen Volkes sowie die Unterwerfung fremder Völker durch den faschistischen Raubkrieg unter die Macht des Faschismus und die möglichst weitgehende Brechung eines wirksamen Widerstandes im eigenen Volke wie in den überfallenen Völkern war. Der Völkermord war also ein Verbrechen, das sich nach einer inneren Gesetzmässigkeit selbst dynamisch steigerte, bis es im Inferno der Abschlachtung riesiger Menschenmassen endete. Dieser vom faschistischen Regime verwirklichte Völkermord ist jedoch kein Delikt, bei dem für den einzelnen, der an seiner Verwirklichung aktiv und in massgeblicher Position mitwirkte, das Endziel etwa überraschend oder unerwartet eintrat. Das Völkermorden war die konsequente und keineswegs zufällige Praxis der schon vor dem Machtantritt der Nazipartei laut verkündeten faschistischen Ideologie, die nichts anderes war als der Versuch, den Aggressionsplänen des deutschen Militarismus und Imperialismus ideologischen Ausdruck zu geben, wobei der Antisemitismus und die Herrenrassen- und Herrenmenschenideologie nur eine besondere Methode waren, um den Machtanspruch des deutschen Imperialismus über Europa und die Welt zu bekunden.

Das Verbrechen des Völkermordes – das in der faschistischen Ideologie, die dem Angeklagten nicht nur nicht unbekannt war, sondern die er in seinen „theoretisch-juristischen" Äusserungen selbst vertrat, bereits antizipiert war – entwickelte sich stufenweise, so wie dem Faschismus durch die innere und vor allem äussere Aggression sich die Möglichkeiten der Verwirklichung boten. Ebenso stufenweise entwickelte sich auch der Vorsatz des Völkermordes, bis er die bestialische Gestalt der Absicht der vollständigen Ausrottung der jüdischen Bevölkerung Europas und der Germanisierungspolitik des Faschismus gegenüber den überfallenen Völkern annahm. Zum Nachweise des Völkermordvorsatzes ist es deshalb nicht erforderlich, dass die Absicht der vollständigen Ausrottung der jüdischen Bevölkerung in Europa bzw. der Dezimierung der überfallenen Völker bereits im Jahre 1932 und 1933 oder zum Zeitpunkt des Erlasses der Nürnberger Rassengesetze oder zum Zeitpunkt des Kriegsausbruches bestanden habe.

Vielmehr genügt die Feststellung, dass sich der Völkermord in verschiedenen Stufen objektiv vollzogen hat und dass mit den jeweiligen Stufen der Verwirklichung dieses Verbrechens auch eine entsprechende Ausgestaltung des Vorsatzes korrespondierte.

Diese Stufen der Verwirklichung des Völkermordes sind in wissenschaftlichen Werken und Untersuchungen ebenso nachgewiesen worden wie die Tatsache, dass die faschistische Politik auch subjektiv eine diesen Stufen entsprechende Gestaltung angenommen hat, die schliesslich, was die Verfolgung der Juden anlangt, bis zur Inangriffnahme der sogenannten Endlösung führte. Eine ebensolche stufenweise Entwicklung des verbrecherischen Völkermordvorsatzes ist in den Ausarbeitungen und in den Verordnungen zur sog. Deutschen Volksliste und auch in den gegenüber anderen Völkern begangenen Völkermordverbrechen zu finden. Diese Stufen lassen sich bezeichnen als

1. Aufbau eines organisierten Mechanismus zur Verwirklichung des Verbrechens,
2. erste Formen der Entrechtung und Auswahl der Opfer des Ver brechens und schliesslich
3. Ingangsetzen der letzten Massnahmen zur physischen Ausrottung.

Ebenso stufenweise wie im allgemeinen entwickelte sich auch der Mordvorsatz des Angeklagten Globke, der, wie der Sachverhalt ergibt, in allen Phasen der Entwicklung seine Handlungen in die Handlungsweise des faschistischen Systems einordnete und dabei eifersüchtig darüber wachte, dass alle in seinen Sachbereich fallenden Entscheidungen auch von ihm oder seiner Abteilung gefällt wurden. An keiner der Stufen der Verwirklichung dieser Verbrechen nahm der Angeklagte etwa in Unkenntnis des damit Beabsichtigten teil. Er gehörte zwar nicht zu jenem Kreis der faschistischen Gewalthaber, die die letzte Entscheidung über die jeweilige Aktion fällten, wohl aber zu dem Kreis der Ministerialbürokratie, die diese Entscheidung ausführten, in ein juristisches Gewand kleideten, oft genug auch inspirierten oder gar vorausschauend vorbereiteten. Der Angeklagte zeigte sich dabei – wie der Inhalt seiner gesamten Tätigkeit beweist – über die Absichten der faschistischen Staatsführung in der jeweiligen Etappe der Verwirklichung des Verbrechens wohlinformiert. Die sich aus der Handlungsweise des Angeklagten hierzu ergebenden Feststellungen werden durch seine Aussagen im Wilhelmstrassenprozess bestätigt.

Die getroffenen Feststellungen schliessen zugleich die Feststellung ein, dass der Angeklagte sich bewusst war, dass seine Handlungen notwendige Teilmomente der unmenschlichen Verfolgungsmassnahmen des faschistischen Regimes gegenüber Juden und anderen nicht „eindeutschungs- oder nicht germanisierungsfähigen“ Völkern oder Volksteilen waren. Die verbrecherische Rolle des faschistischen Staatsangehörigkeitsrechts hatte der Angeklagte bereits im Jahre 1936 bestätigt, indem er in seinem Kommentar schrieb, dass es ausserhalb der faschistischen „Gemeinschaft" – die durch das Reichsbürgergesetz und dessen Durchführungsbestimmungen sowie durch die Rassengesetzgebung massgeblich gestaltet worden war – kein Leben im Rechtssinne, sondern nur noch „biologisch vegetatives Leben" gäbe. Die auf diese Weise für rechtlos erklärten Menschen sollten „vogelfrei" sein. Der Angeklagte aber hat gerade daran mitgewirkt, ein solches, jeglicher Menschen- und Lebensrechte beraubtes Leben in Bezug auf ganze Völker und Volksteile zu schaffen.

Eine der Hauptwirkungen der verbrecherischen Gesetzgebung und anderen normativen Tätigkeit des faschistischen Staates war die Entrechtung des jüdischen Teiles des deutschen Volkes, die in dem Masse, wie sich die Macht des deutschen Faschismus im Gefolge des Krieges über andere Völker Europas ausbreitete, auch auf die jüdischen Volksteile anderer Völker übertragen wurde. Diese Entrechtung muss als die konkrete juristische Form des Völkermordes erkannt werden. Sie war notwendiger Bestandteil, weil die betroffenen Völker und Volksteile als deutsche Staatsbürger bzw. Angehörige anderer Staaten und Völker unter dem Schutz des geltenden innerstaatlichen bzw. internationalen Rechtes standen. Der Mord wurde zuerst durch das Gesetz begangen, ehe er in diesem Ausmasse physisch vollzogen wurde. Es lag deshalb durchaus nicht in der Willkür, im Belieben der Faschisten, ob sie diese Entrechtung vollzogen oder nicht. Um den Völkermord perfekt zu machen, mussten sie das Verbrechen auch juristisch perfekt machen. Andererseits waren diese Normativakte zugleich auch die juristische Ausgangsbasis für das zum Morden führende Tätigwerden des faschistischen Staatsapparates und der faschistischen Organisationen, wie z. B. der SS. Sie deckten je nach dem erreichten Stadium des Völkermordes die unmittelbaren terroristischen Aktionen, gaben ihnen den Anschein der Legalität und bezeichneten die Opfer des Verbrechens. Sie waren die Weisungen zum Mord, auch wenn in ihnen nicht direkt vom Morden gesprochen wurde.

Tatsächlich hat der Angeklagte in Kenntnis dessen, was in der jeweiligen Stufe der Entwicklung des Verbrechens geschah, sich mit seinen Handlungen in sie eingeordnet, bis er in Kenntnis dessen, dass das Massenmorden begonnen hatte bzw. in grossem Stil fortgesetzt werden sollte, auch die letzten Schranken, die der Vernichtung des Lebens von Millionen Menschen hätten entgegenstehen können, niederreissen half und sogar noch Sorge dafür trug, dass auch das Vermögen der Gemordeten dem Nazistaat verfiel. Damit ist festgestellt, dass der anfänglich bei dem Angeklagten gegebene Vorsatz zur Begehung von Verbrechen gegen die Menschlichkeit bald nach Kriegsbeginn in den Vorsatz der Mitwirkung an Verbrechen des Massenmordes hinübergewachsen ist.

Der Einwand der Verteidigung, dass bei einer solchen Beurteilung der Handlungen des Angeklagten der im sozialistischen Strafrecht ungeschmälert geltende Schuldgrundsatz beeinträchtigt sein könnte, geht deshalb fehl.

Die Anwendung des § 211 StGB stellt an den Tötungsvorsatz, der im Vorangegangenen auch von seiner rechtlichen Seite her ausreichend gewürdigt worden ist, noch weitere Anforderungen. Durch den Völkermord ist der Tatbestand des § 211 StGB gleich in mehrfacher Hinsicht sowohl durch die Art und Weise der Begehung als auch durch die Motive, die den Angeklagten leiteten, erfüllt. Die begangenen Verbrechen des Völkermordes waren eine der grausamsten Formen der Begehung des Mordes. Die Tatsache allein, dass der Vorgang sich schrittweise vollzog und von der Entrechtung über die Misshandlung bis zur physisch qualvollen Tötung der Menschen gegangen ist, erfüllt schon das Tatbestandsmerkmal der Grausamkeit in fast unvorstellbarer Weise.

Schliesslich lagen der verbrecherischen Betätigung des Angeklagten die niedrigsten Motive zugrunde, die es in der Geschichte des Verbrechens je gegeben hat: der faschistische Rassen- und Völkerhass, der sich aus den vom Angeklagten verfassten Dokumenten ergibt und der daher keiner ausserhalb dieser Dokumente liegenden Beweisführung bedarf.

Der Angeklagte ist schuldig, vorsätzlich Kriegsverbrechen (Art. 6 Buchst. b des IMT-Statuts) begangen zu haben, indem er von Beginn der ersten Aggressionshandlungen an unter bewusster Verletzung der Kriegsgesetze und Kriegsbräuche durch seine Beteiligung an der Erarbeitung und dem Erlass von Bestimmungen zur Germanisierung der Völker der überfallenen Länder mitgearbeitet hat, wodurch es zur Misshandlung, Verschleppung und Versklavung der überfallenen Völker durch die Nazi-Okkupanten, zum Raub öffentlichen und privaten Eigentums und zur Ermordung von Kriegsgefangenen kam. Dass der Angeklagte auch mit dem Vorsatz, derartige Verbrechen zu begehen, spätestens seit dem Überfall auf die CSR handelte, ergibt sich daraus, dass er sich aktiv darum bemühte, tschechischen Staatsbürgern, die am Krieg gegen die Nazi-Okkupanten teilnahmen, auf dem Weg über die sogenannte Protektoratsangehörigkeit die Rechte von Kriegsgefangenen zu rauben und sie zu „Landesverratern" zu stempeln. Dies dehnte er sogar auf britische Staatsbürger aus, die vorher die tschechoslowakische Staatsangehörigkeit besessen hatten. Die Teilnehmer der Konferenz im Reichsministerium des Innern, die am 9. Dezember 1939 unter Teilnahme des Angeklagten Globke stattfand, waren sich bewusst, dass die Protektoratsangehörigkeit, deren Schaffung sie anstrebten, im Widerspruch zu Kriegsgesetzen und Kriegsbräuchen stand.

Mithin war sich der Angeklagte schon zu Beginn der ersten Aggressionshandlung bewusst, mit der Beteiligung an der Erarbeitung von Bestimmungen zur Germanisierung unter Verletzung der Kriegsgesetze und Kriegsbräuche zu handeln. Er war deshalb für schuldig zu befinden, vorsätzlich Kriegsverbrechen begangen zu haben, die für Millionen Menschen grösste Not und grösstes Elend bewirkten.

Dem Vorbringen der Verteidigung, dass Kriegsverbrechen nur nach offizieller Kriegserklärung begangen werden könnten, kann deshalb nicht gefolgt werden; die faschistischen Aggressionsverbrechen fanden schon lange vor der offiziellen Kriegserklärung im September 1939, bereits mit der Aggression gegen Österreich und die CSR statt, und seit diesem Zeitpunkt wurden auch die ersten Kriegsverbrechen begangen. Dies entspricht den Feststellungen der Wissenschaft und gleichermassen auch dem Urteil im Hauptkriegsverbrecherprozess in Nürnberg, die der rechtlichen Beurteilung der faschistischen Aggression zugrunde zu legen sind.

Die Verbrechen, an denen der Angeklagte beteiligt war, sind ihrer Struktur nach solche, die nur von einer staatlich organisierten Machtmaschine verwirklicht werden konnten. Zu ihrer Verwirklichung war ein ganzes System ideologisch-rechtlicher und staatlich-organisatorischer Massnahmen notwendig, damit die unmittelbaren Misshandlungen, Drangsalierungen und Tötungshandlungen überhaupt vorgenommen werden konnten. Die verbrecherischen Gesetze, Normativakte und Verwaltungsentscheidungen, an deren Bearbeitung oder Erlass der Angeklagte massgeblich beteiligt war, waren notwendige Organisationsformen zur Durchführung der zur Aburteilung stehenden Verbrechen. Von ihrem Funktionieren hingen weitgehend die Verbrechen und ihre furchtbaren Ausmasse ab. Es ging bei der Schaffung solcher Organisationsformen mithin nicht um irgendwelche nebensächliche Mitwirkung, sondern um die bewusste und gewollte arbeitsteilige Ausführung der Verbrechen. Bei der Bedeutung dieser Handlungen mussten sie deshalb nach dem geltenden deutschen Recht als Ausführungshandlungen im Sinne von § 47 StGB gewertet werden.

Der Angeklagte hat sich dadurch der Mittäterschaft an der Verwirklichung von Kriegsverbrechen, Verbrechen gegen die Menschlichkeit und Verbrechen des Mordes schuldig gemacht. Durch seine Beteiligung an der verbrecherischen Gesetzgebung und durch seine Teilnahme an Konferenzen, die die jeweils zu verwirklichenden verbrecherischen Ziele fixierten, ist zugleich bewiesen, dass der Angeklagte zum Teil an der Entstehung des nach § 47 StGB erforderlichen gemeinschaftlichen Vorsatzes mitwirkte, teils von einem solchen gemeinschaftlichen Ziel des Handelns des faschistischen Regimes Kenntnis nahm und im Bewusstsein dessen handelte. Das nach § 47 StGB notwendige Bewusstsein, gemeinschaftlich mit anderen an der Verwirklichung des Verbrechens tätig zu sein, ist damit gegeben. Der Angeklagte war deshalb wegen Mittäterschaft zu verurteilen.

Dem Vorbringen der Verteidigung, dass der Angeklagte lediglich eine „Hilfstätigkeit" im Sinne des § 49 StGB geleistet habe, kann nicht gefolgt werden, da diese Ansicht auf einer Verkennung der gesamten Struktur der faschistischen Kriegsverbrechen und Verbrechen gegen die Menschlichkeit beruht, von denen das Verbrechen des Völkermordes nur eine besondere Erscheinungsform war.

V. Strafzumessung

Der Angeklagte ist schwerer Verbrechen schuldig. Ihn musste dafür die gerechte Strafe treffen.

Die aus Art. 6 des IMT-Statuts zulässigen Strafsanktionen waren unter der Voraussetzung der Zuständigkeit des Internationalen Militärgerichtshofes oder der nach Art. III Ziff. 1d des Kontrollratsgesetzes Nr. 10 vom 20. Dezember 1945 zuständigen Gerichte nach Abschnitt III Art. XVI des IMT-Statuts 10 aus Art. II Ziff. 3 des Kontrollratsgesetzes Nr. 10 zu entnehmen. Hiernach waren zulässig die Todesstrafe, lebenslängliche oder begrenzte Freiheitsstrafe, Geldstrafe, Vermögenseinziehung, Rückgabe unrechtmässig erworbenen Vermögens und die völlige oder teilweise Aberkennung der bürgerlichen Ehrenrechte. Die einzelnen Strafen konnten nebeneinander ausgesprochen werden.

Die in Art. 6 Buchst. b und c des IMT-Statuts charakterisierten Handlungen sind nach allgemein anerkanntem Völkerrecht Verbrechen. Aus der mit Art. 5 Abs. 1 der Verfassung der Deutschen Demokratischen Republik festgelegten Bindung der Staatsgewalt an die allgemein anerkannten Regeln des Völkerrechts ergibt sich neben der örtlichen und sachlichen Zuständigkeit der Gerichte der Deutschen Demokratischen Republik auch die Berechtigung und das Erfordernis der Anwendbarkeit der verfahrens- und der materiellrechtlichen Vorschriften des in der Deutschen Demokratischen Republik geltenden Strafrechts.

Danach ergeben sich die allgemein zulässigen Strafarten sowie ihr Mindest- und Höchstmass aus § 1 StGB. Die konkret anzuwendende Strafart und ihr Rahmen richten sich jedoch nach den jeweiligen materiellen Strafrechtsnormen und bei einer Mehrheit von Handlungen ausserdem nach den in den §§ 73 bis 79 StGB enthaltenen Rechtsgrundsätzen.

Der Angeklagte Globke ist des fortgesetzten Verbrechens im Sinne von Art. 6 Buchst. b und c des IMT-Statuts in teilweiser Tateinheit mit Verbrechen gegen § 211 StGB schuldig. Bei tateinheitlichem und fortgesetztem verbrecherischem Handeln ist nach § 73 StGB eine Strafe auszusprechen, die dem verletzten Strafgesetz zu entnehmen ist, welches die schwerste Strafe androht. Das im vorliegenden Fall zur Anwendung kommende Strafgesetz mit der schwersten Strafandrohung ist § 211 StGB, der ausser Todesstrafe und lebenslangem Zuchthaus kein anderes Strafmass zulässt. Aus dieser Bestimmung war folglich die Strafe zu entnehmen.

Der Angeklagte hat über einen langen Zeitraum hinweg umfangreiche Verbrechen begangen, deren Schwere gekennzeichnet wird durch gewissenlose Missachtung der Würde und der Daseinsberechtigung des einzelnen menschlichen Individuums wie ganzer Völkerschaften. Er hat sich willfährig eingeordnet in ein System, dessen Leitmotiv die Unmenschlichkeit war, und hat bereitwillig den ihm übertragenen Anteil an dem faschistischen Gesamtverbrechen mit der ihm eigenen Exaktheit und zusätzlichen Eigeninitiative zur vollsten Zufriedenheit der faschistischen Machthaber zur Vollendung gebracht. Der Angeklagte hat sich damit ausserhalb der humanitären Prinzipien der zivilisierten Menschheit gestellt.

Der Angeklagte hat mithin Verbrechen begangen, die im Interesse der Völker und im Interesse der Achtung des Lebens, der Gesundheit und Ehre jedes Menschen eine wirksame strafrechtliche Sanktion erfordern.

Das Grundprinzip des sozialistischen Rechts ist die Gerechtigkeit. Sie erfordert, auch wenn eine derart schwere Schuld wie im Falle des Angeklagten erwiesen ist, eine sorgfältige Differenzierung aller für die Strafzumessung bedeutsamen Umstände.

Im vorliegenden Fall konnte trotz der aussergewöhnlichen Schwere der zur Aburteilung stehenden Verbrechen nicht gänzlich unberücksichtigt bleiben, dass die Ursachen der verbrecherischen Betätigung des Angeklagten der deutsche Imperialismus in seiner extremsten Gestalt, dem Faschismus, gesetzt hat. Dieses verbrecherische System diktatorischer Partei- und Staatsführung war die Basis der den europäischen Völkern und insbesondere dem Judentum zugefügten Verbrechen, und von ihr gingen auch die grundlegenden Initiativen für die verbrecherischen Teilhandlungen des Heeres der Ausführenden aus. Angesichts dessen hat der Senat, dem Antrag des Generalstaatsanwalts der Deutschen Demokratischen Republik entsprechend, auf lebenslanges Zuchthaus erkannt.

Die ausserordentliche Verwerflichkeit der vom Angeklagten begangenen Verbrechen musste auch dazu führen, ihm gemäss §32 StGB die bürgerlichen Ehrenrechte auf Lebenszeit abzuerkennen.

Die Entscheidung über die im Strafverfahren entstandenen Auslagen beruht auf § 353 StPO.

Quellen- und Literaturverzeichnis

Ungedruckte Quellen

Bundesbeauftragter für die Stasi-Unterlagen (BStU), Archiv

Ministerium für Staatssicherheit (MfS), Hauptabteilung IX (HA IX) – Untersuchungsorgan –,

Abteilung 11, Zentraler Untersuchungsvorgang (ZUV) Nr. 83 (Globke), Nr. 8301, 22628, 22631

Literatur aus der Zeit vor 1945

Periodika

Deutsche Justiz, 1936

Ministerial-Blatt des Reichs- und Preußischen Ministeriums des Innern, 1936

Reichsgericht in Zivilsachen – Entscheidungen, 1879

Reichsgesetzblatt, 1935, 1938, 1939, 1941, 1943

Zeitschrift der Akademie für Deutsches Recht, 1937

Monografien und Aufsätze

Freisler, Roland/Grauert, Ludwig (Hrsg.), Das neue Recht in Preußen, II a 7 (Lieferung Januar 1934), Berlin 1933 ff.

Huber, Ernst Rudolf, Verfassungsrecht des Großdeutschen Reiches, Hamburg 1938.

Stuckart, Wilhelm/Globke, Hans, Reichsbürgergesetz vom 15. September 1935. Gesetz zum Schutze des deutschen Blutes und der deutschen Ehre vom 15. September 1935. Gesetz zum Schutze der Erbgesundheit des deutschen Volkes (Ehegesundheitsgesetz) v. 18. Oktober 1935 nebst allen Ausführungsvorschriften und den einschlägigen Gesetzen und Verordnungen erläutert von Dr. Wilhelm Stuckart und Dr. Hans Globke, München/Berlin 1936.

Literatur aus der Zeit nach 1945

Periodika

Amtsblatt des Kontrollrats in Deutschland, 1945
Amtsblatt der Militärregierung Deutschland, Britisches Kontrollgebiet, 1946
Bundesgerichtshof in Strafsachen, Entscheidungen, Bd. 49 (1994)
Deutschland Archiv, 2002
Frankfurter Allgemeine Zeitung, 1963
Deutscher Bundestages, Stenografische Berichte, 1949, 1950
Frankfurter Rundschau, 1961, 1963
Juristenzeitung, 1963
Kritische Justiz, 1978, 1984, 2002
Neue Juristische Wochenschrift, 1968
Neues Deutschland, 1963
Der Spiegel, 1957, 1961, 1963, 1964, 1965, 1966, 1967, 1971, 1990, 2007, 2011, 2017
Schleswig-Holsteinischer Landestag, Stenografische Berichte, 1956
Süddeutsche Zeitung, 1963, 2017
Die Tageszeitung, 1998
Vierteljahrshefte für Zeitgeschichte, 1961, 1981, 1983, 1993, 2001, 2008
Volkskammer, Protokolle, 1990
Die Welt, 1963, 2016
Die Zeit, 2007, 2017
Zeitschrift für Geschichtswissenschaft, 2016
Zeitschrift für Internationale Strafrechtsdogmatik, 2011

Monografien, Aufsätze, Sammlungen und Nachschlagewerke

Amadeu Antonio Stiftung (Hrsg.), „Das hat's bei uns nicht gegeben!" Antisemitismus in der DDR. Das Buch zur Ausstellung, Berlin 2010.

Angrick, Andrej/Klein, Peter, Die Endlösung in Riga. Ausbeutung und Vernichtung 1941–1944, Darmstadt 2006.

Arendt, Hannah, Eichmann in Jerusalem. Ein Bericht von der Banalität des Bösen, München 1964; 15. Aufl., München/Zürich 2006.

Ausschuß für Deutsche Einheit (Hrsg.), Globke und die Ausrottung der Juden. Über die verbrecherische Vergangenheit des Staatssekretärs im Amt des Bundeskanzlers Adenauer, Berlin (Ost) 1960.

Bajohr, Frank/Pohl, Dieter, Der Holocaust als offenes Geheimnis. Die Deutschen, die NS-Führung und die Alliierten, München 2006.

Bald, Detlef, Die Bundeswehr. Eine kritische Geschichte 1955–2005, München 2005.

Bästlein, Klaus, Zur „Rechts"praxis des Schleswig-Holsteinischen Sondergerichts (1937–1945), in: Heribert Ostendorf (Hrsg.), Strafverfolgung und Strafverzicht. Festschrift zum 125jährigen Bestehen der Staatsanwaltschaft Schleswig-Holstein, Köln/Berlin/Bonn/München 1992, S. 93–185.

– „Nazi-Blutrichter als Stützen des Adenauer-Regimes". Die DDR-Kampagnen gegen NS-Richter und –Staatsanwälte, die Reaktionen der bundesdeutschen Justiz und ihre gescheiterte „Selbstreinigung" 1957–1968, in: Helge Grabitz/Klaus Bästlein/Johannes Tuchel (Hrsg.), Die Normalität des Verbrechens. Bilanz und Perspektiven der Forschung zu den nationalsozialistischen Gewaltverbrechen, Berlin 1994, S. 408–443.

– Der Nürnberger Juristenprozess und seine Rezeption in Deutschland, in: Lore-Maria Peschel-Gutzeit (Hrsg.), Das Nürnberger Juristen-Urteil von 1947. Historischer Zusammenhang und aktuelle Bezüge, Baden-Baden 1996, S. 9–35.

– (Hrsg.), Rassenwahn als Norm – die „Nürnberger Gesetze" von 1935, Berlin 1996.

– (Hrsg.), Die Einheit. Juristische Hintergründe und Probleme. Deutschland im Jahr 1990, Berlin 2011.
– Zur Historiografie des Völkermords an den europäischen Juden am Beispiel des Reichskommissariats Ostland, in: Sebastian Lehmann/ Robert Bohn/Uwe Danker (Hrsg.), Reichskommissariat Ostland. Tatort und Erinnerungsobjekt, Paderborn/München/Wien/Zürich 2012, S. 303–330.
– /Perke Heldt/Jörn-Peter Leppien, Konzeption für die KZ-Gedenkstätte Husum-Schwesing und die weitere Entwicklung der Gedenkstätten zum Nationalsozialismus in Nordfriesland, Berlin/Flensburg/ Husum 2013.
– Zeitgeist und Justiz. Die Strafverfolgung von NS-Verbrechen im deutsch-deutschen Vergleich und im historischen Verlauf, in: Zeitschrift für Geschichtswissenschaft 64 (2016) 1, S. 5–28.
– Friedrich Christiansen. Vom Friesenjungen auf Föhr zum Wehrmachtsbefehlshaber und NS-Täter in den Niederlanden und gefeierten Ehrenbürger in Schleswig-Holstein, in: Demokratische Geschichte. Jahrbuch für Schleswig-Holstein Nr. 27 (2016), S. 213–246.
Baumann, Imanuel/Reinke, Herbert/Stephan, Andrej/Wagner, Patrick, Schatten der Vergangenheit. Das BKA und seine Gründungsgeneration in der frühen Bundesrepublik, Köln 2011.
Baumann, Jürgen, Gedanken zum Eichmann-Urteil, in: Juristenzeitung 18 (1963) 4, S. 110–121.
Baumgärtner, Ulrich/Fieberg, Klaus (Hrsg.), Anno 9/10. Geschichte Gymnasium Brandenburg, Braunschweig 2009.
Beckert, Rudi, Die erste und letzte Instanz. Schau- und Geheimprozesse vor dem Obersten Gericht der DDR, Goldbach 1995.
– Lieber Genosse Max. Aufstieg und Fall des ersten Justizministers der DDR Max Fechner, Berlin 2003.
– Glücklicher Sklave. Eine Justizkarriere in der DDR, Berlin 2011.
Berg, Nicolas, Der Holocaust und die westdeutschen Historiker. Erforschung und Erinnerung, 2. Aufl., Göttingen 2003.

Bergien, Rüdiger, Das Schweigen der Kader. Ehemalige Nationalsozialisten im zentralen SED-Parteiapparat – eine Erkundung, in: Birthe Kundrus/Sybille Steinbacher (Hrsg.), Kontinuitäten und Diskontinuitäten. Der Nationalsozialismus in der Geschichte des 20. Jahrhunderts. Göttingen 2013, S. 134–153.

Bevers, Jürgen, Der Mann hinter Adenauer. Hans Globkes Aufstieg vom NS-Juristen zur Grauen Eminenz der Bonner Republik, Berlin 2009.

Biografisch Woordenboek van Nederland, 6 Bde., 1979–2009.

Bloxham, Donald, Genocide on Trial: War Crimes Trials and the Formation of Holocaust History and Memory, Oxford/New York 2001.

– Pragmatismus als Programm. Die Ahndung deutscher Kriegsverbrechen durch Großbritannien, in: Norbert Frei (Hrsg.), Transnationale Vergangenheitspolitik. Der Umgang mit deutschen Kriegsverbrechern in Europa nach dem Zweiten Weltkrieg, Göttingen 2006, S. 140–179.

Bösch, Frank, Die Adenauer-CDU. Gründung, Aufstieg und Krise einer Erfolgspartei 1945–1969, Stuttgart 2001.

– /Wirsching, Andreas, Abschlussbericht der Vorstudie zum Thema Die Nachkriegsgeschichte des Bundesministeriums des Innern (BMI) und des Ministeriums des Innern der DDR (MdI) hinsichtlich möglicher personeller und sachlicher Kontinuitäten zur Zeit des Nationalsozialismus, o. O. 2015, https://www.bmi.bund.de/SharedDocs/downloads/DE/veroeffentlichungen/2015/abschlussbericht-vorstudie-aufarbeitung-bmi-nachkriegsgeschichte.pdf;jsessionid=E576747A6A0723BA2152B24BE9082549.2_cid295?__blob=publicationFile&v=1 [10.8.2018].

Braun, Joachim, Der unbequeme Präsident, Karlsruhe 1972.

Brentzel, Marianne, Die Machtfrau. Hilde Benjamin 1902–1989, Berlin 1997.

Brochhagen, Ulrich, Nach Nürnberg. Vergangenheitsbewältigung und Westintegration in der Ära Adenauer, Hamburg 1994.

Broszat, Martin, Siegerjustiz oder strafrechtliche „Selbstreinigung“. Aspekte der Vergangenheitsbewältigung der deutschen Justiz während der Besatzungszeit 1945–1949, in: Vierteljahrshefte für Zeitgeschichte 29 (1981) 4, S. 477–544.

Browning, Christopher R., Der Weg zur „Endlösung“. Entscheidungen und Täter, Reinbek 2002.

Brückner, Dieter/Focke, Harald (Hrsg.). Das waren Zeiten 2: Deutschland und die Welt nach 1871, Bamberg 2007.

Brüneck, Alexander von, Politische Justiz gegen Kommunisten in der Bundesrepublik Deutschland 1949–1968. Frankfurt a. M. 1979.

Brunner, Bernhard Der Frankreich-Komplex. Die nationalsozialistischen Verbrechen in Frankreich und die Justiz der Bundesrepublik Deutschland, Göttingen 2004.

Buscher, Frank M., Bestrafen und erziehen. „Nürnberg“ und das Kriegsverbrecherprogramm der USA, in: Norbert Frei (Hrsg.), Transnationale Vergangenheitspolitik. Der Umgang mit deutschen Kriegsverbrechern in Europa nach dem Zweiten Weltkrieg, Göttingen 2006, S. 94–139.

Buschfort, Wolfgang, Philipp Müller und der „Essener Blutsonntag“ 1952, in: Deutschland Archiv 35 (2002) 2, S. 253–258.

Cesarani, David, Adolf Eichmann. Bürokrat und Massenmörder, Berlin 2004.

Ciesla, Burghard/Külow, Dirk, Zwischen den Zeilen. Geschichte der Zeitung „Neues Deutschland“, Berlin 2009.

Cohen, Nathan, Rechtliche Gesichtspunkte zum Eichmann-Prozess. Frankfurt a. M. 1963.

Conze, Eckart u. a., Das Amt und die Vergangenheit. Deutsche Diplomaten im Dritten Reich und in der Bundesrepublik, München 2010.

Danielsen, Niels Birger, Werner Best. Tysk rigsbefuldmægtiget i Danmark 1942–45 [Werner Best. Deutscher Reichsbevollmächtigter in Dänemark 1942–45], København 2013.

Danker, Uwe/Lehmann-Himmel, Sebastian, Landespolitik mit Vergangenheit. Geschichtswissenschaftliche Aufarbeitung der personellen und strukturellen Kontinuität in der schleswig-holsteinischen Legislative und Exekutive nach 1945, Husum 2017.

de Mildt, Dick (Hrsg.), Staatsverbrechen vor Gericht. Festschrift für Christiaan Frederik Rüter zum 65. Geburtstag, Amsterdam 2003.

Dirks, Christian, Die Verbrechen der anderen. Auschwitz und der Auschwitz-Prozess der DDR. Das Verfahren gegen den KZ-Arzt Dr. Horst Fischer, Paderborn 2006.

Doerry, Martin/Janssen, Hauke (Hrsg.), Die SPIEGEL-Affäre: Ein Skandal und seine Folgen, München 2013.

Dokumentation: Reichsinnenministerium und Rassengesetzgebung. Aufzeichnungen von Dr. Bernhard Lösener (Walter Strauß), in: Vierteljahrshefte für Zeitgeschichte 9 (1961) 3, S. 263–313.

Dokumentationszentrum der Staatlichen Archivverwaltung der DDR (Hrsg.), „Braunbuch". Kriegs- und Naziverbrecher in der Bundesrepublik und in Westberlin. Staat, Wirtschaft, Verwaltung, Armee, Justiz, Wissenschaft. Berlin (Ost) 1965.

Döscher, Hans-Jürgen, „Kristallnacht". Die Novemberpogrome 1938, 3. Aufl., München 2000.

– Seilschaften. Die verdrängte Vergangenheit des Auswärtigen Amts, Berlin 2005.

Douglas, Lawrence, Was damals Recht war ... Nulla poena – und die strafrechtliche Verfolgung von Verbrechen gegen die Menschlichkeit im besetzten Deutschland, in: Kim Christian Priemel/Alexa Stiller (Hrsg.), NMT. Die Nürnberger Militärtribunale zwischen Geschichte, Gerechtigkeit und Rechtschöpfung, Hamburg 2013, S. 719–754.

Eichmüller, Andreas, Die Strafverfolgung von NS-Verbrechen durch westdeutsche Justizbehörden seit 1945. Eine Zahlenbilanz, in: Vierteljahrshefte für Zeitgeschichte 56 (2008) 4, S. 621–640.

– Keine Generalamnestie. Die Strafverfolgung von NS-Verbrechen in der frühen Bundesrepublik, München 2012.

Eisfeld, Rainer, Mondsüchtig. Wernher von Braun und die Geburt der Raumfahrt aus dem Geist der Barbarei, Springe 2012.

Essner, Cornelia, Die „Nürnberger Gesetze“ oder Die Verwaltung des Rassenwahns 1933–1945, Paderborn 2002.

Feth, Andrea, Hilde Benjamin – Eine Biographie, Berlin 1997.

Flemming, Thomas, Gustav W. Heinemann. Ein deutscher Citoyen. Biographie, Essen 2014.

Foschepoth, Josef, Verfassungswidrig! Das KPD-Verbot im Kalten Bürgerkrieg, Göttingen 2017.

Foth, Carlos, Günther Wieland und die internationale Abteilung beim Generalstaatsanwalt der DDR, in: Günther Wieland, Naziverbrechen und deutsche Strafjustiz. Hrsg. von Werner Röhr, Berlin 2004 (Bulletin für Faschismus- und Weltkriegsforschung, Beiheft 3), S. 394–439.

– Die Nürnberger Gesetze und der Globke-Prozeß in der DDR. 60 Jahre Würdigung und Mißachtung der Nürnberger Prinzipien, in: Bulletin für Faschismus- und Weltkriegsforschung (2006) 27, S. 44–70.

Fraenkel, Ernst, Der Doppelstaat. Recht und Justiz im „Dritten Reich“, Frankfurt a. M. 1974 (Originalausgabe: The Dual State. A Contribution to the Theory of Dictatorship, New York u. a. 1941).

Frei, Nobert, Vergangenheitspolitik. Die Anfänge der Bundesrepublik und die NS-Vergangenheit, München 1996.

– (Hrsg.), Transnationale Vergangenheitspolitik. Der Umgang mit deutschen Kriegsverbrechern in Europa nach dem Zweiten Weltkrieg, Göttingen 2006.

Freudiger, Kerstin, Die juristische Aufarbeitung von NS-Verbrechen, Tübingen 2002.

Fricke, Karl Wilhelm, Akten-Einsicht. Rekonstruktion einer politischen Verfolgung, 4. durchges. und aktual. Aufl., Berlin 1997.

Friedländer, Saul, Das Dritte Reich und die Juden, 2 Bde., Stuttgart 2008.

Friedrich, Jörg, Freispruch für die Nazi-Justiz. Die Urteile gegen NS-Richter seit 1948. Eine Dokumentation, Reinbek 1983.

Gieseke, Jens, Die hauptamtlichen Mitarbeiter der Staatssicherheit. Personalstruktur und Lebenswelt 1950–1989/90, Berlin 2000.

Glienke, Stephan Alexander, Die Ausstellung „Ungesühnte Nazijustiz" (1959–1962). Zur Geschichte der Aufarbeitung nationalsozialistischer Justizverbrechen, Baden-Baden 2008.

Godau-Schüttke, Klaus-Detlev, Die Heyde/Sawade-Affäre. Wie Juristen und Mediziner den NS-Euthanasieprofessor Heyde nach 1945 deckten und straflos blieben, 3. Aufl., Baden-Baden 2010.

Görtemaker, Manfred/Safferling, Christoph, Die Akte Rosenburg. Das Bundesministerium der Justiz und die NS-Zeit, München 2016.

Gosewinkel, Dieter, Adolf Arndt. Die Wiederbegründung des Rechtsstaats aus dem Geist der Sozialdemokratie (1945–1961), Bonn 1991.

Gotto, Klaus (Hrsg.), Der Staatssekretär Adenauers. Persönlichkeit und politisches Wirken Hans Globkes, Stuttgart 1980.

Grabitz, Helge/Bästlein, Klaus/Tuchel, Johannes (Hrsg.), Die Normalität des Verbrechens. Bilanz und Perspektiven der Forschung zu den nationalsozialistischen Gewaltverbrechen. Festschrift für Wolfgang Scheffler, Berlin 1994.

Gruchmann, Lothar, „Blutschutzgesetz" und Justiz. Zu Entstehung und Auswirkung des Nürnberger Gesetzes vom 15. September 1935, in: Vierteljahrshefte für Zeitgeschichte 31 (1983) 3, S. 418–442.

Gruner, Wolf, Widerstand in der Rosenstraße. Die Fabrik-Aktion und die Verfolgung der „Mischehen" 1943, Frankfurt a.M. 2005.

Gumbel, Karl, Hans Globke – Anfänge und erste Jahre im Bundeskanzleramt, in: Klaus Gotto (Hrsg.), Der Staatssekretär Adenauers. Persönlichkeit und politisches Wirken Hans Globkes, Stuttgart 1980, S. 73–98.

Hankel, Gerd, Die Leipziger Prozesse. Deutsche Kriegsverbrechen und ihre strafrechtliche Verfolgung nach dem Ersten Weltkrieg, Hamburg 2003.

Hassel, Katrin, Kriegsverbrechen vor Gericht. Die Kriegsverbrecherprozesse vor Militärgerichten in der britischen Besatzungszone unter dem Royal Warrant vom 18. Juni 1945 (1945–1949), Baden-Baden 2009.

Heer, Hannes/Naumann, Klaus (Hrsg.), Vernichtungskrieg. Verbrechen der Wehrmacht 1941–1944, Hamburg 1995.

Hehl, Ulrich von, Der Beamte im Reichsinnenministerium: Die Beurtei lung Globkes in der Diskussion der Nachkriegszeit. Eine Dokumentation, in: Klaus Gotto (Hrsg.), Der Staatssekretär Adenauers. Persönlichkeit und politisches Wirken Hans Globkes, Stuttgart 1980, S. 230–282.

Herbert, Ulrich, Best. Biographische Studien über Radikalismus, Weltanschauung und Vernunft 1903–1989, Bonn 1996.

Hessisches Hauptstaatsarchiv (Hrsg.), Georg August Zinn. „Unsere Aufgabe heißt Hessen." Ministerpräsident 1950–1969. Katalog zur Ausstellung, Wiesbaden 2001.

Hilberg, Raul, Die Vernichtung der europäischen Juden. Die Gesamtgeschichte des Holocaust, Berlin 1982 (amerikanische Originalausgabe: The Destruction of the European Jews, Chicago 1961).

Hilger, Andreas/Schmidt, Ute/Schmeitzner, Mike (Hrsg.), Sowjetische Militärtribunale, Bd. 2: Die Verurteilung deutscher Zivilisten 1945–1955, Köln/Weimar/Wien 2003.

Hoppe, Bert/Glass, Hildrun (Bearb.), Die Verfolgung und Ermordung der europäischen Juden durch das nationalsozialistische Deutschland 1933–1945, Bd. 7: Sowjetunion mit annektierten Gebieten I. Besetzte sowjetische Gebiete unter deutscher Militärverwaltung, Baltikum und Transnistrien, München 2011.

Internationaler Gerichtshof (Hrsg.), Der Prozess gegen die Hauptkriegsverbrecher vor dem Internationalen Militärgerichtshof (14. November 1945 bis 1. Oktober 1946). Amtlicher Text in deutscher Sprache, 42 Bde., Nürnberg 1947.

Internationaler Militärgerichtshof (Hrsg.), Das Urteil von Nürnberg 1946. Amtlicher Text in deutscher Sprache, Nürnberg 1947.

Jahntz, Bernhard u. a., Der Volksgerichtshof. Darstellung der Ermittlungen der Staatsanwaltschaft bei dem Landgericht Berlin gegen ehemalige Richter und Staatsanwälte am Volksgerichtshof, Berlin 1992.

Jahr, Christoph, Antisemitismus vor Gericht. Debatten über die juristische Ahndung judenfeindlicher Agitation in Deutschland (1879–1960), Frankfurt a. M. 2011.

Jasch, Hans-Christian, Staatssekretär Wilhelm Stuckart und die Judenpolitik. Der Mythos von der sauberen Verwaltung, München 2012.

– /Wolf Kaiser, Der Holocaust vor deutschen Gerichten. Amnestieren, Verdrängen, Bestrafen, Stuttgart 2017.

Kastner, Klaus, Die Völker klagen an. Der Nürnberger Prozess 1945–1946, Darmstadt 2005.

Kempner, Robert W., Begegnungen mit Hans Globke: Berlin – Nürnberg – Bonn, in: Klaus Gotto (Hrsg.), Der Staatssekretär Adenauers. Persönlichkeit und politisches Wirken Hans Globkes, Stuttgart 1980, S. 213–229.

Kettenacker, Lothar, Die Behandlung der Kriegsverbrecher als anglo-amerikanisches Rechtsproblem, in: Gerd R. Ueberschär (Hrsg.), Der Nationalsozialismus vor Gericht. Die alliierten Prozesse gegen Kriegsverbrecher und Soldaten 1943–1952, Frankfurt a. M. 1999, S. 17–31.

Kieler, Jørgen, Dänischer Widerstand gegen den Nationalsozialismus, Hannover 2011.

Kirn, Michael, Verfassungsumsturz oder Rechtskontinuität? Die Stellung der Jurisprudenz nach 1945 zum Dritten Reich, insbesondere die Konflikte um die Kontinuität der Beamtenrechte und Art. 131 Grundgesetz, Berlin 1972.

Klee, Ernst, Das Personenlexikon zum Dritten Reich. Wer war was vor und nach 1945, Frankfurt a. M. 2007.

Knabe, Hubertus, Die unterwanderte Republik. Stasi im Westen, Berlin 1999.

Knieriem, August von, Nürnberg. Rechtliche und menschliche Probleme, Stuttgart 1953.

Koch, Arnd, Strafbare Rechtsanwendung. Zur Auslegung des Rechtsbeugungstatbestandes nach Systemwechseln, in: Zeitschrift für Internationale Strafrechtsdogmatik 6 (2011) 6, S. 470–474.

Kohl, Christiane, Der Jude und das Mädchen. Eine verbotene Freundschaft in Nazideutschland, Hamburg 1997.

Köhler, Henning, Adenauer. Eine politische Biographie, 2 Bde., Berlin 1994.

Komitee der antifaschistischen Widerstandskämpfer der DDR (Hrsg.), I.G. Farben – Auschwitz – Massenmord. Über die Blutschuld der IG Farben. Dokumente zum Auschwitz-Prozess, Berlin (Ost) 1964.

Kramer, Helmut, Oberlandesgerichtspräsidenten und Generalstaatsanwälte als Gehilfen der NS-„Euthanasie". Selbstentlastung der Justiz für die Teilnahme am Anstaltsmord, in: Kritische Justiz 17 (1984), S. 25–43.

Krause, Peter, Der Eichmann-Prozeß in der deutschen Presse, Frankfurt a. M. 2002.

Krohn, Claus-Dieter/Schildt, Axel (Hrsg.), Zwischen den Stühlen? Remigranten und Remigration in der deutschen Medienöffentlichkeit der Nachkriegszeit, Hamburg 2002.

Kruse, Falco, Zweierlei Maß für NS-Täter? Über die Tendenz schichtenspezifischer Privilegierungen in Urteilen gegen nationalsozialistische Gewaltverbrecher, in: Kritische Justiz 11 (1978) 3, S. 236–253.

Lehmann, Sebastian/Bohn, Robert/Danker, Uwe (Hrsg.), Reichskommissariat Ostland. Tatort und Erinnerungsobjekt, Paderborn/München/Wien/Zürich 2012.

Leide, Henry, NS-Verbrecher und Staatssicherheit. Die geheime Vergangenheitspolitik der DDR, Göttingen 2005.

Leiser, Erwin, Deutschland erwache! Propaganda im Film des Dritten Reiches, Reinbek 1968.

Lemke, Michael, Instrumentalisierter Antifaschismus und SED-Kampagnepolitik im deutschen Sonderkonflikt 1960–1968, in: Jürgen Danyel (Hrsg.), Die geteilte Vergangenheit. Zum Umgang mit Nationalsozialismus und Widerstand in beiden deutschen Staaten, Berlin 1995, S. 61–86.

– Kampagnen gegen Bonn. Die Systemkrise der DDR und die Westpropaganda der SED 1960–1963, in Vierteljahrshefte für Zeitgeschichte 41 (1993), S. 153–174.

Leo, Annette, Eichmann, Globke und die DDR, in: Amadeu Antonio Stiftung (Hrsg.), „Das hat's bei uns nicht gegeben!" Antisemitismus in der DDR. Das Buch zur Ausstellung, Berlin 2010, S. 20–30.

Less, Avner W. (Hrsg.), Schuldig. Das Urteil gegen Adolf Eichmann, Frankfurt a. M. 1987.

Lommatzsch, Erik, Hans Globke und der Nationalsozialismus. Eine Skizze, in: Historisch-Politische Mitteilungen 10 (2003) 1, S. 95–128.

– Hans Globke (1898–1973). Beamter im Dritten Reich und Staatssekretär Adenauers, Frankfurt a. M./New York 2009.

Longerich, Peter (Hrsg.), Die Ermordung der europäischen Juden. Eine umfassende Dokumentation des Holocaust, 2. Aufl., München 1989.

– Der ungeschriebene Befehl. Hitler und der Weg zur „Endlösung", München 2001.

– „Davon haben wir nichts gewusst". Die Deutschen und die Judenverfolgung 1939–1945, München 2006.

Markovits, Inga, Gerechtigkeit in Lüritz. Eine ostdeutsche Rechtsgeschichte, München 2006.

Marti, Philipp, Die zwei Karrieren des Heinz Reinefarth. Vom „Henker von Warschau" zum Bürgermeister von Westerland, in: Demokratische Geschichte. Jahrbuch für Schleswig-Holstein 22 (2011), S. 167–192.

– Der Fall Reinefarth. Eine biografische Studie zum öffentlichen und juristischen Umgang mit der NS-Vergangenheit, Neumünster 2014.

Marxen, Klaus/Werle, Gerhard (Hrsg.), Strafjustiz und DDR-Unrecht. Dokumentation, Bd. 5, 2 Teilbände Berlin 2007.

Mentel, Christian/Weise, Niels, Die zentralen deutschen Behörden und der Nationalsozialismus – Stand und Perspektiven der Forschung, München/Potsdam 2016.

Merseburger, Peter, Kurt Schumacher: Patriot, Volkstribun, Sozialdemokrat, München 2010.

Meyer, Beate, „Jüdische Mischlinge". Rassenpolitik und Verfolgungserfahrung 1933–1945, Hamburg 1999.

Meyer, Christoph/Bennöhr, Dorle (Red.), Anno 11/12. Geschichte Gymnasium Sachsen, Braunschweig 2008.
– (Red.), Horizonte II: Geschichte für die Oberstufe, Braunschweig 2003.
Michels, Eckard, Schahbesuch 1967. Fanal für die Studentenbewegung, Berlin 2017.
Miquel, Marc von, Ahnden oder amnestieren? Westdeutsche Justiz und Vergangenheitspolitik in den sechziger Jahren, Göttingen 2004.
Möhrung, Gabriele (Red.), Geschichte, Geschehen. Sekundarstufe I, Stuttgart/Leipzig 2009.
Morsey, Rudolf, Heinrich Lübke. Eine politische Biographie, Paderborn 1966.
Müller, Ingo, Die Verwendung des Rechtsbeugungstatbestands zu politischen Zwecken, in: Kritische Justiz 17 (1984) 2, S. 119–141.
– Furchtbare Juristen. Die unbewältigte Vergangenheit unserer Justiz, München 1987.
Müller, Rolf-Dieter, Reinhard Gehlen. Geheimdienstchef im Hintergrund der Bonner Republik. Die Biografie, 2 Bde., Berlin 2017.
Müller-Enbergs, Helmut u. a. (Hrsg.), Wer war wer in der DDR? Ein Lexikon ostdeutscher Biographien, Bd. 1: A–L, 5. Aufl., Berlin 2010.
Andreas Nachama (Hrsg.), Reichssicherheitshauptamt und Nachkriegsjustiz. Das Bovensiepen-Verfahren und die Deportationen der Juden aus Berlin, Berlin 2015.
Nationalrat der Nationalen Front des Demokratischen Deutschland. Dokumentationszentrum der Staatlichen Archivverwaltung der DDR (Hrsg.): „Braunbuch“. Kriegs- und Naziverbrecher in der Bundesrepublik und in Westberlin. Staat, Wirtschaft, Verwaltung, Armee, Justiz, Wissenschaft, Berlin (Ost) 1965.
Neue Deutsche Biographie, Bde. 1–22, Berlin 1953–2005.
Niethammer, Lutz, Die Mitläuferfabrik. Die Entnazifizierung am Beispiel Bayerns, Bonn 1982.
Noethen, Stefan, Alte Kameraden und neue Kollegen. Polizei in Nordrhein-Westfalen 1945–1953, Essen 2003.

Nowottny, Eva u. a., Symbol Brokdorf. Die Geschichte eines Konflikts. Dokumentation einer Ausstellung, in: Demokratische Geschichte 14 (2001), S. 257–319.

Opfer, Björn/Möhring, Gabriele (Red.), Geschichte und Geschichten: Neuzeit, Leipzig 2005.

Osburg, Florian/Klose, Dagmar (Hrsg.), Expedition Geschichte: Von der Nachkriegszeit zur Gegenwart, Frankfurt a. M. 2003.

Ostendorf, Heribert (Hrsg.), Strafverfolgung und Strafverzicht. Festschrift zum 125jährigen Bestehen der Staatsanwaltschaft Schleswig-Holstein, Köln/Berlin/Bonn/München 1992, S. 93–185.

Osterheld, Horst, Der Staatssekretär des Bundeskanzleramtes, in: Klaus Gotto (Hrsg.), Der Staatssekretär Adenauers. Persönlichkeit und politisches Wirken Hans Globkes, Stuttgart 1980, S. 99–126, ins. S. 125.

Pauli, Gerhard, Ein hohes Gericht. Der Oberste Gerichtshof für die Britische Zone, in: Justizministerium NRW, 50 Jahre Justiz in NRW, Recklinghausen 1996, S. 65–79.

– Die Zentrale Stelle der Landesjustizverwaltungen zur Verfolgung nationalsozialistischer Gewaltverbrechen in Ludwigsburg – Entstehung und frühe Praxis, in: ders. (Red.), Die Zentralstellen zur Verfolgung nationalsozialistischer Gewaltverbrechen. Versuch einer Bilanz. Hrsg. vom Justizministerium des Landes NRW, Düsseldorf 2001, S. 45–62.

Perels, Joachim, Die Restauration der Rechtslehre nach 1945, in: Kritische Justiz 17 (1984) 4, S. 359–379.

Peschel-Gutzeit/Lore Maria (Hrsg.), Das Nürnberger Juristen-Urteil von 1947. Historischer Zusammenhang und aktuelle Bezüge, Baden-Baden 1996.

Pieper, Werner, Die 13 Leben des Heinrich Lübke. Verblüffende biografische Fundstücke aus dem Leben eines deutschen Biedermanns, Löhrbach im Odenwald 2004.

Pfändtner, Bernhard/Weber, Jürgen (Bearb.), Buchners Kolleg Geschichte Ausgabe C: Deutschland zwischen Diktatur und Demokratie – Weltpolitik im 20. Jahrhundert, Bamberg 2009.

Podewin, Norbert, Walter Ulbricht. Eine neue Biographie, Berlin 1999.
– Albert Norden. Der Rabbinersohn im Politbüro. Eine Biographie, Berlin 2003.

Posser, Diether, Anwalt im Kalten Krieg. Ein Stück deutscher Geschichte in politischen Prozessen 1951–1968, München 1991.

Priemel, Kim Christian/Stiller, Alexa (Hrsg.), NMT. Die Nürnberger Militärtribunale zwischen Geschichte, Gerechtigkeit und Rechtschöpfung, Hamburg 2013.

Przyrembel, Alexandra, „Rassenschande". Reinheitsmythos und Vernichtungslegitimation im Nationalsozialismus, Göttingen 2003.

Raithel, Thomas, Die Strafanstalt Landsberg am Lech und der Spöttinger Friedhof (1944–1958). Eine Dokumentation, München 2009.

Rass, Christoph, Das Sozialprofil des Bundesnachrichtendienstes. Von den Anfängen bis 1968, Berlin 2016.

Rebentisch, Dieter, Führerstaat und Verwaltung im Zweiten Weltkrieg: Verfassungsentwicklung und Verwaltungspolitik 1939–1945, Wiesbaden 1989.

Reichel, Peter, Vergangenheitsbewältigung in Deutschland. Die Auseinandersetzung mit der NS-Diktatur von 1945 bis heute, München 2001.

Reitlinger, Gerald, Die Endlösung. Hitlers Versuch der Auslöschung der Juden Europas 1939–1945, Berlin 1956 (englische Originalausgabe: The Final Solution: The Attempt to Exterminate the Jews of Europe 1939–1945, London 1953).

Renz, Werner (Hrsg.), Interessen um Eichmann. Israelische Justiz, deutsche Strafverfolgung und alte Kameradschaften, Frankfurt a. M. 2012.

Riegel, Peter, Der tiefe Fall des Professors Pchalek. Herausgegeben von der Landesbeauftragten des Freistaates Thüringen für die Unterlagen des Staatssicherheitsdienstes der ehemaligen DDR, Erfurt 2007.

Rigoll, Dominik, Staatsschutz in Westdeutschland. Von der Entnazifizierung zur Extremistenabwehr, Göttingen 2013.

Robinsohn, Hans, Justiz als politische Verfolgung. Die Rechtsprechung in „Rasseschandefällen“ beim Landgericht Hamburg 1936–1943, Stuttgart 1977.

Rohlfes, Joachim, Historisch-politische Weltkunde. Deutschland nach 1945, Stuttgart 2008.

Rosskopf, Annette, Friedrich Karl Kaul. Anwalt im geteilten Deutschland (1906–1981), Berlin 2002.

Rottleuthner, Hubert, Hat Dreher gedreht? Über Unverständlichkeit, Unverständnis und Nichtverstehen in Gesetzgebung und Forschung, in: Rechtshistorisches Journal 20 (2001), S. 665–679.

– Karrieren und Kontinuitäten deutscher Justizjuristen vor und nach 1945, Berlin 2010.

Rückerl, Adalbert, NS-Verbrechen vor Gericht. Versuch einer Vergangenheitsbewältigung, Heidelberg 1982.

Rügemer, Werner, Colonia Corrupta. Globalisierung, Privatisierung und Korruption im Schatten des Kölner Klüngels, 7. Aufl., Münster 2012.

Rüter, Christiaan Frederik/de Mildt, Dick (Hrsg.), Justiz und NS-Verbrechen. Sammlung deutscher Strafurteile wegen nationalsozialistischer Tötungsverbrechen, 49 Bde., Amsterdam 1968–2012 (JuNSV).

–/ de Mildt, Dick (Hrsg.), DDR-Justiz und NS-Verbrechen. Sammlung ostdeutscher Strafurteile wegen nationalsozialistischer Tötungsverbrechen. 14 Bände. Amsterdam, 2002–2009 (DJuNSV).

– Die strafrechtliche Aufarbeitung der NS-Verbrechen in der Bundesrepublik Deutschland und der DDR – eine Bilanz, in: Klaus Bästlein (Hrsg.), Die Einheit. Juristische Hintergründe und Probleme. Deutschland im Jahr 1990, Berlin 2011, S. 20–39.

Sandvoß, Hans-Rainer, Widerstand in Friedrichshain und Lichtenberg, hrsg. von der Gedenkstätte Deutscher Widerstand, Berlin 1998.

Scheffler, Wolfgang, Judenverfolgung im Dritten Reich, Berlin 1960.

Schlüter, Holger, Die Urteilspraxis des nationalsozialistischen Volksgerichtshofs, Berlin 1995.

Jürgen Schmädeke/Peter Steinbach, Der Widerstand gegen den Nationalsozialismus. Die deutsche Gesellschaft und der Widerstand gegen Hitler, München/Zürich 1985.

Schumann, Wolfgang/Nestler, Ludwig (Hrsg.), Nacht über Europa: Die Okkupationspolitik des deutschen Faschismus (1938–1945). Achtbändige Dokumentenedition, Bd. 2: Die faschistische Okkupationspolitik in Polen (1939–1945), Köln 1989.

Schwarz, Erika, Juden im Zeugenstand. Die Spur des Hans Globke im Gedächtnis von Überlebenden der Schoa, Berlin 2009.

Schwarz, Hans-Peter, Adenauer. Der Aufstieg 1876–1952, Stuttgart 1986.

– Adenauer. Der Staatsmann 1952–1967, Stuttgart 1991.

Segev, Tom, David Ben Gurion. Ein Staat um jeden Preis, München 2018.

Smith, Bradley F., Der Jahrhundertprozess. Die Motive der Richter von Nürnberg. Anatomie einer Urteilsfindung, Frankfurt a. M. 1979.

Spendel, Günter, Rechtsbeugung durch Rechtsprechung. Sechs strafrechtliche Studien, Heidelberg 1984.

Steinbach, Peter/Tuchel, Johannes, Widerstand gegen die nationalsozialistische Diktatur 1933–1945, Berlin 2004.

Steinke, Ronen, Fritz Bauer oder Auschwitz vor Gericht, München/Berlin 2014.

Stengel, Katharina, Tradierte Feindbilder. Die Entschädigung der Sinti und Roma in den fünfziger und sechziger Jahren, Frankfurt a. M. 2004.

– (Hrsg.), Vor der Vernichtung. Die staatliche Enteignung der Juden im Nationalsozialismus, Frankfurt a. M. 2007.

Steinweis, Alan E., Kristallnacht 1938. Ein deutscher Pogrom, Stuttgart 2013.

Stolleis, Michael, Theodor Maunz – Ein Staatsrechtslehrerleben, in: Kritische Justiz 26 (1993) 4, S. 393–396.

Stræde, Therkel, Die Menschenmauer. Dänemark im Oktober 1943: Die Rettung der dänischen Juden vor der Vernichtung, København 1997.

Strecker, Reinhard, Dr. Hans Globke. Aktenauszüge. Dokumente, Hamburg 1961.

– Makulierte Vergangenheit, in: Ossietzky. Zweiwochenschrift für Politik/Kultur/Wirtschaft (2005) 22.

Stümke, Hans-Georg/Finkler, Rudi, Rosa Winkel, Rosa Listen. Homosexuelle und „Gesundes Volksempfinden“ von Auschwitz bis heute, Reinbek bei Hamburg 1981.

Thedieck, Franz, Hans Globke und die „Gewerkschaft der Staatssekretäre“, in: Klaus Gotto (Hrsg.), Der Staatssekretär Adenauers. Persönlichkeit und politisches Wirken Hans Globkes, Stuttgart 1980, S. 144–159.

Ueberschär, Gerd R. /Wette, Wolfram, „Unternehmen Barbarossa“. Der deutsche Überfall auf die Sowjetunion 1941. Berichte, Analysen, Dokumente, Paderborn 1984.

– (Hrsg.), Der Nationalsozialismus vor Gericht. Die alliierten Prozesse gegen Kriegsverbrecher und Soldaten 1943–1952, Frankfurt a. M. 1999.

Ullrich, Christina, „Ich fühl’ mich nicht als Mörder“. Die Integration von NS-Tätern in die Nachkriegsgesellschaft, Darmstadt 2011.

Unabhängige Expertenkommission Schweiz – Zweiter Weltkrieg: Die Schweiz und Flüchtlinge zur Zeit des Nationalsozialismus, Bern 1999.

Unverhau, Dagmar, Das „NS-Archiv“ des Ministeriums für Staatssicherheit. Stationen einer Entwicklung, 2. Aufl., Münster 2004.

Utz, Friedemann, Preuße, Protestant, Pragmatiker. Der Staatssekretär Walter Strauß und sein Staat, Tübingen 2003.

Vollnhals, Clemens (Hrsg.), Entnazifizierung. Politische Säuberung und Rehabilitierung in den vier Besatzungszonen 1945–1949, München 1991.

Wachs, Philipp-Christian, Der Fall Theodor Oberländer (1905–1998). Ein Lehrstück deutscher Geschichte, Frankfurt/New York 2000.

– Die Inszenierung eines Schauprozesses – das Verfahren gegen Theodor Oberländer vor dem Obersten Gericht der DDR, in: Wolfgang Buschfort/Christian-Philipp Wachs/Falco Werkentin, Vorträge zur deutsch-deutschen Nachkriegsgeschichte (Schriftenreihe des Berliner Landesbeauftragten für die Stasi-Unterlagen Bd. 14), 2. Aufl., Berlin 2007, S. 30–56.

Wagner, Rita (Hrsg.), Konrad der Große. Die Adenauerzeit in Köln 1917 bis 1933, Mainz 2017.

Weigelt, Andreas/Müller, Klaus-Dieter/Schaarschmidt, Thomas/Schmeitzner, Mike (Hrsg.), Todesurteile sowjetischer Militärtribunale gegen Deutsche (1944–1947). Eine historisch-biographische Studie, Göttingen/Bristol (Connecticut) 2015.

Weinhauer, Klaus, Schutzpolizei in der Bundesrepublik. Zwischen Bürgerkrieg und Innerer Sicherheit: Die turbulenten sechziger Jahre, Paderborn 2003.

Weinke, Annette, Die Verfolgung von NS-Verbrechen im geteilten Deutschland. Vergangenheitsbewältigungen 1949–1969. Oder: Eine deutsch-deutsche Beziehungsgeschichte im Kalten Krieg, Paderborn 2002.

– Eine Gesellschaft ermittelt gegen sich selbst. Die Geschichte der Zentralen Stelle Ludwigsburg 1958–2008, Darmstadt 2008.

Wentker, Hermann (Hrsg.), Volksrichter in der SBZ/DDR 1945 bis 1952. Eine Dokumentation, München 1997.

– Die juristische Ahndung von NS-Verbrechen in der Sowjetischen Besatzungszone und in der DDR, in: Kritische Justiz 35 (2002) 1, S. 60–78.

– Justiz in der SBZ/DDR 1945–1953. Transformation und Rolle ihrer zentralen Institutionen, München 2001.

– Ein deutsch-deutsches Schicksal. Der CDU-Politiker Helmut Brandt zwischen Anpassung und Widerstand, in: Vierteljahrshefte für Zeitgeschichte 49 (2001), S. 465–506.

Wenck, Alexandra-Eileen, Verbrechen als „Pflichterfüllung“? Die Strafverfolgung nationalsozialistischer Gewaltverbrechen am Beispiel des Konzentrationslagers Bergen-Belsen, in: Beiträge zur Geschichte der nationalsozialistischen Verfolgung in Norddeutschland 3 (1997): Die frühen Nachkriegsprozesse, S. 38–55.

Werkentin, Falco, Politische Strafjustiz in der Ära Ulbricht, Berlin 1995.

Werle, Gerhard u. a., Völkerstrafrecht, 3. Aufl., Tübingen 2012.

Wieland, Günther, Die Ahndung von NS-Verbrechen in Ostdeutschland 1945–1990, in: C. F. Rüter/Dick de Mildt (Bearb.), DDR-Justiz und NS-Verbrechen (DJuNSV), Registerband, Amsterdam 2002, S. 11–99.

– Naziverbrechen und deutsche Strafjustiz. Hrsg. von Werner Röhr, Berlin 2004 (Bulletin für Faschismus- und Weltkriegsforschung, Beiheft 3).

Wojak, Irmtrud (Hrsg.), Auschwitz-Prozess 4 Ks 2/63 Frankfurt am Main. Begleitbuch zur Ausstellung, Köln 2004.

– Fritz Bauer 1903–1968. Eine Biographie, München 2009.

Wolff, Friedrich, Verlorene Prozesse 1953–1998. Meine Verteidigungen in politischen Verfahren, 2. Aufl., Baden-Baden 1999.

Wrochem, Oliver von, Erich von Mannstein. Vernichtungskrieg und Geschichtspolitik, Paderborn 2006.

Abbildungsnachweis

S. 13 [Abb. 1]	gemeinfrei
S. 15 [Abb. 2]	Deutsches Historisches Museum, Orgel-Köhne 4325/4
S. 18-20 [Abb. 3]	gemeinfrei
S. 25 [Abb. 4]	Bundesarchiv, Bild 183-R97313
S. 28 [Abb. 5]	Presse- und Informationsamt der Bundesregierung – Bild-Bildbestand, B 145 Bild-00016957 / Foto: Georg Munker
S. 35 [Abb. 6]	gemeinfrei
S. 41 [Abb. 7]	Spiegel-Verlag
S. 45 [Abb. 8]	Presse- und Informationsamt der Bundesregierung – Bild-Bildbestand, B 145 Bild-F015051-0003 / Foto: Renate Patzek
S. 50 [Abb. 9]	Presse- und Informationsamt der Bundesregierung – Bildbestand, B 145 Bild-00001054
S. 55 [Abb. 10]	Bundesarchiv, Bild 183-B0318-0011-001 / Foto: Christa Hochneder
S. 56 [Abb. 11]	gemeinfrei
S. 64 [Abb. 12]	Israel Gouvernment Press Office
S. 70 [Abb. 13]	Picture-Alliance / AP, Nr. 996799375
S. 72 [Abb. 14]	ullstein bild, Nr. 00808696
S. 78 [Abb. 15]	Bundesarchiv, Bild 183-23645-0002
S. 80 [Abb. 16]	Bundesarchiv, Bild 183-72704-0001 / Foto: Rudolf Hesse
S. 85 [Abb. 17]	Bundesbeauftragter für die Stasi-Unterlagen, BStU, MfS, HA IX/11, ZUV Nr. 83, Nr. 22645-S.-0045
S. 96 [Abb. 18]	Bundesarchiv, Bild 183-H27798
S. 105 [Abb. 19]	Picture-Alliance / AP, Nr. 35939106
S. 117 [Abb. 20]	gemeinfrei

S. 120 [Abb. 21] Bundesarchiv, Bild 183-B0712-0011-008 / Foto: Eva Brüggmann
S. 122 [Abb. 22] Bundesarchiv, Bild 183-B0719-0011-007 / Foto: Stöhr
S. 156 [Abb. 23] Bundesarchiv, Bild 183-76791-0013 / Foto: Horst Sturm
S. 166 [Abb. 24] Bundesarchiv, Bild 151-39-23
S. 174 [Abb. 25] Stuttgarter Zeitung
S. 183 [Abb. 26] Picture-Alliance / AP, Nr. 2089695

Personenregister

Aris 248
Adenauer, Konrad 7 f., 23, 26–32, 34 f., 37, 39–42, 45–51, 53, 55, 63 f., 66, 74, 77, 81, 87, 115, 121, 124, 131, 170, 184
Altschüler 225 f.
Ammon, Otto 191
Arendt, Hannah 65
Arndt, Adolf 37 f., 66, 110

Baring, Arnulf 131
Bauer, Fritz 8, 66 f., 69–75, 81, 126, 173
Baumann, Jürgen 66
Becker, Jurek 59
Beckert, Rudi 153
Ben Gurion, David 59, 64, 73
Bennedik, 218
Benjamin, Hilde 65, 77, 120, 123, 155
Besser, 248
Best, Werner 67 f.
Bevers, Jürgen 91
Bloch, Ernst 176
Blome, Dr. 221
Bormann, Martin 22, 145
Bösch, Frank 32
Boulier, Abbé 83
Brandis 212
Brandt, Helmut 154 f.
Brandt, Willy 39, 51, 75, 157
Broszat, Martin 62
Brunner, Alois 58
Bühler, Josef 241
Bürckel, Josef 21
Bürger, Annekathrin 126

Carstens, Karl 46
Carstensen 227
Chamberlain, Houston Stewart 191
Chruschtschow, Nikita 76, 115
Churchill, Winston 94 f.
Class (Pseudonym Daniel Frymann) 192

Danker, Uwe 173
de Gaulle, Charles 27, 49
Demjanjuk, John (Iwan) 112 f., 170
Deutschkron, Inge 61
Deutschova, Dr. Ela 249
Dirks, Christian 91
Dreher, Eduard 111
Duckwitz, Ferdinand von 67

Edel, Peter (ursprünglich Peter Hirschweh) 125, 247
Eden, Anthony 95
Eichmann, Adolf 8, 18, 55–61, 63–65, 68, 73, 75, 81, 99, 116, 118 f., 124, 134, 136, 143, 146, 151, 156, 183, 201, 232–234, 240 f., 251, 259
Engel, Dr. Friedrich 113, 169 f.
Engels, Friedrich 126

Fahrenholz, Margot 227
Fechner, Max 155
Feigelson, Raphael 249
Feldscher, Dr. 235, 242 f., 245
Fink 227
Fischer, Dr. Horst 104, 158
Flörchinger, Martin 126
Forster, Albert 21
Foster Dulles, John 43
Foth, Carlos 75, 82–84, 86, 92, 124
Fouché, Joseph 42
Fraenkel, Ernst 48
Frank, Anne 247
Frank, Karl Hermann 21
Frank, Margot 247
Freisler, Dr. Roland 14, 165–167, 197 f., 203
Frick, Wilhelm 11 f., 16, 24, 56, 118, 145, 197, 257
Fricke, Karl Wilhelm 163
Friedemann, Heinz 162
Frymann, Daniel (d. i. Class) 192
Funk, Werner 77, 88
Furth, Eva 250
Furth, Jacques 250

Gawlik, Hans 61
Gehlen, Reinhard 38 f., 46, 49, 58
Ginsbourg., Benjamin 249
Gisevius, Dr. 198
Globke, Augusta (geborene Vaillant) 11
Glueck, Sheldon 94
Goebbels, Joseph 37
Göring, Helga 126
Göring, Hermann 109, 134
Görtemaker, Manfred 32
Gotsche, Otto 57
Grauert 197 f.
Grundig, Lea (Zeugin) 248
Gröning, Oskar 113, 170
Grüber, Heinrich 118
Grün, David 59
Gumbel, Karl 33, 46
Gütt 212

Hagen, Dr. Wilhelm 62
Halevi, Benjamin (früher Ernst Levi) 65
Halm, Eva 162
Hammerschmidt, Alexander 78
Hanning, Reinhold 113 f., 170
Hase, Karl-Günther von 116, 124, 126

Hassel, Kai-Uwe von 36
Hehl, Ulrich von 47 f., 90
Heinemann, Gustav 8, 32, 34, 39
Heitmann, Frau 248
Held, Max 162
Henkin 228
Hermes, Maria 251
Hering, Hermann 17, 232
Hertz, Peter 131
Heyde, Werner 69, 173, 175
Heydrich, Reinhard 109, 142, 231, 234, 237, 240, 246
Hilberg, Raul 62
Himmler, Heinrich 21, 25, 109, 145, 151 f., 244, 257, 260
Hitler, Adolf 11, 22, 27, 29, 34, 42, 47 f., 53, 71, 76, 97, 109, 119, 129, 141, 172, 175, 178, 191 f., 235
Hofmann 240
Hüttner 212

Izydorczyk, Jan 119

Jäger, Wolfgang 127, 129
Jahn, Gustav 77, 79, 89
Jermavova, Uly 249
Jung-Alsen, Kurt 125 f.
Jupé, Walter 126

Kahane, Max 59
Kaiser, Susanne 192, 217
Kantor 251
Katz, Scharf false 229
Katzenberger 138
Kaul, Friedrich Karl 57 f., 77
Kekes, Chara 251
Keßler, Erich 32
Kittel, Felix P. 130
Klowski, Daniel (auch Danijl) 121, 124, 144, 250
Knabe, Hubertus 90 f.
Knieriem, August von 99
Knost 211
Koch, Prof. Dr. Arnd 169
Koch, Erich 77
Koecher 228
Kohl, Helmut 40
König (Zeuge) 248
Königshofer, Esther Sara 230
Kopal, Gustav 120
Krone, Heinrich 48
Krüger, Ulrich 71

Lammers, Dr. 243
Landau, Moshe 65
Lauritzen, Lauritz 71
Lazarus 227
Ledermann, Charles 249
Lehmann-Himmel, Sebastian 173
Leide, Henry 91
Lemke, Michael 57
Lenz, Otto 29 f.
Leo, Gerhard 59
Lesser 218

Leugners, Antonia 22 f.
Lewis, Arthur 121
Lex, Hans Ritter von 32
Ley, Robert 192
Linden 212
Lischka, Kurt 127
Loewenstein 198 f.
Lommatzsch, Erik 8, 14, 48, 91
Lösener, Bernhard 18, 24, 61 f., 136, 181, 211, 235 f., 241
Lübke, Heinrich 54, 171

Mandel, Alfred 216
Marx, Karl 126, 164
Massfeller 212
Mauz, Gerhard 159
Mielke, Erich 57, 86, 90
Möbius 161, 162
Mühlberger, Friedrich 92, 153, 164

Nagel, Willem 119, 120
Napoleon 42
Neifeind 233, 242
Neubert, Reinhard 143, 145, 245
Neurath, Konstantin von 21
Norden, Albert 53, 55–58, 76 f., 81, 84, 115 f., 124, 171 f., 179

Oberländer, Theodor 8, 25, 41, 54, 76–81, 88 f., 91 f., 104, 128, 130, 132, 181
Ollenhauer, Erich 39
Oske, Ernst-Jürgen 167
Osterheld, Horst 31, 46

Palant, Charles 249
Paul VI. 50
Pfitzner, Gertrude 216
Pfitzner, Hermann 216
Pfitzner, Rosa (geb. Repper) 216
Pfromm, Werner 127
Pfundtner, Hans 143, 145, 245, 257
Pohl, Oswald 101
Pokora, Frau 219
Posser, Diether 37, 39
Preysing, Konrad Graf von 22
Puck, Hans 227
Puls, Detlev 37

Rosenberg, Frau 219
Radbruch, Gustav 37
Rajakowitsch, Dr. 233
Rath, Adelgunde 228
Raveh, Yitzhak (früher Franz Reuß) 65
Rebbing, Rebekka 247
Rehahn, Arne 84
Rehse, Hans-Joachim 165–168, 170
Reimer, Otto 130
Reinecke, Hermann 166
Reinefarth, Heinz 173
Reinwarth, Hans 92, 153, 159–165, 168, 170

Reischauer 242
Remer, Otto Ernst 69
Riesenburger, Martin 123
Rinck, Gerhard 92
Rosenthal, Frau 247
Roosevelt, Franklin D. 94 f.
Rosenzweig 248
Rosh, Lea 167
Röver 227
Rudert, Werner 162
Rüter, Christiaan Frederik 169, 182, 185

Sachße, Joachim 162
Safferling, Christoph 32
Salomon, Jakob (Pseudonym Jakob) 195
Schanionova-Cakutova, Gertruda 249
Schäffer, Fritz 32
Schafranek, Bertha 230
Scheffler, Wolfgang 89, 143
Schick, Eduard 46
Schlegelberger, Franz 47
Schneider, Kurt 227
Schönfeld-d'Elbée, Dr. Wilhelm 227
Schönner 194 f.
Schoß, Gunther 126
Schubert, Egon 217
Schumacher, Kurt 69
Schumann, Kurt 156
Schütze 220
Schwarz, Erika 87
Schwalbova, Dr. Margita 249
Seidel, Harry 157, 159, 164
Servatius, Dr. Robert 99. 232 f.
Seyß-Inquart, Arthur 21
Sichel, Peter 29
Sommer 227
Stein 228
Stolze, Dr. jur. Lothar 82, 86
Strack 227
Strasser, Heinrich 217
Strauß, Walter 29, 61
Strecker, Reinhard 66 f.
Streit, Josef 77, 88 f., 92, 122, 127, 130
Stuckart, Dr. Wilhelm 2–14, 21, 24f., 136, 141 f., 151 f., 181, 202 f., 212, 218, 221, 223, 230, 235 f., 240–242, 246, 257, 259, 261
Suhr 242
Swiczarczyp, Paulette (Zeugin) 249

Tiemann, Karl-Albrecht 161 f.
Toeplitz, Dr. Heinrich Theodor 88 f., 92, 123, 130, 153–159, 164
Toeplitz, Ruth (geb. Gaudlitz) 154

Ulbricht, Walter 53, 57, 81, 115, 120
Urbanova, Judis (Zeugin) 249

Veit, Paul 216
Vialon, Friedrich Karl 46
Vogel, Wolfgang 158

Wachs, Philipp-Christian 78
Wahl, Erica 249 f.
Wagner, Robert 21
Weber, Peter 181
Wehner, Herbert 39
Weinke, Annette 91
Weirauch, Lothar 40
Weiß, Egbert 167 f.
Weissert, Karl-Heinz 226
Welker 227
Wentker, Hermann 92
Wetzel, Dr. 241
Wiegrefe, Klaus 49
Wieland, Günther 104
Wolf, Markus 86
Wolff, Friedrich 78, 92, 123
Wuermeling, Franz-Josef 29 f.
Wulf, Joseph 62

Zinn, Georg August 71, 74